東アジア仏教史

石井公成
Kosei Ishii

岩波新書
1758

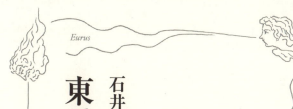

目次

目次

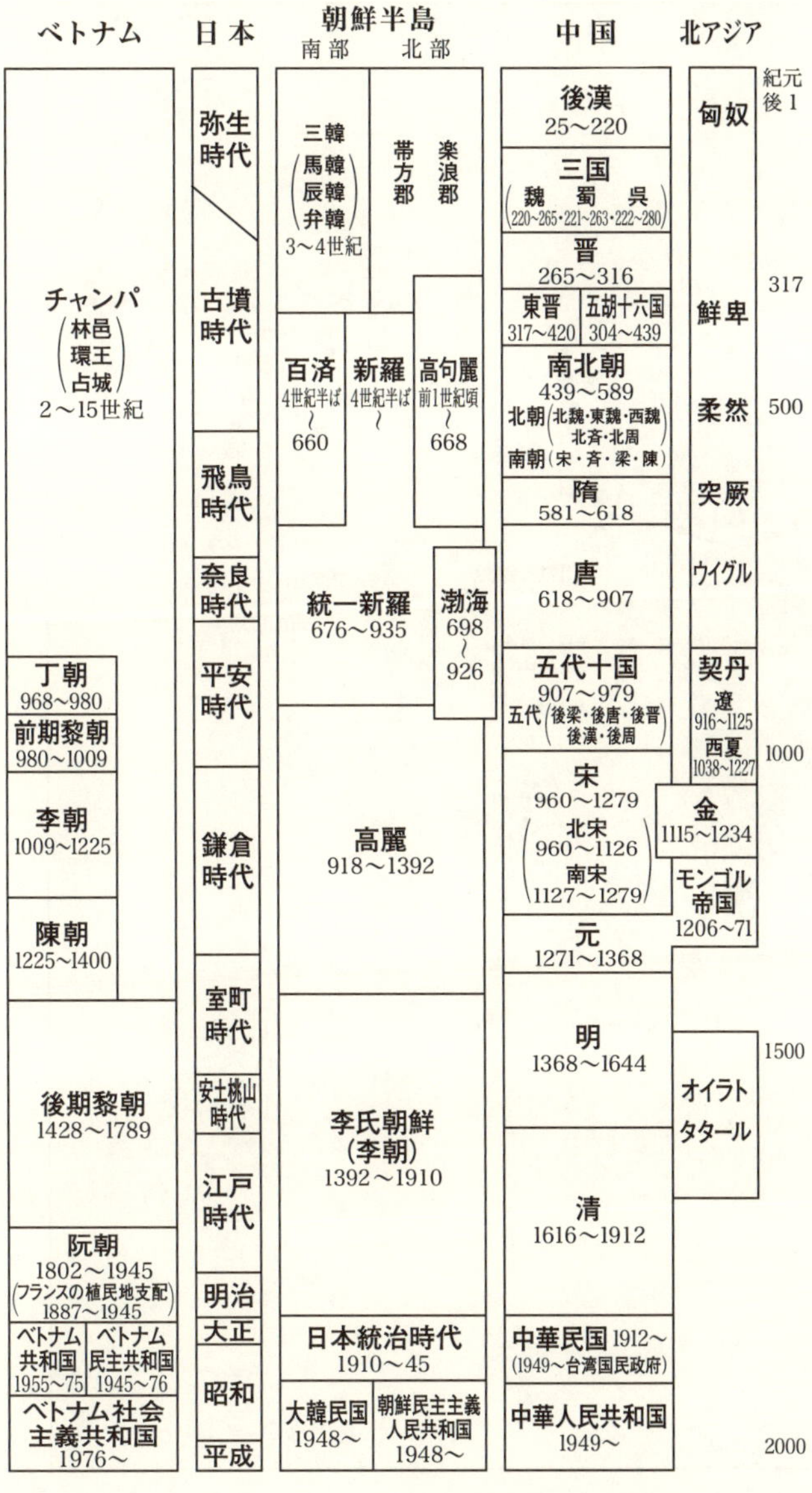

ベトナム
日本
朝鮮半島
南部
北部
中国
北アジア
紀元後1
317
500
1000
1500
2000
チャンパ
（林邑
環王
占城）
2～15世紀
丁朝
968～980
前期黎朝
980～1009
李朝
1009～1225
陳朝
1225～1400
後期黎朝
1428～1789
阮朝
1802～1945
（フランスの植民地支配
1887～1945）
ベトナム共和国
1955～75
ベトナム民主共和国
1945～76
ベトナム社会主義共和国
1976～
弥生時代
古墳時代
飛鳥時代
奈良時代
平安時代
鎌倉時代
室町時代
安土桃山時代
江戸時代
明治
大正
昭和
平成
三韓
（馬韓
辰韓
弁韓）
3～4世紀
帯方郡
楽浪郡
百済
4世紀半ば～660
新羅
4世紀半ば～
高句麗
前1世紀頃～668
統一新羅
676～935
渤海
698～926
高麗
918～1392
李氏朝鮮
（李朝）
1392～1910
日本統治時代
1910～45
大韓民国
1948～
朝鮮民主主義人民共和国
1948～
後漢
25～220
三国
（魏 蜀 呉
220～265・221～263・222～280）
晋
265～316
東晋
317～420
五胡十六国
304～439
南北朝
439～589
北朝（北魏・東魏・西魏
北斉・北周）
南朝（宋・斉・梁・陳）
隋
581～618
唐
618～907
五代十国
907～979
五代（後梁・後唐・後晋
後漢・後周）
宋
960～1279
（北宋
960～1126
南宋
1127～1279）
元
1271～1368
明
1368～1644
清
1616～1912
中華民国 1912～
（1949～台湾国民政府）
中華人民共和国
1949～
匈奴
鮮卑
柔然
突厥
ウイグル
契丹
遼
916～1125
西夏
1038～1227
金
1115～1234
モンゴル帝国
1206～71
オイラト
タタール

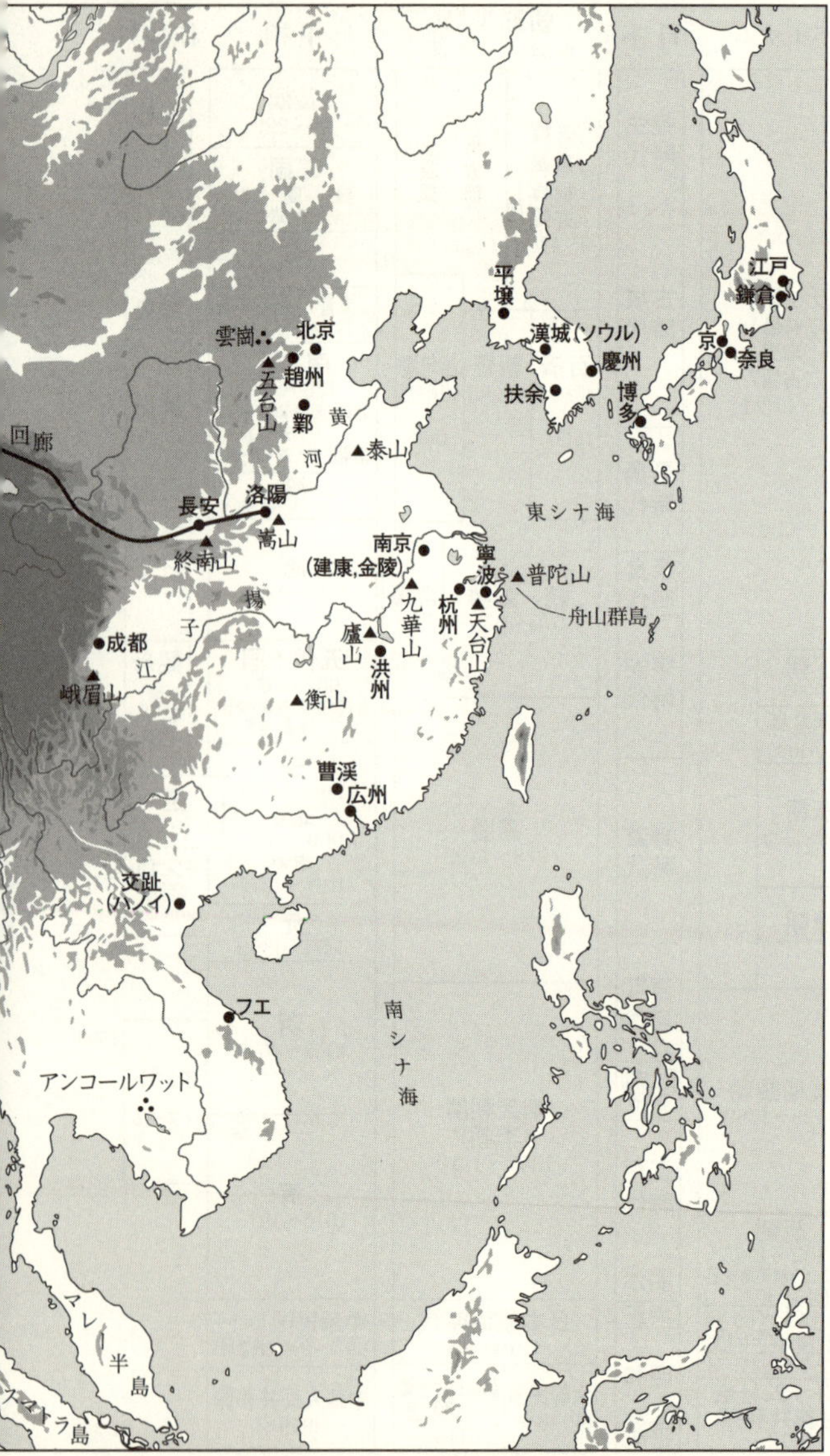
回廊
雲崗
北京
五台山
趙州
鄴
黄河
泰山
長安
洛陽
嵩山
終南山
南京
(建康,金陵)
九華山
杭州
寧波
天台山
普陀山
舟山群島
揚子江
成都
峨眉山
廬山
洪州
衡山
曹渓
広州
交趾
(ハノイ)
フエ
アンコールワット
南シナ海
東シナ海
マレー半島
スマトラ島
平壌
漢城(ソウル)
慶州
扶余
博多
京
奈良
江戸
鎌倉

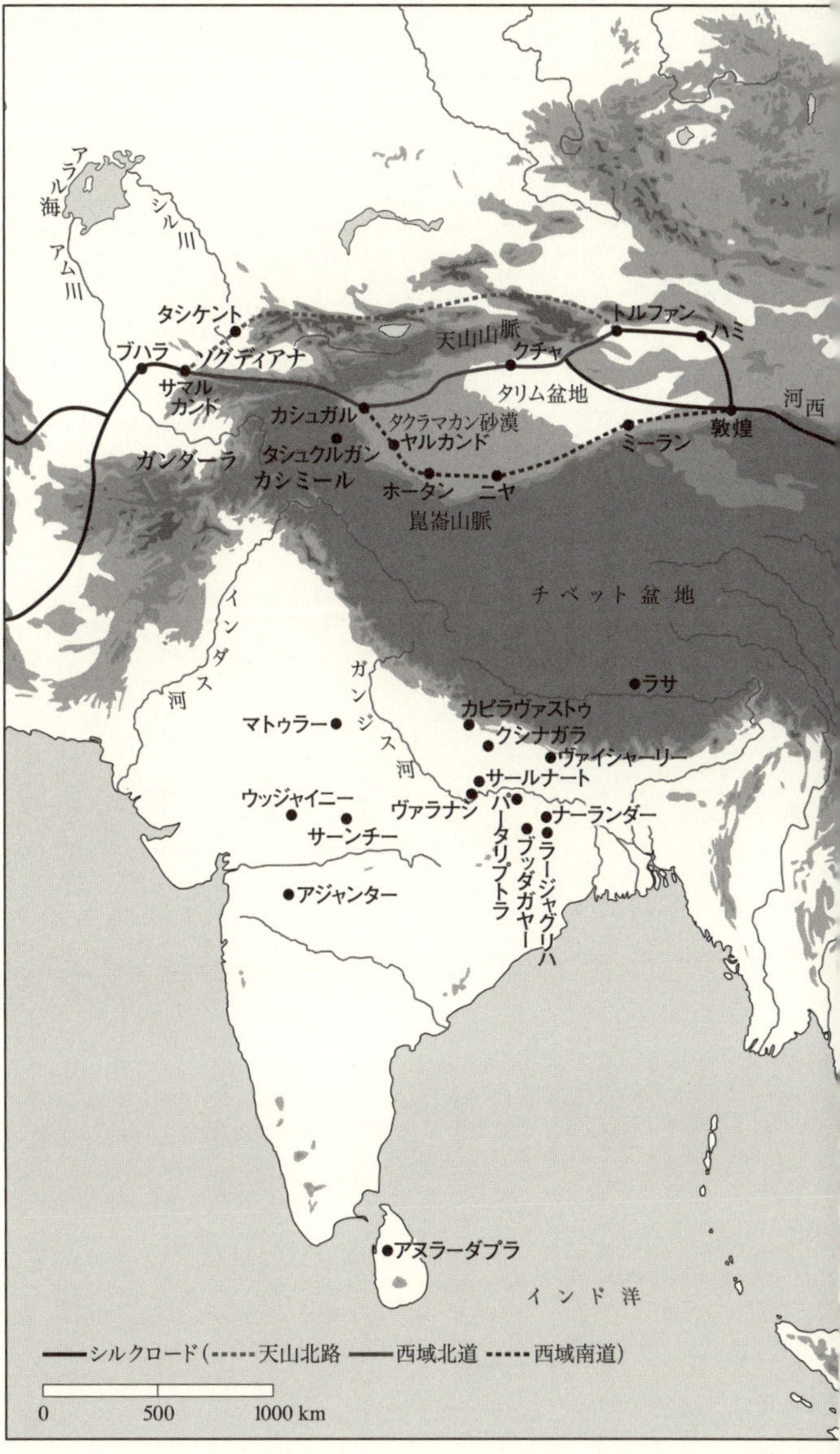

アラル海
シル川
アム川
タシケント
ブハラ
ソグディアナ
サマルカンド
天山山脈
トルファン
ハミ
クチャ
タリム盆地
河西
カシュガル
タクラマカン砂漠
敦煌
ヤルカンド
ミーラン
ガンダーラ
タシュクルガン
カシミール
ホータン
ニヤ
崑崙山脈
チベット盆地
インダス河
ガンジス河
ラサ
カピラヴァストゥ
マトゥラー
クシナガラ
ヴァイシャーリー
サールナート
ウッジャイニー
ヴァラナシ
パータリプトラ
ナーランダー
サーンチー
ブッダガヤー
ラージャグリハ
アジャンター
アヌラーダプラ
インド洋
シルクロード（天山北路　西域北道　西域南道）
0
500
1000 km

序　章――相互影響の東アジア仏教史

1　釈尊観の変化と伝播のあり方

人々にとっての釈尊

仏教の歴史は、釈尊観の変化の歴史にほかならない。それぞれの時代のそれぞれの人々が、自分にとって好ましいイメージを仏教の開祖である釈尊に投影してきたのだ。釈尊はこのようであったはずだ、そうした釈尊に会いたい、釈尊に救ってもらいたい、といった人々の切実な思いの中で、そのイメージは変わっていった。

経典の中には、釈尊のことを、晴れ晴れとした顔つきで自分の方から「よく来たね」と話しかける気さくで親しみ深い人物として描くものもあれば、仏教を誹謗する者たちを屈服させるため、神通力を発揮して空中に浮かび上がり、肩から炎、足もとから水を放つ奇跡（双神変《そうじんぺん》）を起こしたとするものもある。「ジャータカ」と呼ばれる前世譚では、釈尊は過去世《かこせ》で動物だった時、修行のため、あるいは仲間たちを救うために我が身を犠牲としたといった類いの話が数多く説かれた。

大乗仏教になると、釈尊は永遠の存在であり、年老いて涅槃《ねはん》に入ったのは、人々を教化するために仮にそうした姿を示してみせたにすぎないと説く経典も登場する。

このような釈尊観は、経典の形で示されるだけでなく、物語や仏像や絵画、あるいは儀礼や芸能などによっても表現された。それらが逆に教理に影響を与えた場合も少なくない。

人々はそのような釈尊のイメージを、さらに他の仏や、菩薩や、祖師《そし》などに投影していった。たとえば、釈尊が入滅してしまっても、兜率天《とそつてん》という天界にいる弥勒《みろく》菩薩が遠い将来に地上に下りて来て仏となり、人々を教化するという弥勒下生《げしょう》の信仰が早くに生まれたほか、大乗仏教の浄土経典では、釈尊は、その名を念ずる者を必ず極楽世界に迎え入れてくれる阿弥陀仏に帰依するよう勧める役回りを演じている。慈悲の眼で人々を観察し、その人にふさわしい姿に変化して現れ、苦難におちいった者を救うとされる観音菩薩は、東アジアの庶民にとっては、釈尊と同様、あるいはそれ以上に頼りになる存在だった。また、東アジアで尊崇された高僧の中には、「仏の化身」などと称された者も多い。

仏教東伝という図式

仏教はインドで生まれ、中国に伝わり、百済《くだら》を経て東の日本にまで至ったという日本人の常識は、「天竺《てんじく》（インド）→震旦《しんたん》（中国）→本朝《ほんちょう》（日本）」という「三国仏法伝通《さんごくぶっぽうでんずう》」の図式に百済を加えたものにすぎず、これでは仏教史の実態はとらえられない。

平安中期に始まり、東大寺の学僧、凝然《ぎょうねん》（一二四〇〜一三二一）の『三国仏法伝通縁起』『八宗綱《はっしゅうこう》要《よう》』などによって大成されたこの史観は、凝然が属する華厳宗など奈良の学派を中心とする日本の諸宗を出発点とし、その起源を中国に、さらにインドにまで求め、そこから日本の諸宗にまで至る流れを追ったものだ。つまり、現在からさかのぼって釈尊に至る系譜を作ったうえで、上流からそれをたどり直したに等しい。

日本では仏教入門書としても用いられ、明治時代になると中国・韓国でも読まれて影響を与えた凝然の諸著作は、膨大な文献を踏まえており、仏教学が発達した現代にあってもきわめて有益だが、この三国仏法伝通史観は事実とは異なる。実際には系図通りにつながっていない場合も多いうえ、そこに含まれない系統の仏教は、どれほど盛んであっても、まったく無視されてしまうためだ。

しかも、この史観は「伝通」という点を強調しておりながら、日本に仏教を伝えた百済が抜け落ちている。新羅《しらぎ》仏教の影響が強い東大寺で学んだ凝然は、古代韓国の学僧たちの著作に通じていたにもかかわらず、三国伝通という図式を優先させたのだ。中国に仏教を伝えた西域諸国、またスリランカ（セイロン）から東南アジアを経て中国に至る南方ルートの諸国も考慮されない。

しかし実際には、西域諸国や古代韓国は単なる通路ではなく、独自の仏教を生み出しており、その影響は日本にまで及んでいる。このことについては近年になって研究が進みつつあるが、仮にそれらの国における仏教の変容という面を補ったとしても、「インドに始まって日本に至る仏法東伝の過程を追う」という立場にとどまる限り、伝通史観の問題点は是正されないだろう。

逆流する仏教

そもそも、仏教は西から東へと一直線に伝わったのではなかった。仏教史は諸国・諸地域・諸民族の複雑な相互交流・相互影響の歴史であり、その過程での変容の歴史だったのだ。

釈尊以来の正統仏教の伝統を誇り、東南アジア諸国にパーリ語の仏教を流布したスリランカでさえ、南インドのチョーラ朝の侵略によって仏教が衰退し、僧侶となるための正式な儀礼をおこなうことができなくなった一一世紀には、スリランカがかつて仏教を伝えたミャンマー(ビルマ)から長老の僧侶たちを招き入れ、復興に努めている。

また、ポルトガルの厳しい弾圧によって仏教が衰えた一八世紀半ばには、国王は、新たな支配者となって穏やかな植民地政策をとったオランダ人の許可を得て、スリランカの仏教を受け継いだタイ(シャム)の長老の僧侶たちをオランダ船で招いており、このシャム派が最大の宗派となっていった。一九世紀には、シャム派に不満を持つ僧たちがミャンマーから僧侶を招いて新たな派を作ってもいる。つまり、東から西へという仏教の逆輸入が何度もなされているのだ。

スリランカ以外でも状況は同様だ。たとえば、現在のパキスタン北西部からアフガニスタン東部にあたるガンダーラ地域は、インド中央のガンジス河中流域から仏教が伝えられると、素晴らしい仏像を生みだし、インド全域と中央アジア・東アジアに影響を与えたことで有名だ。ガンダーラ地域は教理の研究も盛んだった。近年では、中期インド語の西北方言であるガンダーラ語で書かれた最初期の大乗経典の写本、それもその経典の成立時期に近い写本群（古いものは二世紀頃に遡る）が発見されているため、ガンダーラが大乗仏教を発達させた拠点の一つであったことは疑いない。

西域諸国を経て仏教を受け入れた中国は、その西域にしばしば進出していた。特に唐代にはこの地域を支配下に置くに至っており、逆に中国の漢字仏教を伝えている。それどころか、文殊菩薩は五台山《ごだいさん》（現山西省）にいるとする信仰はインドにまで広まっており、唐から北宋にかけては、西域諸国ばかりかインドからも巡礼者たちが五台山にやって来たほどだ。求法の旅におもむいた玄奘《げんじょう》（六〇二～六六四）にしても、インドで学ぶばかりではなく、現地の僧たちの要望に応え、インドでは流布していなかったアシュヴァゴーシャ（馬鳴《めみょう》）の作とされる『大乗起信論《だいじょうきしんろん》』を漢訳から梵語に訳し、歓迎されている。

韓国は中国仏教を受容し続ける一方で、多くの僧が中国に渡って活躍した。その中には唯識《ゆいしき》研究の代表者の一人であって皇帝に尊重された円測《えんじき》（六一三～六九六）や、四川で特異な禅宗を広めた無相（八世紀初め）などもいる。また、『大乗起信論』の注釈をはじめとする元暁《がんぎょう》（六一七～六八六）の著作や中国で失われた仏教文献が、新羅や高麗から中国に多数もたらされ、中国仏教にしばしば重要な影響を与えてきた。

中国と韓国の仏教を学ぶばかりだったアジア東端の島国、日本の場合も、きわめて僅かな数ではあるものの、韓国の仏教に影響を与えた例、また日本人が書いた書物が中国に送られて評価された例がある。唐代の仏教弾圧や唐末の戦乱などによって仏教が衰退した時期には、入唐した日本僧が講義をして歓迎されており、失われた文献を送って教学の復興を推し進めたこともあった。

さらに明治時代になると、いちはやく近代化に成功した日本は、中国・韓国やその他のアジア諸国に大きな影響を与え、仏教と仏教学の近代化のきっかけとなった。「宗教」「思想」「信仰」「意識」「観念」「実体」「自由」その他、漢字文化圏で使われている宗教・思想関連の用語の多くは、中国仏教の用語やその影響を受けた中国思想の用語が、明治期の日本において欧米の術語の訳語として用いられ、広まったものにほかならない。日本も相互交流する東アジア仏教の一員なのだ。

広い視点に立って

さらに言えば、仏教東伝の逆ルートだけに注目するのは適切ではない。インドや中国の周辺諸国同士で影響を与え合っていた例も多いためだ。周辺国が大国の最新の仏教をそのまま受け入れにくい場合は、それをすでに受け入れて変容させていた身近な国の仏教を導入する方がやさしいのだ。しかし、これまでの仏教史では、インドからの伝播、中国からの伝来という点が強調されがちだった。

我々に必要なのは、自分は心の奥でどのような釈尊や仏教伝播の系譜であってほしいと望んでいるのか、それはなぜなのかを、できるだけ自覚するよう努めることだろう。そして、自分にとって都合の悪い事例についても目をそむけず、幅広い視点から諸国の仏教の変容と相互影響の実態について検討し続けていくことが重要だ。

ただ、このように仏教の変容や相互影響に目を向け、諸国の仏教の独自さを重視するのは、ナショナリズムが確立した近代になってからのことだ。近代以前にあっては、インドや中国の仏教をそのまま忠実に伝え保持することこそが、その国の文化の高さを示すものであり、誇るべき事柄であったことを忘れてはならない。

国家・民族・言語

これまで「インド」や「中国」という現代の呼称を用いてきたが、この二つの広大な地域では、国家が移動したり、広がって繁栄したり、滅亡して東西や南北に分裂したり、小国乱立となったり、それがまた統一されたり、といった事態が繰り返されてきた。どの範囲をインドあるいは中国とみなすかは、実は時代によって異なる難しい問題なのだ。

ベトナムにしても、今日見るような南北に細長い国土の形がほぼ確立したのは、一九世紀初めになってからのことだ。本書では地域を示す場合、原則として現在の国名を用いるが、近代あるいは現代になって確立した国境を基準として東アジアの仏教史を考えることはできない。

もう一つ注意すべき点は、仏教と民族・言語との関係だ。多少大きな国であれば、様々な民族や言語が混在しているのが普通だ。そのうえ、仏教はどの国でも外国から渡ってきた異民族によって広まっている。仏教を開いた釈尊自身、インド文化の中心であったガンジス河中流域のマガダ国のような大国ではなく、ヒマラヤ山麓に位置するシャカ族の小さな国の生まれであって、マガダ国の支配層とは民族が異なっていた。

また、先に触れたガンダーラ地域は、西方のイラン系の文化の影響を受けていたうえ、紀元前四世紀におこなわれたアレクサンドロス大王の遠征以来、この地にとどまって混血を重ねていたギリシャ人たちも多かった。このため、仏像が初めて生まれたガンダーラでは、ギリシャ彫刻風な仏像やレリーフが数多く造られていたことは、よく知られている。

2 漢字文化圏の仏教

「漢字仏教」の意義

ガンダーラの北方にあたる西トルキスタンや、その東に位置する東トルキスタンなどシルクロードで結ばれた地域には、言語を異にする多様な民族が混在しており、遊牧民族が多かっただけに国家の移動も盛んだった。そうした西域諸国から仏教を伝えられた中国の場合も、東西南北の各地に様々な系統の民族が存在し、移動を繰り返していた。特に揚子江と黄河の中間を流れる淮河《わいが》より北にあたる華北の地域では、「胡」、つまり西や北の野蛮人と総称された非漢民族が建てた国が多く、彼らは中原と呼ばれた洛陽・長安など中国の中心地や華南にまでしばしば進出している。

南北朝を統一して巨大な帝国を築いた隋にしても、それを継いでさらに拡大させた唐にしても、皇帝は北方遊牧民族の血を引いていた。唐以後に北京を含む北部地域を二〇〇年統治した遼《りょう》は契《きっ》丹《たん》(キタイ)族、その遼を滅ぼした金《きん》は満州の女真《じょしん》族、一時的ではあるにせよ東ヨーロッパにまで及ぶ広大な領土を有した元はモンゴル族、最後の統一王朝となった清は女真族が皇帝および高官となって統治した征服王朝だ。

興味深いのは、シルクロード交易の立役者であって、中国でも商業や軍事などの面で活躍したイラン系のソグド人だろう。彼らの西域の故国ソグディアナの中心都市であるサマルカンドでは、古代イランの国教であったゾロアスター教や、ササン朝ペルシャ時代にマニ(二一六～二七四?)がキリスト教に基づきつつギリシャの神秘主義やゾロアスター教などを混淆して創始したマニ教が広まっており、仏教寺院は実は僅かしかなかった。

ソグド人仏教徒の多くは、仏教が盛んな他の西域諸国や中国に渡ってから仏教に改宗したのであって、ソグド語に翻訳された仏教文献の中には、中国で作られた経典や最新の禅宗文献がかなり含まれている。ソグド人以外にも、南北朝から隋唐の時代にかけて漢民族の文化への同化を強めていった民族には、仏教がその推進役となった場合が多い。

つまり、中国文化の主流は漢民族の漢字文化であり、儒教だったものの、実際には多様な民族が混在し、漢民族とそうした諸民族の接触・融合の中で生まれた人々もかなりの割合を占めていたのだ。言語も習俗も大きく異なるこれらの人々に共通する点は、漢訳経典に依拠していたことだろう。中国仏教は漢民族の仏教というより、漢字による仏教と考えるべきなのだ。

漢字に基づく仏教という点は、中国の僧侶や在家信者が仏教をもたらした韓国、そしてその韓国からの渡来氏族が仏教受容の担い手となった日本にも当てはまる。中国南方の越《ベト》族の地であって、早くから中国が支配していた交趾《こうし》(現在のハノイを中心とする地域)も漢字仏教が主流だった。

本書では、漢訳経典と漢字の仏教文献が基軸となっているこうした地域の仏教を広く「東アジア仏教」ととらえることとし、ベトナム(越南《ヴィエト・ナム》)もその一部として扱う。

擬経が開いた世界

「無常」や「縁起」の教えが示すように、仏教は国を越えた普遍的な面を多く含んでいるが、漢訳によって東アジア風に変化した部分も少なくない。たとえば、インドでは両親のことを「マーター・ピトゥリ」(母父)と呼び、「母は〜父は〜」と母を先にして語ることが多いが、漢訳経典ではほとんどの場合、これを中国式に「父母」と訳した。経典が漢訳された瞬間に、男尊女卑という儒教の常識が持ち込まれたことになる。

これは重要概念を訳す場合も同様だ。『法華経』の「諸法実相《しょほうじっそう》」(様々な存在の真のあり方)や、『涅槃経《ねはんぎょう》』の「一切衆生悉有仏性《いっさいしゅじょうしつうぶっしょう》」(すべての生き物はことごとく仏の性質=仏性《ぶっしょう》を持っている)など、東アジア仏教の基調となった名文句の多くには中国思想が反映されており、西北インドの言葉などで書かれた原文とは少なからぬずれが生じている。

そればかりか、漢字で書かれ、読誦されてきた重要な経典には、実際には中国で作成されたものが非常に多いのだ。本書では、「偽経」「疑偽経」などと呼ばれてきたそれらの経典を、原文を引用する場合以外は「経典になぞらえて作成された文献」という意味で「擬経」と呼び、論書(経典の注釈など)については「擬論」と呼ぶ。インド仏教の場合も、大乗経典などは釈尊が入滅してから何百年も後になって作成されたため、広い意味では擬経ということになろう。

仏教が栄えていた唐代の経典目録では、漢訳経論の三分の一強が中国成立と判定されている。庶民の信者が日頃読誦していた経典、中国風な性格が強い禅宗で用いられていた経典について言えば、擬経や擬論の割合はさらに高かったろう。インドの経典に満足できないからこそ中国的な色彩の強い擬経が作成されたのだから、中国仏教の特質は何よりもまず擬経に現れるはずだ。

禅宗は最も中国らしい仏教と言われるが、禅宗は擬経のある一面をつきつめ、純粋化したものと見ることもできる。実際、後代の禅宗は中国思想の要素が多い擬経の世界に近づいていったうえ、禅宗自身が多数の擬経を作り出している。こうした擬経の再生産は中国以外でも同様だった。つまり、擬経が東アジア諸国ならではの仏教を形成し、そうした東アジア諸国の仏教がまたその国ならではの様々な擬経を生んでいったのだ。

唐代には、菩提達摩《ぼだいだるま》(五世紀後半~六世紀初め頃)や天台智顗《てんだいちぎ》(五三八~五九七)など、著名な僧に仮託された注釈や論書が増えるため、それらについては「擬書」と称する。数は少ないが、韓国にも韓国で作成された擬経・擬論・擬書の類は見られるうえ、日本では擬経は多数作られており、現在も民間で使われているものがかなりある。

ただ、宗派仏教が主流となっている日本は宗祖信仰が強いため、それぞれの宗祖や宗内の派の祖に仮託された擬書の方が圧倒的であり、影響も大きかった。また、聖徳太子が釈尊のような存在とみなされていたため、仏伝を意識した形の太子の伝記が次々に書かれて伝説がふくらんでいったほか、太子に仮託された文献が数多く登場したのが日本の特徴だ。

文化・政治・社会との関わり

東アジア仏教については、文化や技術面の影響も見逃せない。中東より東の地域にあっては、インドと中国が文明の二大中心地であったため、そのインドから諸国に、また中国から諸国に仏教が伝わっていく際は、様々な文化や技術も一緒に受容されていくのが通例だった。仏教は建築・美術・音楽・芸能・文学・医学・料理その他のあらゆる面に影響を及ぼしたのだ。実際、儒教道徳による制約が強かった東アジアにおいて、恋愛文学を発達させたのは仏教だった。

仏教の影響は、当然、政治面にも及ぶ。誕生当時の仏教は、世俗から離れ、自らの身心のあり方を見つめて制御し、安らぎを得ようとする教えだったが、中央アジアから東アジアへと広まっていくにつれて、国家との関係が強まっていった。国王の保護を受けて仏教が盛んになった国もあれば、逆に国王が仏教弾圧をおこなった国もある。

特に中国では、受容期には高僧を奪い合う戦争まで起きたことが示すように、仏教と国家との関係が密接だった。仏教は国王を守り、国力を増して繁栄をもたらす最新技術とみなされたのだ。ただ、仏教が盛んになって壮麗な寺院が次々に建設され、税金逃れの出家などが増えた結果、国家に害をなす存在と非難される場合も増えていく。

このため、中国では、特に北朝では仏教教団に対する国家の規制がきびしかった。そうした状況下で変容した仏教を周辺国が受け入れるということは、仏教を、「国王の長寿を祈り、父母への孝を説く教え」として受け入れることを意味した。古代の東アジアでは、寺や仏像などを建立するのは、国王などに対する忠義の心、あるいは父母に対する孝行ぶりを示す行為にほかならない場合も多かったのだ。インド仏教でも、父母や師や助けてくれた人などに「報恩」すべきことは早くから盛んに説かれていたが、父母に限定した「孝」に相当する言葉はインドにはない。

3　異文化との交渉

大国で流行していたからこそ周辺国が尊重して仏教を受け入れた以上、その大国の仏教以外の宗教や民間の神々なども、仏教と一緒に入ってきて影響を及ぼすのは当然だろう。インド仏教自体、成立当初から、当時信仰されていた神々を仏教風に変えて取り入れていた。ヒンドゥー教の影響が強い大乗仏教になると、この傾向はさらに強まっており、音楽などをつかさどる女神であったサラスヴァティーを弁財天とするような例が増えている。

固有とされる信仰との交渉

中国では、仏教経典の漢訳や解釈にあたっては老荘思想や儒教などの用語を利用していた。以後も中国仏教は中国の思想・宗教・習俗の影響を受け続けており、孝を強調する擬経や道教色が強い擬経が数多く作成された。

ところが、その道教にしても、中国固有の宗教とは言えない面がある。たしかに、不老不死とされた神仙《しんせん》への憧れ、長生のための術や薬、符《ふ》、気の重視、老子の神格化といった、道教の柱となる諸要素は仏教伝来以前から存在していたうえ、後漢末の太平道《たいへいどう》、五斗米道《ごとべいどう》のように道教の前身となる宗教運動も起きてはいた。しかし、教主・経典・戒律が完備した教団としての道教が成立するのは、仏教の影響が強まった南北朝期のこととされている。道教の神々の像を造って祀るようになったのも、この時期からだ。

道教と仏教は、時に反発しつつ、相互に影響を与え合ってきたのだ。民間では、道教と仏教が明確に区別されない場合も多い。また仏教は儒教側に批判され、儒教の要素を取り入れる一方で、儒教に影響を与えることも多かった。宋代に誕生して仏教を批判した朱子学にしても、また明代に盛んになった陽明学にしても、仏教の刺激なしにはありえなかったことはよく知られている。

こうした関係は、日本固有の宗教とされる神道の場合も同様だ。自然物その他の威力ある存在を「カミ」として崇拝することは古くからおこなわれていたが、海外から渡来した氏族や海外に留学した僧などが持ち込んだ外国の神も多数信仰されている。そのような神は、大仏造立の支援を宣言し、東大寺の鎮守となった八幡神の例が示すように、仏教との結びつきが強い場合が少なくない。また、日本では、道教や陰陽五行説《いんようごぎょうせつ》の影響が濃い中国の擬経が大量にもたらされた結果、そうした要素も仏教の一部として受け入れられている。

宗教体系としての神道が成立するのは、仏教との複雑な関係の中で日本の神々を尊重する傾向が強まった中世においてのことだ。この時期には、天照大神《あまてらすおおみかみ》の国造りを第六天魔王《だいろくてんまおう》が邪魔しようとしたという奇妙な神話を『沙石集《しゃせきしゅう》』が紹介しているように、大乗経典や密教経典に取り込まれたインドの神々を日本神話の中で活躍させる傾向も盛んになっている。そのような動きと連動して、仏教自身も変わっていったのは当然だろう。

仏教が衰退し、一三世紀頃に滅びてしまったインドと違い、中国から周辺への仏教伝播は、程度の差はあれ、断続しつつも近代の直前まで長く続いていた。つまり、冒頭で述べたように、周辺諸国の仏教が中国に逆影響を与えた場合もしばしばあったものの、中国から伝わってきた仏教を受け入れてその国なりに変容させると、そこにまた中国の新しい動向の仏教が伝わってくる、という事態が繰り返されてきたのだ。

西洋の影響

さらに近世・近代になると、東洋と西洋の複雑な相互影響も目立つようになった。植民地獲得のために東洋に進出し、その文化に接して近代的なインド学・仏教学を生み出した西洋は、仏教の受容と反発とを繰り返していた。その影響を受けた東洋の側でも、気づかぬうちに西洋風な理解に基づいて仏教を論じている場合も多いのだ。現在、我々が使っている仏教という言葉自体、Buddhism や Buddhist などの翻訳語という面を持っている。

むろん、「仏の教え」という意味での「仏教」という漢語は三世紀頃から使われていたが、アジア諸国に広まっている様々な形態の信仰の起源を歴史上の人物としての釈尊に見いだし、それらの信仰の全体を宗教(religion)の一つとみなして仏教と呼び、「仏教史」「仏教美術」「仏教文学」などといった言い方をするようになったのは、西洋の仏教研究の影響を受けた近代になってからのことだ。本書の題名となっている「東アジア」という語にしても、初出は古いものの、二〇世紀初めになって多少使われるようになり、第二次大戦の少し前から広まって定着した East Asia の訳語にほかならない。

このように、東アジア諸国では、複雑な影響関係のもとで変容した仏教が多様な形で展開しており、仏教は社会の様々な面と結びついている。仏教を無視して東アジア諸国の歴史や文化を理解することはできない。

仏教の多様な姿をとらえる

仏教の歴史を語る場合は、現存する有力宗派の開祖たちの思想、その宗派の歴史、大寺の創建の経緯、皇帝・国王・上級貴族・将軍など有力信者の事績が中心になりがちだ。だが、名前が残っているような高僧や権力者以外の人々についても目を向ける必要がある。

つまり、寺の下級の僧尼や、正式な得度《とくど》を経ず勝手に出家した各地の僧尼、寺で下働きをしていた者たちや奴婢《ぬひ》、寺の周辺に住んで寺院に関する仕事をしていた職人、地方を回って仏教を広めた説経者や布施を勧めて歩いた勧進《かんじん》の聖《ひじり》、男女の仏教系芸能者、そして仏教を信仰していた民衆たちだ。民衆といっても、地方の有力者、下級役人、富裕な商人、豪農から乞食に至るまでが含まれていて多様であり、男女の違いも大きい。

こうした者たちの中には、熱心な信者もいれば形ばかりの信徒もいた。熱心な信者と言っても、誤解や身勝手な解釈をしていた者、また他の宗教や思想と習合した形で受容していた者も多く、純粋な仏教信仰とは呼びがたい場合が目立つ。また、戒律を守らない僧尼や在家信者はいつの時代も多数存在していたうえ、仏教に名を借りた悪行も盛んになされた。

仏教の歴史について考える際は、そうした人々を含めた全体を、それぞれの時代の仏教のありかたとみなすべきではなかろうか。実際、誤解や習合は著名な僧にも見られるものであり、我々自身、現代の常識に色づけられた目で仏教を見ていることを忘れるべきではない。

これまで述べてきたように、東アジア諸国の仏教は、複雑な影響関係を通じてきわめて多様な変化をとげてきており、取り上げるべきこと、考えるべきことは多い。だが、著者の能力および新書で扱うことができる範囲は限られている。

このため、本書では、それぞれの国の仏教の特色が形成されていった過程と、これまであまり注意されてこなかった面を中心として、宗派史でも教理史でもない東アジア仏教の展開の歴史を追ってみたい。なお、本書では、人名や書名については、原則としてよく知られている形で示すことにする。

第一章　インド仏教とその伝播

仏教はインドで生まれたものの、輪廻《りんね》説、出家・剃髪しての修行、禅定《ぜんじょう》（坐禅によって精神を集中させた境地）など、当時のインドの宗教と共通する要素とともに、インド的でない面を最初からあわせ持っていた。だからこそ、その新しさと普遍性によって流行し、アジア諸国へ広がっていった一方で、インドでは消えていったのだ。仏教が衰退し、消滅したのは、イスラム軍による寺院の破壊だけが原因ではない。

仏教は、インドで聖典とされてきたヴェーダや、バラモンがおこなう伝統的な祭祀を尊重せず、バラモン教の神々に祈らず、インド思想の柱である永遠不変の「アートマン」（我）を認めなかった。また、改革運動をすることはなかったが、インド社会の根幹である「ヴァルナ」（階級）、すなわち、聖なる祭祀者階級であるバラモン、王族・武士階級であるクシャトリア、庶民階級であるヴァイシャ、卑賤とされる仕事をおこなう下層のシュードラという四姓《ししょう》の違いを認めず、平等に扱った。

時代が下るにつれて、特に紀元前後に誕生した大乗仏教では、インドの主流であった思想や伝統的な宗教儀礼を仏教風に変容させて取り込んでいったものの、ヒンドゥー教からは仏教の特異さが問題とされ、次第に強い批判や迫害を受けるようになった。

仏教のこうした特徴は、開祖の経歴とその教えに由来している。本章では、インドにおける仏教の誕生から消滅までの過程と、そのなかで生みだされてきた思想、そして西域や南海ルートの伝播の状況について、東アジア仏教に影響を及ぼした部分を中心にして見ていく。

1　仏教の誕生

釈尊の生涯　仏教を開いたガウタマ・シッダールタの尊称の一つであるシャーキャ・ムニ(釈迦牟尼)は、シャカ(釈迦)族の聖者という意味であり、中国では釈尊と訳された。釈尊は次第に神格化され、誇大な描写が増えていったため、そのどこまでが史実に基づくかについては諸説がある。

後代の仏伝によれば、釈尊はカピラヴァストゥを都として繁栄していたシャカ族の王国の王、シュッドーダナの太子、シッダールタとして生まれたという。西インド由来の言語であるパーリ語で伝えられ、スリランカや東南アジア諸国に広まった「南伝」と称される仏教文献群によれば、釈尊は紀元前五六〇年代に生まれて四八〇年代に亡くなったとされている。一方、西域を経て中国で漢訳され、「北伝」と称されている仏教文献群によれば、生存期間はその一〇〇年ほど後のこととなる。

シャカ族の国は、実際にはヒマラヤ山麓に位置する小さな国であって、南の有力な王国であるコーサラ国に服属していた。コーサラ国以上に栄えていてインド文化の中心だったマガダ国の支配者階級は、インド・イラン語系統の言葉を話し、ヴェーダを尊重する民族であったのに対し、シャカ族の国は、そうした言語や文化をある程度取り入れていたものの、民族は異なっていた。シャカ族の国の政体は、貴族のうちの第一人者が国王となって貴族たちの合議を統括するものだったようだ。釈尊の父については国王ではなかったとする説もあるが、以下では仏教の教義に基づいてまとめられ、東アジア仏教の共通理解となっている仏伝を中心にしてその生涯を記しておく。

生母は釈尊を出産してほどなく亡くなったため、釈尊は義母となった母の妹に育てられた。当時は、すべての生き物は生き死にを無限に繰り返すとする輪廻の思想が広まる一方で、ヴェーダの記述やバラモンたちがおこなう祭祀の権威を疑う「シュラマナ(沙門《しゃもん》)」と呼ばれる思想家・修行者たちが登場していた。後にそうした一人となる釈尊は、王城の東西南北の四つの門から郊外に出かけた際、それぞれの門の外で老人、病人、死者を目撃し、人生の苦を知って衝撃を受け、最後に安らかな様子をした修行者に出会って出家を決意したとされる。

だが、心配した父王は、宮殿に閉じ込めて歓楽にふけらせ、美しいヤショーダラーと結婚させた。釈尊は、ラーフラという男の子をもうけたものの、生死の問題について思い悩むことが多く、二九歳で家族を捨てて出家した。北伝の伝承の中には、ラーフラは釈尊が出家してから生まれたため、ヤショーダラーは不貞を疑われたとする記述も見られる。

出家した釈尊は、諸国をめぐって高名な修行者たちに師事し、様々な禅定に努めた後、長期にわたって苦行をおこなったが、効果がないと知って苦行を捨てた。その後、ネーランジャラー河のほとりの菩提樹の下で坐禅し、自らの身心のあり方を見つめる中で様々な誘惑を退け、真理を体得してブッダ、すなわち「悟った者」となった。三五歳の時だ。

このとき釈尊が何を悟ったかは、経典によって様々だ。伝統説では「十二因縁(十二支縁起)」を悟ったとする。十二因縁とは、様々な形の縁起説のうちで最も整備された形式であり、無明《むみょう》(苦の成り立ちに関する真理を知らないこと)↓行《ぎょう》(駆り立てる欲動の力)↓識《しき》(識別の働き)↓名色《みょうしき》(諸事象・存在)↓六処《ろくしょ》(見る・聞くなど六つの感覚機能)↓触《そく》(対象との接触)↓受《じゅ》(感受の働き)↓愛《あい》(愛着)↓取《しゅ》(選択の働き)↓有《う》(天・人間・動物・地獄などの世界)↓生《しょう》(特定の世界に生まれること)↓老死、という一二の原因・結果の連鎖を指す。この連鎖から脱しない限り、苦である生老病死をもたらす輪廻が続くことになる。

釈尊は、悟った当初は説法をためらったものの、布教を決意し、かつての修行仲間たちがいるサールナートの鹿野苑《ろくやおん》におもむいた。そして、自分が見いだした真理を説いた結果、彼らが帰依して出家者の集まりが形成された。この集まりは「サンガ（僧《そう》伽《ぎゃ》）」と呼ばれた。サンガとはもともと合議制の集団一般を意味し、貴族合議制の国家もサンガと称されていた。釈尊の初期のサンガでは、釈尊の指導によって悟った修行者は、等しくブッダと呼ばれた。

教えの内容と布教

釈尊は、帰依して出家した弟子たちに対しては、「四諦《したい》」「八聖道《はっしょうどう》」「五蘊《ごうん》」などの教えを説いた。四諦とは、生き物の生存はすべて苦であり（苦諦《くたい》）、苦にはあくなき欲望という原因があり（集《じっ》諦《たい》）、原因はなくすことができ（滅諦《めったい》）、苦の原因を滅して輪廻を脱することができるよう実践に努めるべきだ（道諦《どうたい》）、とする教えだ。

そうした実践として、正見《しょうけん》（正しい見解）・正思惟《しょうしい》（正しい判断）・正語《しょうご》（正しい言葉）・正業《しょうごう》（正しいおこない）・正命《しょうみょう》（正しい生活）・正精進《しょうしょうじん》（正しい努力）・正念《しょうねん》（正しい想念）・正定《しょうじょう》（正しい精神集中と冥想）という八聖道が説かれ、安逸からも苦行からも離れた「中道」の修行が勧められた。

苦にほかならない自分自身のあり方については、五蘊、つまり、色《しき》（苦楽を引き起こすもろもろの存在）→受《じゅ》（感受の働き）→想《そう》（心に思い浮かべたもの）→行《ぎょう》（駆り立てる欲動の力）→識《しき》（識別の働き）という五つの要素ないし過程の集まりにすぎないとし、五蘊を「我」「我がもの」と考えるのは、輪廻をもたらす執着だとして否定した。

「五蘊」という表現そのものはやや後の成立である可能性もあるが、こうした見解の根底にあるのは、作られたものはすべて「無常」であってうつろってゆき、輪廻する生き物の生存は原因・結果の連鎖によって成り立っているとする「縁起」の考え方だ。釈尊は、個人の意思に基づく善悪のおこないとその結果として残る「業《ごう》(カルマ)」だけを重視しており、神秘的なものに頼ることはなかった。このため、仏教はインド思想の本流から外れることになったのだ。

マガダ国では王に尊重され、コーサラ国では慈善を好む豪商の帰依を受けて布教の拠点を得た釈尊は、ガンジス河中流域の諸国を遍歴し、様々な階層の人々に対して教えを説き続けた。釈尊は、在家信者に対しては、生き物を思いやって殺さず、盗まず、邪淫をせず、妄語せず、飲酒しないとする「五戒」を教えた。そして、僧侶への布施をおこない、争いを避け、父母の恩に報いるなどの道徳的な生活を送れば幸せとなり、生天《しょうてん》(神々の世界への生まれかわり)が可能であると説いた。

サンガの拡大と釈尊の入滅

釈尊は、「～する者こそ真のバラモンだ」などと、批判相手の用語を利用した巧みな語り方や比喩によって教えを説いたため、有名な思想家の弟子たちも多数帰依するに至り、サンガが次第に大きくなっていった。サンガには、上位のバラモンとクシャトリアの者が多く、ヴァイシャがこれに次いだ。下層のシュードラやこれらの四姓に属さない最下層の者たちも少数ながら含まれていたが、サンガの内部では生まれや身分や年齢はまったく問題にされず、入門を認められた順番のみを上下の序列としていた。

サンガは、初めは男性修行者だけだったが、釈尊を養育した義母、マハープラジャーパティーは、出家を認めてくれるよう繰り返し懇願した。釈尊は最初は拒否したものの、アーナンダ（阿難）が取りなした結果、女性出家者は自分より年少であっても男性の出家者を敬い、男性出家者の監督のもとで生活するなど、八敬法《はちきょうほう》と称される条件を付けたうえで出家を認めたという。

これによって尼たちのサンガも形成され、修行に努めて説法をおこない、信者たちから尊崇される尼も出てきた。ただ、尼たちの存在を喜ばない僧たちもおり、釈尊が女性の出家を許したため仏教が滅びるのが早まったと説く経典も後代には出現した。

老いた身で故国に向かう途上で病いが重くなった釈尊は、クシナガラの郊外において、自分は教えを隠すことなくすべて説いてきたと述べた後、無常を強調し、修行に励むよう言い残して八〇年の生涯を終えた。経典では、これを「般涅槃《はつねはん》（パリニルヴァーナ）」（完全な安らぎのあり方）に入ったと称する。

遺体は在家信者たちによって火葬され、舎利《しゃり》（遺骨）は八つに分けられて各地に土を盛り上げた塔が建てられた。舎利とそれを蔵する仏塔は、次第に釈尊と同一視され、崇拝の対象となっていった。仏塔に詣でることは、釈尊に会うことだったのだ。戒律では仏塔に捧げものをして誓願する際、「両足に平伏する」という表現が見えており、塔は釈尊そのものとみなされていたことが知られる。

2 釈尊入滅後のサンガ

経典の編纂 釈尊が没すると、弟子たちはマガダ国の都であったラージャグリハ（王舎城）に集まり、長らく侍者をつとめたアーナンダを中心として、釈尊が各地で説いた内容をみなで口誦し合い、その教えを経典としてまとめた。これを「結集《けつじゅう》」と称する。また、ウパーリ（優波離）がサンガの生活規則である「律」を口誦して確定した。当時用いられていたのは、マガダの話し言葉だったろう。釈尊は、教えを文語である梵語（サンスクリット）に改めたいとするバラモン出身の僧たちの申し出を退けていた。

僧は乞食《こつじき》して暮らし、一か所にとどまらず、鉢や剃刀・針・糸・薬など最低限のものだけを持って個別に各地を遊行《ゆぎょう》した。それぞれの地域で月に二回集まり、戒律を守っているかどうか点検し合う「ウポーサタ（布薩《ふさつ》）」をおこなった。雨季には泥水の道を歩いて虫を踏み殺さないよう、三か月間、同じ場所に集まって暮らし、禅定の実践や経典の学習などに努めた。雨安居《うあんご》と称されるこの時期に滞在する住居は、富裕な商人などの在家信者が寄進して管理しており、彼らが暗記して保持していた経典もあったようだ。

釈尊没後には、釈尊が説いた教えである「法(ダルマ)」の集まりを仏の身体と見て「法身《ほっしん》」と称し、「色身《しきしん》」すなわち肉身としての釈尊と対比する「二身説《にしんせつ》」の考え方が生まれた。縁起説を弟子が簡潔な詩句にまとめた「縁起法頌《えんぎほうじゅ》」が仏に等しいものとされ、各地に建てられた塔にそれを刻んだ板が法舎利として埋納されることもあった。後の唯識思想では、法に示されている真理そのものを法身とみなすようになっている。

サンガの発展と分裂

仏教がインダス河流域を含む西インドまで広まっていくと、各地域のサンガ間で意見の違いが生じるようになった。釈尊入滅後約一〇〇年(別な伝承では約二〇〇年)、律の解釈をめぐる論争を解決するため、長老たちが集まって協議した結果、金銀や銭の布施を認める者たちが多数派となり、認めない伝統派(上座部《じょうざぶ》、長老部《ちょうろうぶ》)から分離して、大衆《だいしゅ》部《ぶ》を結成するに至った。部派《ぶは》仏教の時代の到来だ。

以後も律の解釈などをめぐって分派が進み、まず大衆部が次々に分かれ、続いて上座部が説一《せついっ》切有部《さいうぶ》や法蔵部《ほうぞうぶ》などに分かれていった。最も有力だった説一切有部をはじめとする上座部系の部派は、主にインド北部と西部に、また大衆部系の部派は主に中部と南部に展開した。

それぞれの部派は、釈尊の教えである「経《きょう》」、教団の規則である「律《りつ》」、そして「論《ろん》」と呼ばれる経典の注釈や教理をまとめたものを編集して整備していった。これらの経・律・論のそれぞれのまとまりを「蔵（ピタカ）」と称し、その全体を「三蔵《さんぞう》」と称する。三蔵は暗誦によって伝えられた。

なお、東アジアではひとまとめにして戒律と称され、同じ意味で用いられる場合が多いものの、「戒（シーラ）」は仏教に帰依した者が心に誓って実践していくべき徳目のことであり、「律（ヴィナヤ）」は出家者が守らねばならない二五〇条もの詳細な教団規則を指す。

アショカ王の保護

ガンダーラ地域は、古代にはアケメネス朝ペルシャの支配下にあり、同王朝の滅亡以後はインド人の小国家が建てられていたが、紀元前三二七年のアレクサンドロス大王のインド遠征以来、この周辺に留まったギリシャ人たちの勢力が強まっていた。この地にマウリヤ朝を開いてギリシャ人を駆逐したチャンドラグプタ王の孫で、紀元前二六八年頃に第三代国王として即位したアショカ王は、インド全土をほぼ統一するに至った。

アショカ王は、戦争で多くの死者を出したことを後悔し、不殺生を説く仏教を尊重するようになった。王は、仏塔から取り出した舎利を分けて各地に仏塔を造らせ、釈尊ゆかりの地を巡歴して高い石柱を建て、様々な言語で書かれた碑文を彫り込ませて仏教の教えを強調し、教団の分裂をいましめた。これによって、布薩に参加しさえすれば、経典解釈を異にする者たちでも共存することが可能になり、様々な説が展開して分派が進んでいったとされる。

部派仏教の優位

上述の部派仏教は、派によって栄枯盛衰はあったものの、多くの信者に支えられており、紀元前後に大乗仏教が各地で生まれて発展した後も常に優勢だった。部派は、事象の無常さを強調しつつも、それらを構成している微細な諸要素の実在を説いた説一切有部に代表されるように、様々な事象を精密に分析する「アビダルマ（阿毘達磨）」の学問を発展させ、独自の教義や様々な観法《かんぽう》（観察の修行）を展開させていった。部派ではアビダルマについては、仏教の立場から見て正しい主張は釈迦の教え＝「仏説」とみなしてよいと主張していた。

舎利をおさめて釈尊と同一視された仏塔は、熱心な信者たちによって次第に壮麗になってゆき、巡礼の対象となって多数の財物が布施された。仏塔に参拝する者たちをはじめ、僧尼や在家信者に対して釈尊に関する様々な伝承が語られ、それらは次第に伝説化していった。

悟りを得る前の釈尊については、悟りの智慧である「ボーディ（菩提）」を求める者、将来ボーディを得ることが確定している者といった意味で、「ボーディサットヴァ」と呼ばれた。この語の西域での発音を漢字で音写したのが「菩薩」であって、菩提薩埵《ぼだいさった》という音写語の登場はこれより遅れる。

また、釈尊が悟ったのは、数限りない前世において修行を積んできたためだと考えられるようになり、菩薩が前世においていかに激しい修行に努めたか、動物であった時に慈悲の心でいかに我が身を犠牲にして仲間たちを救ったかといった「ジャータカ（本生《ほんじょう》）」という前生譚が発達していった。

さらに、「アヴァダーナ（譬喩因縁《ひゆいんねん》）」と呼ばれ、ジャータカと並んで歓迎された伝承の類いでは、釈尊がおこなった神変《じんぺん》（神通力）の話などが好まれた。人気が高かったのは、釈尊が空中に浮き上がって体から炎や水を放つ奇跡を起こしたという双神変や、二人の龍王が創り出した蓮華座上に釈尊が結跏趺坐《けっかふざ》して三昧《さんまい》（サマーディ、高度に精神集中した境地）に入り、我が身から無数の仏を出現させたという千仏化現《せんぶつけげん》の話だ。

仏伝と美術・芸能・文学

仏塔の周りにめぐらされた欄楯《らんじゅん》（井桁状の垣根）は、紀元前二世紀頃から仏伝や本生を描いた浮彫などで飾られるようになったが、初期の段階では釈尊の姿は描かれず、聖樹・法輪・足跡・台座・仏塔などによって釈尊を象徴していた。紀元後一世紀半ば過ぎからガンダーラで釈尊の浮彫や仏像が造られ始め、ガンダーラの南に位置するマトゥラーでも仏像が造られるようになった。その結果、仏塔の欄楯なども釈尊を描くようになっていく。

釈尊の一生をまとめて語る伝記は、紀元後一世紀をすぎてからようやくまとめられた。二世紀半ばに西北インドで活躍した経量部《きょうりょうぶ》に属するアシュヴァゴーシャ作の長編詩『ブッダチャリタ（仏所行讃《ぶっしょぎょうさん》）』は、華麗な梵文で書かれ、読む人を仏教に引き入れるために官能的な表現などを交えていた。『ブッダチャリタ』はインド中で愛唱され、後代のサンスクリット文学および俗語で伝えられていた仏典の梵語化に影響を与えた。

釈尊の祭日には、様々な催しがおこなわれ、芸人たちが音楽入りで釈尊の生涯を演じた。後にはシャーリプトラ（舎利弗《しゃりほつ》）やマウドガリヤーヤナ（目連《もくれん》）など弟子たちの塔も供養され、女性信者はとりわけ、女性の出家を認めるよう釈尊に仲介してくれたアーナンダの塔を供養した。こうした仏弟子たちが出家した由来も演じられ、愚かな弟子の言動をからかう笑劇なども披露された。

3 花開く大乗仏教

菩薩の拡大　釈尊の弟子もブッダになりうることを認めていた最初期の仏教と違い、部派仏教は釈尊だけを独自の智慧に基づいて教化するブッダとみなし、自分たちは煩悩を断ち切って輪廻から脱する「アルハット（阿羅漢《あらかん》）」となることを修行の目標とした。在家信者については、僧侶や仏塔などを供養して生天を願うことが求められた。しかし紀元前後頃になると、こうした状況に満足できず、仏に会って教えを聞くことを熱望し、さらには菩薩として修行を重ね、自らが仏になること（成仏《じょうぶつ》）を願う在家の男女の求道者が登場する経典群が、インド各地で生まれた。
やや後になって自らを「マハーヤーナ（大乗）」と名乗るようになるそうした経典類では、伝説化が進んだ仏伝やジャータカなどに基づいて造型された釈尊や他の仏や超人的な菩薩たちが登場している。ただ、バラモンの息子だという弥勒《みろく》(マイトレーヤ)については、部派仏教においても、釈尊に次いで仏となる存在として尊崇されていた。

王舎城に住んでいたバドラパーラ(颰陀婆羅《ばつだばら》)やヴァイシャーリーに住んでいたラトナーカーラ(羅隣那竭《らりんなかつ》)など、各地に実在していた有力信者も、初期の大乗経典では在家菩薩として登場して尊重されている。こうした者たちを模範としていた在家信者たちと親しく、部派仏教の現状に不満を抱いていた僧などが、男女の在家信者たちの要望に応えて大乗経典を作成していったようであり、後には在家や出家の菩薩自身が作成する場合も増えていったようだ。

それらの経典は、「善男子、善女人よ」という呼びかけで始まることが多く、男女の信者を平等に扱っていたうえ、初期の大乗経典では、女性も自らの誓願《せいがん》と仏の予言によって仏になれるとされ、年少の女子が智慧で知られる仏弟子をやりこめているものが目立つ。

以下、代表的な大乗経典を紹介していく。

浄土経典

大乗経典のうち、最も早い時期(一世紀前後)に成立した経典の一つが、『阿閦仏国経《あしゅくぶっこくきょう》』だ。この経では釈尊は、いま我々がいる娑婆《しゃば》世界のはるか東方に阿閦仏の妙喜《みょうき》世界があり、阿閦仏が菩薩として修行していた際に立てた誓願の結果、その世界は修行しやすく必ず阿羅漢の悟りが得られる安楽な土地になっており、悪人も病気もなく、女性特有の苦痛もない、と説いている。

阿弥陀仏の登場する経典も成立が早い。『般舟三昧経《はんじゅざんまいきょう》』は、阿弥陀仏に会いたいなら、心に強く願えば阿弥陀仏などそれぞれの仏国土に現存する諸仏が目の前に立ってくれるが、これは仏が来たものでも自分が行ったものでもなく、仏は心が作り出すものだと説いている。しかも、熱心に思い続ければ仏に会えるのは、他国の有名な遊女に会いたいとひたすら願えば夢の中で一夜を共にすることができるようなものだ、とまで説いており、当時の信者たちの思いの熱烈さを示している。

また、法蔵菩薩が、自分の名を唱える人々を極楽へ迎え入れなければ仏にならないなど四十八の誓願を立て、無限の光明を意味する阿弥陀仏という名の仏となったことを説いた『無量寿経《むりょうじゅきょう》』、釈尊が阿弥陀仏のいる西方の極楽世界の素晴らしさを賞賛し、阿弥陀仏の名を称えれば極楽に生まれることができると説いた『阿弥陀経』などの浄土経典は、西北インドで誕生しており、イラン系の光明信仰の影響が指摘されている。女性の場合は、出産その他の女性特有の苦痛から逃れることができるよう男性に変化して生まれるとされ、極楽世界には女性はいないとされた。

般若経典と『維摩経』

大乗経典のうち『阿閦仏国経』とともに成立が古いのは、智慧の完成である「般若《はんにゃ》波羅蜜《はらみつ》（プラジュニャーパーラミター）」を中心とする布施・持戒・忍辱《にんにく》（苦難を堪え忍ぶこと）・精進・禅定・般若（智慧）の「六波羅蜜」の実践を説く般若経典群だ。この六波羅蜜は、先行経典が釈尊の修行としてあげていたものであり、それが在家信者の修行内容とされたのだ。

般若経典は、短いものから複雑で長大なものへと次々に発展していったのが特徴だ。初期の小《しょう》品《ぼん》般若経系の経典では、般若経典を仏塔と等しいものとみなし、花や香でそれを供養する男女の在家信者は災難に遭わないと述べ、書写して人に与え、解説するよう勧めている。これは、聖典は師が特定の弟子だけに口誦で伝えるのが普通だったインドでは画期的なことだった。大乗仏教はインドにおける筆記の広まりと密接な関係がある。インド中央部から南部では、経典は貝葉《ばいよう》と呼ばれるタラ樹の大きな葉を乾かしたものに書かれ、西北インドでは樺などの樹皮に書かれた。

部派仏教では、煩悩を断じた聖者である阿羅漢になることをめざす「声聞乗《しょうもんじょう》」、一人で悟って森の中などに住み、教えを説かずに亡くなる聖者となるための「独覚乗《どっかくじょう》」、仏となるための修行の道である「仏乗《ぶつじょう》」という「三乗」が説かれ、仏乗は釈尊だけのものとされていた。だが、般若経典を奉ずる者たちは、この仏乗を一般の男女が実践する「菩薩乗《ぼさつじょう》」に置き換え、「声聞乗・独覚乗・菩薩乗」という三乗を説くようになった。『小品般若経』では菩薩乗を「大いなる乗り物(マハーヤーナ)」と称し、声聞乗・独覚乗については「劣った乗り物(ヒーナヤーナ)」と呼ぶに至っており、これが「大乗」「小乗」と漢訳された。

『小品般若経』には、ひたむきな若い男性修行者とその男性に恋をした若い娘が、般若を説く菩薩のもとに至るといった恋愛譚も含まれ、在家信者向けの内容となっている。こうした経典は、書写されるだけでなく、節をつけて朗唱して歩いた説法師たちが広めたのだろう。

拡張された大品《だいぼん》般若経系になると、在家の男女が大乗の菩薩として「空《くう》」に基づく無執着の立場で利他の行に励むことを強調しており、教義が進展している。このほか、空の語を用いない『金剛般若経《こんごうはんにゃきょう》』をはじめとする様々なタイプの般若経典が登場しており、明呪《みょうじゅ》(呪文)の信仰も早くから説かれ、後には『般若理趣経《はんにゃりしゅきょう》』のように密教的な内容の般若経典も生まれた。

そうした例の一つである『般若心(経)』は、観音菩薩が主人公となるなど、般若経典の中では特異な存在であり、成立は数世紀遅れる。「般若心」とは『二《に》万五千頌般若経《まんごせんじゅはんにゃきょう》』などの「フリダヤ」(核心)という意味だ。般若の真理を難解で奥深い言葉でまとめた「マントラ(真言《しんごん》)」を軸とするお守りのようなものであって、いわゆる経典ではない。

釈尊の有名な弟子たちを小乗にとどまる声聞だとして厳しく批判した『維摩経《ゆいまぎょう》』は、東北インドの商業都市、ヴァイシャーリーに住む富裕な居士で家族もいる身でありながら、仏弟子たちにまさる智慧と自在な方法によって教化するヴィマラキールティ(維摩詰《ゆいまきつ》)を主人公とした経典だ。

『維摩経』は、仏弟子たちの思い込みを批判し、文殊菩薩の質問に対してヴィマラキールティが沈黙し続けることによって、言葉や対立を超えた「不二《ふに》」の境地を強調した。維摩詰の部屋に住む天女が男女の区別を否定し、仏弟子が女性を軽んじて天女の悟りを疑うと、神通力で仏弟子の体と自分の体とを入れ替えて困らせるなど、戯曲のような構成になっている。
三乗を包含する「一乗」説を打ち出して大乗思想を進展させたのは『法華経』だ。

『法華経』の一乗説

『法華経』は、釈尊が声聞乗・縁覚《えんがく》(独覚)乗・菩薩乗という三乗を説いたのは、人それぞれの能力に合わせて導くための方便であり、仏はそうした教えによって人々を成熟させたうえで、それらは仏乗にほかならないとする一乗の教えを示し、仏の智慧を得させるのだと説いた。また、釈尊が涅槃に入ったのは方便にすぎず、実際には永遠の過去から無数の菩薩たちを教化し続けてきたとし、『法華経』の経巻は仏塔と等しいと説いて般若経典と同様に書写の功徳を強調している。

『法華経』は様々な要素を含んでおり、成立が遅い「普門品《ふもんぼん》」では、『法華経』の信者を観音菩薩が守ってくれることが説かれ、現世利益も強調されている。後代になって挿入された「提婆《だいば》達《だっ》多《た》品《ぼん》」では、釈尊に害を加えたとされる提婆達多は、実は『法華経』流布を願っていた人物であって釈尊の前世の導き手であったとし、人間でない龍王の幼い娘でさえ『法華経』を聞いた功徳によってたちまちに仏となったことなどが強調されている。

伝統教団の中には、こうした大乗経典は仏説ではなく、悪魔の説か詩人による誇張した話だとして非難する者たちもいた。小規模ながら伝統派と大乗派の衝突もあったようだ。

『華厳経』の多様な世界

十方世界《じっぽうせかい》の国土に仏として姿をあらわす光輝くヴァイローチャナ（毘盧遮那《びるしゃな》）仏を中心とする『華厳経《けごんきょう》』は、様々な内容を含む長大な経典だ。そのうち、菩薩の修行の階梯を説いて「この世界は心のみから成る」という唯心《ゆいしん》思想を説く「十地品《じゅうじぼん》」、仏の智慧はすべての人々のうちに浸透していると説く「性起品《しょうきぼん》」、善財童子《ぜんざいどうじ》が各地を遍歴し、医師や国王や船頭や遊女などを含む様々な階層の男女から教えを受ける「入法界品《にゅうほっかいぼん》」などの部分は、それぞれ単行経典として早くにインドで流布しており、中国でも個別の経として漢訳されていた。『華厳経』は、後に展開してゆく大乗仏教の様々な要素を多く備えており、「入法界品」は密教の前身でもある。

仏像・仏画の誕生

大乗仏教が登場したのとほぼ同じ頃、ガンダーラ地域で仏の姿が素朴な素描で描かれるようになり、その少し後にはギリシャ彫刻の影響が目立つ仏像が作成され始めた。またガンダーラでは、大乗仏教の影響を思わせる神格化した釈尊の一代記がレリーフなどで造形されたほか、釈尊が菩薩を左右に従えた三尊像の形式が見られ、阿弥陀仏の像も早くから造られていた。

仏教美術は各地に広まって発達し、三世紀くらいからは仏画も作成された。仏像は礼拝のためだけでなく、仏について冥想する際の対象としても用いられたと推測されている。仏画については、寺の壁などに描かれたり、大きな布に描いて壁にかけられたほか、折りたためる布に仏伝を描き、その絵解きをしながら各地を回る芸能色の強い布教僧もいた。

4　大乗思想の展開

「有」を強調する中期大乗経典

大乗仏教については、部派仏教と違い、この派だけを奉じる集団が存在したことを示す早い時期の碑文などは発見されていない。ただ、在家信者ばかりが大乗の菩薩とされているのではなく、後には出家している大乗の菩薩も登場した。

大乗仏教で重要なのは、三世紀にナーガールジュナ（龍樹《りゅうじゅ》）が般若経典に基づいて「空」の思想を体系化したことだ。龍樹は『中論《ちゅうろん》』その他を著し、説一切有部などが事象は無常でもその構成要素は実在するとして論義していることを批判し、「空」にほかならない縁起の重要性を説いた。龍樹のこの思想は、龍樹の系統を継ぐ中観派《ちゅうがんは》だけでなく、大乗仏教すべてに影響を与えた。

ただ一方では、常住不変のアートマン（我）を重視するインド思想の影響もあり、「有《う》」の面を強調する主張や、「有」と「空」を両立させようとする主張もなされるようになった。そうした状況の中で、中期大乗と称される大乗経典が次々に作成され、それを補足する経論も多数登場するに至った。

大乗の『涅槃経』と仏性・如来蔵説

晩年の釈尊の入滅・火葬の様子を描いた初期経典の『大般涅槃経《だいはつねはんぎょう》』では、釈尊については輪廻の世界を超えた存在とみなし、寿命を自在にあやつり、濁った川の水を澄ませるなどの神通力を認めていた。一方では、老いた身で病気を気力で抑え、心の安らぎを保つ様子を描いており、最後の旅の部分には「下痢をしつつ」という表現まで見えている。部派仏教の僧たちは、これを人の身の無常さを説いた釈尊の教えの正しさを示すものとして受け取り、信仰を深めていたのだ。

これに対して、『大般涅槃経』を受け継ぎつつ全面的に改めた大乗の『涅槃経』のうち、早くに成立した部分には、釈尊の火葬の場面はない。釈尊は入滅したと考えてはならず、如来(真理の体現者としての釈尊)は「ここにおり、永遠であり、堅固である」と観想する者の家にいると説いていた。「如来常住《にょらいじょうじゅう》」の主張だ。そして、「仏となるための原因」を意味し、仏の骨(仏舎利)を含意する「ブッダ・ダートゥ(仏性)」がすべての人々の体のうちにあると述べ、現実の仏塔よりもそうした自分自身を礼拝すべきだと説いていた。帰依の対象である仏・法・僧の「三宝《さんぼう》」のうち、法宝も僧宝も、真の仏宝であるこのブッダ・ダートゥのうちにあるとして、三宝は一体であると説いた。そのうえで、この『涅槃経』の教えを否定する者たちについては、邪悪なイッチャンティカ(一闡提《いっせんだい》)であって仏になれない者だと警告した。

部派仏教では、自分のために殺されるところを見ず、殺されたと聞かず、その疑いがないなどの三種の条件を満たせば、布施された肉を食べることを認めていたが（三種浄肉）、すべての生き物は仏性を有するとする『涅槃経』は、食肉自体を禁じた。こうした教えは、教団規則である戒律とは別に、利他《りた》の心得を説く「菩薩戒《ぼさつかい》」として大乗仏教で発展していった。『涅槃経』は、伝統派に激しく非難されたため、教えを説く法師を攻撃から守る在家信者については、五戒を受けずに武装することを認めている。

『涅槃経』のやや後には、すべての生き物は如来を蔵した「タターガタ・ガルバ（如来蔵《にょらいぞう》）」であって、煩悩に満ちた人々の身中に如来が坐していると明言する『如来蔵経』や、王妃である勝《しょう》鬘夫《まんぶ》人《にん》が、如来蔵は仏のみが知る境地であるためひたすら信ずるべきであると述べる『勝鬘経』なども生まれた。『勝鬘経』は、煩悩に覆われた法身である如来蔵のことを、汚れることのない「自性清浄心《じしょうしょうじょうしん》」だと述べ、真理と心を結びつけた。この後に、これらの如来蔵説を集大成した『宝性論《ほうしょうろん》』が登場した。

唯心・唯識の思想

すべてを心の働きと見る思想も発展した。仏教はその初期から、跳ね回る自らの心を「如実」（ありのまま）に観察する教えだったうえ、『十地経《じゅうじきょう》』ではすでに、この世界は心から成るという唯心思想も説かれていた。『般舟三昧経』や『華厳経』にも、そうした思想が織りこまれていたことは先に述べたとおりだ。インドにはもともと、ヨーガの実践に励んで心の分析に努めていた修行者たちがいたが、彼らの影響を受けた仏教内のヨーガ行者たちは、この唯心思想を発展させていった。

彼らは、心の奥底にあって気絶している時も命を支え、主観と客観世界を生み出す「アーラヤ識」の存在を説き、随伴する種々の「識」の働きを探求して唯識思想を確立した。『瑜伽論《ゆがろん》』や『解深密経《げじんみっきょう》』がその代表経論であり、『瑜伽論』は菩薩戒思想の源流の一つでもある。

人物としては、マイトレーヤ（弥勒）、アサンガ（無著《むじゃく》）、ヴァスバンドゥ（世親《せしん》）と続く三人が重要な著作を著したとされ、唯識派の祖とされている。このうち、マイトレーヤは、実在人物が伝説化された存在であるらしい。アサンガとヴァスバンドゥはガンダーラ生まれの兄弟で、アサンガはアーラヤ識説に基づいて唯識説を体系づけた『摂大乗論《しょうだいじょうろん》』などを著したとされる。

弟のヴァスバンドゥは、説一切有部のアビダルマ説を経量部の立場からの批判を加えつつまとめ、諸派で尊重された『倶舎論《くしゃろん》』を著した。その後、大乗に転じ、『唯識二十論《ゆいしきにじゅうろん》』『唯識三十頌《ゆいしきさんじゅうじゅ》』などを書いて唯識説を集成したほか、『十地経論《じゅうじきょうろん》』『摂大乗論釈《しょうだいじょうろんしゃく》』など多くの経論の注釈を著した。生存年代については四世紀から五世紀まで諸説がある。

唯識思想で特異なのは、『楞伽経《りょうがきょう》』だ。『楞伽経』は、身中の法身である如来蔵と根源的なアーラヤ識とを同一視し、『勝鬘経』に続いて、心を清らかで根本的なものと見る道を開いた。また、真理は言葉で表せないとして、釈尊は四九年間、一言も説法しなかったと断言し、言葉以外の目の動きなどで教化する仏国土もあるなどと説いており、後代の禅宗に影響を与えることになる。

唯識学派は、先に触れた色身・法身という二身説を発展させ、真理そのものである法身、修行の結果として得られた素晴らしい身である報身《ほうじん》、相手に応じて変化して現れる応身《おうじん》などの「三身説」、さらには「四身説」を生み出した。こうした仏身説は、密教でさらに展開していく。

部派仏教と大乗仏教

大乗仏教はインド全域に広まったものの、部派仏教が終始優勢だったことはすでに述べた。七世紀前半に西域とインドを旅してその状況を記した玄奘《げんじょう》（六〇二～六六四）の『大唐西域記《だいとうさいいきき》』では、仏教が学ばれていた場所を全部で九九か所挙げているが、そのうち小乗を学ぶ所は六〇か所、大乗を学ぶ所は二四か所、大乗・小乗兼学の所は一五か所であるとしている。玄奘はまた、「大乗上座部」という折衷的な立場の者たちがいたという五か所の僧院に触れているうえ、七世紀後半に義浄《ぎじょう》（六三五～七一三）がインドに渡った時期には、同じ寺にいる僧侶のうち大乗経典を読む者たちが大乗と言われるという状況になっていた。

これまで述べてきたように、大乗仏教では、空を説く般若経典と龍樹の著作とを柱とする中観《ちゅうがん》派と、すべては心が生みだすとする唯識派が有力であり、如来蔵思想は唯識派の中で発展していったようだ。

教理の進展と他学派との対論を通じて、論争に勝つための「因明《いんみょう》」と呼ばれる論理学も発達した。五世紀後半から六世紀初めにかけて、ディグナーガ（陳那《じんな》）が登場して『集量論《じゅりょうろん》』『因明正理門論《いんみょうしょうりもんろん》』などを著した。その主張を七世紀半ばのダルマキールティ（法称《ほっしょう》）がさらに体系化し、インド思想にも影響を与えた。

釈尊は飲酒を禁じたものの、薬酒は認めていた。また、バラモンたちが用いていた呪術を禁じる一方で、病気・害獣などから身を守るための護身の呪文は容認していた。護身呪は時代が下るにつれて増えていき、呪を説く経典も生まれた。一方、大乗仏教では、『法華経』に「陀羅尼品《だらにぼん》」があることが示すように、初期からダラニを重視していた。

ダラニ

ダラニには、経典を広める法師や信者の身を守る護身のダラニのほか、教義をまとめて記憶しやすいようにしたダラニ、神秘的な呪文としてのダラニなど様々な種類があり、これらが次第に密教化していく。

五世紀頃のインドではヒンドゥー教、特にシヴァ信仰が盛んになり、国王たちのために様々な儀礼を提供して尊重されると同時に、種々の行事と結びつきながら民間にも広まっていった。仏教もこれに対応するため、ヒンドゥー教の神々を取り入れて菩薩や護法神に改めるとともに、災難や病気などからの救済、繁栄祈願、呪詛返しなどを説く経典も作成された。

そうした状況のもとで、秘密の教えである密教が整備されていった。密教では、菩薩や明王《みょうおう》や天(神)その他の尊格特有のダラニとその供養法などの儀礼が説かれ、手の指を結ぶムドラー(印)、ヴェーダ以来の伝統となっている秘密の呪文であるマントラ(真言)、仏菩薩などのシンボルであるサマヤ(三昧耶形《さんまやぎょう》)、マンダラ(曼荼羅)を作るための作法なども整備されていった。初期の密教思想を集成した『陀羅尼集経《だらにじっきょう》』は、六世紀半頃に成立したようだ。

七世紀初めから半ばにかけて成立したとされる『大毘盧遮那成仏神変加持経《だいびるしゃなじょうぶつじんぺんかじきょう》(大日経《だいにちきょう》)』になると、密教の要素は現世利益のためでなく、成仏のためのすぐれた方法とされており、『華厳経』の教主とされる上述の毘盧遮那仏を密教化したうえで、様々な仏・菩薩・諸天(神々)などを体系的に位置づけている。ヒンドゥー教のうちのシヴァ派の儀礼を取り込んだ『初会金剛頂経《しょえこんごうちょうぎょう》』では、さらに五部の組織を整え、諸尊を中央と四方に配置して整然としたマンダラを構築するに至った。中期密教を代表するこの両経は、本尊とされた尊格と修行者とが一体となることによってこの世で仏となることができるとした。儀礼としては、国王の頭に水を注いで祝福する儀礼であったものを仏教化した「灌頂《かんじょう》」を重んじており、その内容も多彩になっていった。密教はさらにヒンドゥー教的な色彩を強めつつ進展を続け、一部では性的な儀礼を含むものへと展開した。

インド仏教の衰退

以上のようにインドの仏教は様々な潮流を生みだしていたが、五世紀頃からヒンドゥー教に押されて衰退に向かい始めた。また、五世紀末にグプタ朝と衝突してガンダーラや北インドを支配した遊牧国家エフタルでは、ミヒラクラ王が統治した五世紀前半頃に大規模な仏教弾圧がおこなわれた。ゾロアスター教と思われる「天神火神」を信仰していたミヒラクラは、寺院を破壊して仏教信者の多くを虐殺し、生き残った者は奴隷にしたという。仏教側では、この事件を契機に「末法《まっぽう》思想」が広まり、それが東アジアに伝えられた。

ヒンドゥー教が盛んになるにつれて、その神々を熱烈に信仰する者たちは、仏教に論争を挑むことが増え、時には暴力をふるって仏教徒を追い払うこともあった。ただ、八世紀に、宇宙原理であるブラフマンと個我であるアートマンは同一であってこの一者だけが存在し、他はすべて幻影だとする「不二一元論《ふにいちげんろん》」を展開し、大きな影響を与えたヴェーダーンタ学派のシャンカラなどは、「仮面の仏教徒」と呼ばれたほど仏教の影響を受けている。また、ヴェーダのなかのプラーナ文献では、釈尊はヴィシュヌ神の一〇の化身のうちの九番目とされており、ヒンドゥー教のうちに取り込まれて現在に至っている。

八世紀から一二世紀にかけて北東インドで栄えたパーラ朝では密教を保護していたが、北インドに侵攻したイラン系のイスラム国家であるゴール朝は、偶像崇拝を否定して仏教寺院を破壊した。その勢力は東インドにまで及び、一二〇三年にはベンガル地方最大の寺院、ヴィクラマシーラ寺を破壊して多くの僧侶と尼僧を殺したため、この地域の仏教は壊滅し、それ以外の地域の仏教も次第に消えていった。

ただ、早くにインドの仏教が伝えられていたネパールでは、大乗を含めたインド仏教が存続している。また、八世紀に中国とインドの仏教を導入し、論争を経てインドの大乗仏教を正式に採用するに至ったチベットでは、仏教がきわめて盛んとなり、インドの大乗仏教と密教を発展させて独自の仏教を作りあげていった。チベット仏教の一部には中国禅宗の影響も見られる。

5　西域と南海ルート

仏教伝播の道

インドの西北地域に広がっていった仏教が、今日のパキスタン北西部からアフガニスタン東部に位置するガンダーラ地域に伝えられたことはすでに述べた。そのさらに北方は、イラン系のソグド人が住むソグディアナと呼ばれた土地だが、サマルカンドを中心都市として東西交易で栄えたこの地域ではゾロアスター教やマニ教が主流であり、仏教の遺跡は僅かしか発見されていない。

仏教はソグディアナの手前で東に転じ、パミール高原を越え、さらにタクラマカン砂漠を避けてその北側と南側の道を通って東に向かい、中国の支配地に至ると万里の長城に沿って河西回廊《かせいかいろう》を南下し、中心地である長安・洛陽にまで伝わっていった。

これらの地を結ぶ主要な経路としては、タシュクルガンからカシュガル（疏勒《そろく》）を経て、天山山脈の南側に沿ってキジルとクチャ（亀茲《きじ》）を通り、トルファン（高昌《こうしょう》）の南を抜けて敦煌《とんこう》に至る西域北道、そしてカシュガルからヤルカンド（莎車《さしゃ》）を経由し、崑崙山脈の北側に沿ってホータン（コータン、于闐《うてん》）に至り、ミーラン（鄯善《ぜんぜん》）を通って敦煌に至る西域南道が二本の動脈となっていた。西域への玄関に当たる敦煌の繁栄ぶりは有名だ。

これ以外に、天山山脈の北側を通ってハミ、瓜州《かしゅう》を経て河西回廊をめざす道もあった。これらの経路は、近代になってシルクロードと名づけられたことが示すように、中国の絹を主要な産物とし、中国・中央アジア・インド・ローマを結ぶ東西交易の道だった。

すでに述べたように、これらの地には多くの民族・言語・宗教が混在していた。今日では新疆ウイグル自治区に位置するトルファン盆地からは、一七種の文字と、方言に近いものを含めて二四種の言語で書かれた資料が発見されているほどだ。しかも、勢力争いや戦争による民族の移動も盛んだった。

インド西北の諸国家、そして西域北道・南道沿いの諸国家の仏教は、熱烈かつ実践的だった。仏や菩薩に頼る傾向が強く、王族や富裕な信者は、石窟を開削して仏像の礼拝堂を造り、壁に絵を描かせ、大がかりな布施をおこなった。

インドと異なり、功徳を積むための大小の舎利塔が数多くつくられ、交通の要衝には巨大な舎利塔や石柱が建てられた。この周辺の地では、釈尊、菩薩時代の釈尊、弥勒菩薩が最も尊崇され、多くの像や絵が作成された。弥勒については、中央アジアの王の図像のように足を交差させて椅子に坐る姿の像も造られている。

弥勒に関する経典が複数作られており、造像も多かったのは、この地域の天(神)の信仰と無関係ではない。また、四天王(持国天《じこくてん》・増長天《ぞうちょうてん》・広目天《こうもくてん》・多聞天《たもんてん》)の信仰はインドでは早くに衰えたが、中央アジアでは盛んであって、多聞天はさらに独立して毘沙門天《びしゃもんてん》となり、武神また財神として信仰された。

西域南道　西域南道の中心であったホータンは、言語は東部イラン系のホータン語であり、インドのブラーフミー文字を用いていた。大乗と小乗が共存し、特に大乗が盛んであって、東トルキスタンにおけるその中心地となっており、大乗経典の編纂もおこなわれた。経典のホータン語訳も数多くなされていたが、せっかく翻訳しても尊重されず、人々は意味がわからないインドの原文の方をありがたがっている、と記した記録も見える。

ホータンとその近辺では、鬼子母神の図像が作られたことも注目される。インドでは子どもを食らう女の悪鬼であったハーリーティーが仏教に取り込まれ、釈尊に自分自身の子を隠されて自らの罪業を知り、後悔して仏教に帰依する話となったが、それがガンダーラあたりで子どもを守る鬼子母神に転じた。しかも、足もとで遊ぶ幼な子を見つめているところを描いた鬼子母神の図像は、繁栄や運をつかさどるギリシャの女神であるテュケーの影響が強い。

ホータンではまた、体に日・月、坐仏、宝珠など様々な形象を描いた仏の絵が数多く現存しており、これは『華厳経』の毘盧遮那仏だと考えられている。実際、中国で訳された六十巻『華厳経』の梵本も八十巻『華厳経』の梵本も、ホータンで入手されており、この地では毘盧遮那仏信仰が盛んだったようだ。唐代には逆に中国からの影響も及んでおり、漢訳の『金剛般若経』の発音をブラーフミー文字で音写した文献も残されている。

ホータンの東に位置するニヤから出土した文書によれば、この地の教団では世俗化が進んでいて戒律が守られておらず、僧が私有財産を持ち、結婚していた者もいた。部派仏教が有力だったようであり、樺皮にガンダーラ語の『法句経《ほっくきょう》』を書いた文書が発見されている。

西域北道

西域北道の地域で最大のオアシス国家であり、鉱物などの交易で栄えたクチャでは、ギリシャ語系のトカラ語Bを用いていた。王が仏教を保護していたため王族が建立した寺院も多く、説一切有部が主流だった。

僧侶はガンダーラ地域からもたらされたガンダーラ語の経典や、この地でブラーフミー文字で書かれた梵文の経典を学んだが、次第に現地の言葉であるトカラ語Bによる注釈や願文なども書かれるようになった。多くの経典が集められており、インドへの求法の旅の途上にあった玄奘に対して、クチャの老僧は、ここにはすべての仏典が揃っているのだからインドに出かける必要はないと語ったほどだ。

この地域では千仏洞《せんぶつどう》と呼ばれるキジルの石窟寺院が有名であり、その壁画には仏伝やジャータカを中心として、様々な絵が描かれている。そのうちの「阿闍世王本生図《あじゃせおうほんじょうず》」に、釈尊の一生を描いた絵の両端を持って広げ、阿闍世王に示す人物が描かれているのは、僧が王に絵解きをしている様子だ。西域はまた、様々な楽器の発祥地でもあり、音楽芸能がきわめて盛んだったため、それらは仏教と結びついて中国に流れこんでいった。

キジルの壁画のうちには、毘盧遮那仏と思われる全世界を包み込む壮大な宇宙仏も描かれており、そうした仏が尊重されていたことが知られる。ただ、この地域には中国の留学僧が常に訪れていたうえ、七世紀には唐がクチャに安西都護府《あんせいとごふ》を置き、漢人僧も送ったため、中国様式の壁画が増えていく。

クチャの東に位置し、今日ではトルファンと呼ばれている高昌は、テュルク(トルコ)系であるウイグル族の国家であり、マニ教が広まっていた。色彩あざやかな壁画で知られるベゼクリク千仏洞には、マニ教の痕跡が見られる。初期にはクチャあたりの上座部系の仏教などがもたらされただろうが、中国に接していたため、早い時期から漢字仏教もおこなわれていた。

つまり、インドやクチャその他の僧たちが西域の東端に位置する高昌に仏教を伝え、さらに中国に渡って経典を漢訳すると、その漢訳経典が早速、高昌にもたらされたのだ。唐がこの地を支配するようになると、中国仏教の影響はいっそう強まり、禅宗文献もウイグル語に訳されている。

西域独自の仏教

中央アジアでは、特定の仏や浄土の様子を心に思い浮かべる観想の行も石窟で盛んにおこなわれた。『観仏三昧海経《かんぶつざんまいかいきょう》』『観無量寿経《かんむりょうじゅきょう》』をはじめとして、「観〜経」という題の経典は、インドの原典が発見されておらず、中央アジアで成立した観法のマニュアルが元であって、中国で漢訳される際に経典の形にされたと考えられるものが多い。『観仏三昧海経』は、仏像を観察し、五体投地《ごたいとうち》して請えば、戒を破った者たちも滅罪が可能だと説いている。また、『達摩多羅禅経《だつまたらぜんきょう》』『坐禅三昧経《ざぜんざんまいきょう》』などの坐禅に関する経典群も、インドでは経としては伝わっていないため、中央アジアでまとめられたものが中国で経典として訳されたのだろう。クチャの石窟やトルファンのトヨク石窟などでは、坐禅している僧を描いた絵がいくつも発見されており、「禅師」という説明が記されている例もある。

このように、中央アジアの仏教が中国に与えた影響は大きい。たとえば、死者を極楽に導く引《いん》路《ろ》菩薩は、唐代から近世にかけて中国・韓国で信仰を集めたが、死者の道案内をするマニ教の女神の影響が指摘されている。マニ教は、中央アジアや中国に進出する際は、仏教の用語を用いており、仏教の影響を受ける一方で、仏教に影響を与えることもあったのだ。

海のシルクロード

近年になって仏教伝播の道として注目されるようになったのが、「海のシルクロード」とも呼ばれる南海ルートだ。アフリカ東海岸、中東、インド、スリランカ、東南アジア、ベトナム、中国南部をつなぐこの海路では、あちこちにインド文化の影響を受けた都市国家が形成され、なかには交易で大いに栄えて仏教が盛んな国家もあった。このルートを経て中国にやって来たインドや東南アジアの僧、逆にこの経路でインドに渡った中国僧は数多い。

スリランカについては、紀元前三世紀にアショカ王が、王子とも弟とも言われるマヒンダ長老を派遣し、仏教を伝えたという。マヒンダの開いた寺は後にマハーヴィハーラ（大寺）と称され、王室の保護のもとでスリランカ仏教の中心地となった。

侵略してきた南インドのドラヴィダ人の王を倒し、前一世紀にシンハラ人王朝を再興したアバヤ王が、支援してくれた僧のためにアバヤギリ寺（無畏山寺）を建てると、世俗性が強かったこの寺と上座部系の伝統派であるマハーヴィハーラとが対立するようになった。アバヤギリ寺ではインド思想に接近した系統の部派仏教が導入されたうえ、三世紀頃には大乗仏教が導入され、マハーヴィハーラとの対立が激しさを増した。その結果、アバヤギリ派は追放されるに至った。

五世紀初めにインドから渡ってマハーヴィハーラで活動した学僧のブッダゴーサは、この地のシンハラ語で書かれていた多くの注釈などを編纂してパーリ語に訳すとともに、自らもアビダルマの教義を体系化して『清浄道論《しょうじょうどうろん》』その他を著した。それらの著作は今日に至るまでスリランカと東南アジア諸国の仏教の基調となっている。

さらに七〜九世紀にはインドから大乗と密教が導入され、この時期は密教が盛んとなった。その後、戦乱による衰退を経て、一二世紀にミャンマーから招いた長老たちによって復興したマハーヴィハーラがサンガの統一と異派の追放をはたし、以後、主流であり続けている。

ミャンマー、タイ、カンボジア（扶南《ふなん》）、ラオスなどの東南アジア諸国には、スリランカの上座部仏教をはじめとする様々な系統の仏教が伝えられており、五〜六世紀の扶南では大乗仏教もかなり有力だったようだ。六世紀初め頃に中国に渡った扶南出身のサンガパーラ（僧伽婆羅、四六〇

～五二四)は、スリランカのアバヤギリ寺のウパティーッサが著した『解脱道論《げだつどうろん》』と、大乗の『文殊師利問経《もんじゅしりもんきょう》』『孔雀王呪経《くじゃくおうじゅきょう》』などをともに漢訳している。

七世紀から一四世紀頃までマレー半島からスマトラ島東南部にかけて東西交易で栄えたマレー人の国家、シュリーヴィジャヤ(室利仏逝)は、インドからもたらされた大乗の中観派と唯識派が盛んであって、八世紀頃からは密教も大いに流行した。七世紀後半に中国からインドに渡った義浄は、途中のこの地で梵語を学んでおり、この地の壮大な僧院はインドのナーランダー僧院に匹敵するほどの大乗仏教研究の中心だと述べている。

第二章　東アジア仏教の萌芽期

中国は古代以来、魅力に富んだ異国の文物を交易や武力によって手に入れていた。ただ、仏教の場合は状況が違っていた。中国社会の根幹である儒教が「孝」を最も重視していたのに対し、仏教では親を捨てて出家するよう勧めていたためだ。

しかも、両者の世界観はまったく違っていた。この世での道徳的な生き方を重視する儒教は、鬼神や死について詳しく論じようとはしなかったのに対し、仏教は、善悪の業《ごう》の報いによって死後は天界や人間や地獄や餓鬼の世界に生まれかわるとし、追善の方法も説いていた。

このように、仏教と儒教はあまりにも異なっていたが、中国には儒教の堅苦しい道徳を否定して虚無・自然を尊ぶ老荘思想や、不老不死で空を飛ぶ仙人に憧れる神仙思想、また道教の前身となる宗教も存在しており、仏教の不殺生は儒教の仁に通じる面を持っていた。そのうえ四世紀初めには、中華の伝統を誇っていた晋(西晋)王朝が北方民族に都の洛陽を侵略され、江南に逃れるという大事件も起きた。こうした状況の中で、仏教が中国に広まっていったのだ。

その中国仏教の特徴は、鳩摩《くま》羅什《らじゅう》の影響によって大乗仏教が主流となったことだろう。鳩摩羅什の少し後に『涅槃経』が漢訳され「仏性《ぶっしょう》」の思想が広まると、大乗仏教はさらに盛んになった。ただ、中国で重視された大乗経典の名文句は、中国思想の影響を受けた訳文になっている場合が少なくない。

本章では、東アジアへの仏教伝来と初期の受容のあり方について見てゆく。

1　中国への仏教伝来

空を飛ぶ金色の仏

中国への仏教伝来は、史書に見える記事としては、前漢の哀帝《あいてい》の元寿元年(前二)に、大月氏国《だいげっし》の使者である伊存《いぞん》が、儒教を教授する博士の弟子であった景盧《けいろ》に「浮屠経《ふときょう》」(ブッダの経)を口授したとする『魏書《ぎしょ》』釈老志《しゃくろうし》の例が早い。また『四十二章経《しじゅうにしょうぎょう》』の序では、後漢の明帝《めいてい》の永平一〇年(後六七)に伝わって洛陽に白馬寺《はくばじ》が建てられたとしている。この経は擬経であって序も後代の伝承に基づくが、仏教がこの時期に貴族層の関心を集めるようになったことは事実のようだ。

袁宏《えんこう》の『後漢紀《ごかんき》』によれば、明帝の異母弟である楚王《そおう》の英《えい》は、日ごろ「黄老《こうろう》」(黄帝・老子)の奥深い言葉を誦し、「浮屠の仁祠《じんし》」(ブッダを祀る殿舎)を尊んでいたという。袁宏は、「浮屠」とは人々を覚らせる存在であって、殺生を避けて慈悲の心を修め、欲を去って無為に至る道を説いており、それによれば、生前におこなった善悪の行為には報いがあり、人は死んでも「精神」は滅せずにまた肉体を得るため、「精神」を修錬して「無為」に至れば仏になれるという。また仏は一丈六尺(五メートル弱)の大きさで黄金色をしており、うなじに光る日と月を帯び、自由に変化してどこにでも現れて人々を救う、と記している。

『後漢紀』の別の箇所では、明帝が、「金人」が飛来する夢を見たため群臣に尋ねたところ、「西方に仏という名の神があり、その身は長大です。それではないでしょうか」と答えたという。仏は「虚無」を根本の立場とし、目に見えない死者の世界を明らかにしたため、王族や貴族たちは輪廻と業報のあり方を聞いて茫然自失しない者はなかったと述べている。孝を最も尊ぶ漢人にとって、自分の亡くなった父母が悪業によって地獄に堕ちて苦しんでいる可能性があり、儒教ではどうすることもできないと聞いた時は、衝撃を受けたことだろう。

これらの記述から見て、当時は仏のことを、中国にはなかった輪廻と因果応報の教えを説き、伝説化された黄帝や老子のように超人的であって、空を飛んだり姿を自在に変えたりすることができる異国の巨大な金色の神と考えていたことになる。こうした釈尊観はまったくの誤解とは言い切れない。仏伝などでは、釈尊は意図すれば寿命を自在に延ばすことができたとされており、双神変では空を飛んでいるため、そうしたイメージが黄帝や老子のイメージと重ねた形で受け止められても不思議はない。

仏を黄帝や老子のような存在としているのは、当時は仏について説く際、黄帝に仮託された書物や『老子』の用語を用いていたことによる。また、仏を祀る堂が思いやりの心を示す儒教の「仁」の語を用いて「仁祠」と呼ばれたのは、犠牲の動物を捧げて祈る中国の祭祀と違い、殺生を禁じていたためだろう。仏教は儒教と一致する面があるとみなされていたのだ。

仏となった老子

後漢の学者である襄楷《じょうかい》が二世紀半ばに政治の乱れをいさめた上書によると、老子が「胡」（西方の野蛮な地）に入って浮屠となったと説く者もいたという。老子については、国境の関所を越えて西に向かったという伝承があったため、仏教が『老子』の言葉を用いて説明されると、釈尊とは西方におもむいた老子のことだとされたのだろう。

「老子化胡説《ろうしけこせつ》」と呼ばれるこうした解釈は、当初は釈尊と老子の類似に着目しただけのものだったようだが、道教と仏教の対立が激しくなった晋の時代には、道士である王浮《おうふ》がこの説話を『老子化胡経』という道教経典に仕立て、釈尊に対する老子の優位を強調したという。仏教側はこれに反発し、釈尊が野蛮な中国を教化するために迦葉《かしょう》・光浄《こうじょう》・儒童《じゅどう》という三人の弟子を送り、それが老子・孔子・顔回《がんかい》になったとする『清浄法行経《しょうじょうほうぎょうきょう》』などの擬経を作成して対抗した。

漢訳経典の登場

現存する最古の漢訳経典は、後漢の建和二年（一四八）頃に洛陽にやって来て、様々な種類の経論を訳した安世高《あんせいこう》の訳経だ。安息国《あんそく》（パルチア）出身であった安世高は、呼吸に精神を集中する禅定を説いた『安般守意経《あんぱんしゅいきょう》』や、アビダルマの概説である『阿毘曇《あびどん》五法行経《ごほうぎょうきょう》』など、三十数部の経典を訳した。安世高は、「無為」「不老不死」といった中国風な語や「仏」などの音写語は少ししか用いず、「因縁」(縁故)を縁起の意、「解脱」(束縛する道具から解き放たれる)を悟りの意、「生死」(生き死に)を輪廻の意味で用いるなど、一般の語を巧みに使っていた。

その数十年後に洛陽に来た大月氏国出身の支婁迦讖《しるかせん》は、初期の般若経典である『道行般若経《どうぎょうはんにゃきょう》』、菩薩の三昧を説いた『首楞厳経《しゅりょうごんきょう》』や、『般舟三昧経』、『華厳経』系の『兜沙経《としゃきょう》』などの大乗経典を訳した。『道行般若経』は、「有心が有るのではなく、無心が無いわけでもない」などといった否定的で逆説的な表現を多く用いている点で老荘思想と似ているうえ、支婁迦讖訳は真理を意味する「タタハター」という語を、老荘風に「本無」と訳すなどしていた。

中国各地への伝播と受容

仏教は、三世紀初めに山東半島あたりにまで伝わった。後漢末に笮融《さくゆう》が徐州《じょしゅう》(現山東省東部・江蘇省北部)に建てた「浮屠祠」は、金色の仏像を祀る二階建ての楼閣の周囲に回廊をめぐらし、多数の信徒を収容できたという。仏教はさらにその南の江南の地にまで広がっており、大月氏系の渡来氏族で中国西北の涼州《りょうしゅう》出身の在俗信者だった支謙《しけん》は、三世紀前半に洛陽にやって来て支婁迦讖の弟子の支亮《しりょう》に師事した後、戦乱を避けて江南におもむき、呉で仏教を広めている。

支謙は、三国呉の皇帝の孫権(在位二二九〜二五二)に重んじられて太子を教育する博士に任じられ、三六部もの経を訳した。その中には大乗の『維摩経』と『無量寿経』、最初期経典の『スッタニパータ』の訳である『仏説義足経《ぶっせつぎそくきょう》』、仏伝の『瑞応本起経《ずいおうほんぎきょう》』などが含まれる。支謙の訳は「無為」「自然」といった老荘思想の語を用いており、禅定の原語である「ディヤーナ」を道教の語を用いて「守一」と訳すなど、老荘思想・道教の影響も見られる。

代々敦煌に住んでいた月氏系の竺法護《じくほうご》（二三九〜三一六）は、師の竺高座《じくこうざ》とともに西域を巡って諸国の言葉を学び、三世紀後半に諸国語の経典を持って三国を統一した晋（西晋）に至った。四世紀初めに『光讃般若経《こうさんはんにゃきょう》』、『法華経』の異訳である『正《しょう》法華経』、『十地経』の異訳である『漸備《ぜんび》経《きょう》』をはじめとする重要な大乗経典を訳出した。竺法護訳では、釈尊のことを「能仁《のうにん》」「能仁至《のうにんし》尊《そん》」などと訳しており、儒教の仁の徳を体得した聖人として描こうとしている。

竺法護はまた、「阿弥陀」という音写の表記を用いると同時に、「無量寿」という訳語も用いていた。阿弥陀仏は、前章で触れたように光明信仰が盛んだった西北インドで生み出された仏であるため、原語の「アミターブハァ」（無限の光）は字義通りには「無量光」と訳すべきだが、西域で発音が「アミターユス」（無限の寿命）に変化し、竺法護はこれを無量寿と訳したのだ。このため、中国では無量寿仏＝阿弥陀仏の世界は、不老長寿の神仙が住む仙境のように受け止められただろう。

長生きや健康が望まれるのはインドも同じだが、輪廻説が浸透しているインドでは、僧侶は輪廻の世界から離れることを願い、在家信者は快楽に満ちていて寿命の長い天に生まれること（生天）を願うのが普通であり、現世において極端な長寿を強く願うことはなかった。

ベトナムへの伝来と中国への布教

仏教はシルクロード以外に、東南アジアを経てベトナムからも海路でもたらされた。秦の始皇帝は、中国を統一すると南方にまで兵を派遣し、紀元前二一四年に桂林《けいりん》郡・南海《なんかい》郡を置き、越《ベト》族（キン族）が住むベトナム北部には象《しょう》郡を置いた。秦が滅びると、南海郡にとどまっていた漢人の武将が、南海郡から象郡に至る地域を掌握して南越《なんえつ》を建国したが、秦を打倒した漢の武帝《ぶてい》は元鼎六年（前一一二）に南越を征服し、交趾《こうし》部《ぶ》と名づけて九郡に分け、漢人を送り込んで統治した。そうした漢人の中には土着化して有力な豪族となった者も多かった。

三国時代になると呉は現在の広東周辺を広州《こうしゅう》、それより南を交州《こうしゅう》とした。交州は香料、真珠、鉱物、犀や象の角などの物産が豊富であり、中国から派遣されてきた長官たちは搾取につとめる者が多かったため、この地域では、現地勢力の反乱と中国の鎮圧とが繰り返された。

ベトナム仏教の起源に関する伝承によれば、ハノイの西北の地にやって来た色の黒い僧侶が様々な神秘的事件を起こし、帰国する際、干魃になったら祈れと命じて霊木を残していった。神のお告げを受けた住人たちがそれを彫って四体の神像を造りはじめると、五色の雲が現れて雨や雷となるなどの奇跡が続いた。そこで、神像を法雲、法雨、法雷、法龍と名づけ、法雲寺などの四寺を建ててそれぞれに安置して祀ったのが最初の寺院とされている。
異国の僧、神のお告げ、霊木、祈雨、神像といった点が、いかにも仏教受容の初期にふさわしいが、この話の年代は明らかでない。文献としては、中国南部から戦乱を避けて一八四年頃に交趾にやってきて、後に中国に戻った牟子《ぼうし》が著した『理惑論《りわくろん》』がベトナム仏教の最初とされてきたが、仏教受容が進んだ状況が描かれているため、実際には後代の作だろう。

西域系ベトナム僧の活躍

交趾出身の僧の代表は、ソグド系の康僧会《こうそうえ》(?~二八〇)だ。祖父はシルクロード交易の中心地サマルカンド出身であり、康僧会はインドで商売をしていた父にともなわれて交趾にやって来たという。「康」という姓は、祖先がサマルカンド出身であることを示す。若くして両親を亡くした康僧会は、出家して漢人の知識人から仏教とともに様々な学問を学んだ。

康僧会は、赤烏一〇年(二四七)に呉の都である建業《けんぎょう》(のちの金陵、建康、南京)に至って経典を訳している。その訳とされる『六度集経《ろくどじっきょう》』は、種々の経典の話を康僧会が編集したものと推定されている。康僧会は残虐な王であった孫権を戒めるため、奇跡を起こして尊崇させたうえで、教訓の経典を示して導いたのだろう。

康僧会の少し後には、月氏系の支彊梁接《しきょうりょうしょう》(生没年不明)が、呉の五鳳二年(二五五)から翌年にかけて交州で『十二遊経《じゅうにゆぎょう》』『法華三昧経《ほっけさんまいきょう》』を訳している。『法華三昧経』については、無畏三蔵《むいさんぞう》(生没年不明)が交州で訳したという記録もあり、いずれにしてもベトナムと関係深いことになる。康僧会と支彊梁接が、ともに中央アジア出身者の子弟であったことが注目されよう。仏教は、交易商人の信者やそうした環境のもとで出家した同族の僧などによって広まっていったのだ。

2　受容期の中国仏教

玄学と清談の時代

中国の中央部を支配していた西晋は、匈奴《きょうど》などの北方民族に攻撃されたため、建武元年(三一七)に都の洛陽を捨てて江南に逃れ、建康を都として東晋を建国した。従来の伝統の束縛が弱まったこともあってか、東晋の第二代皇帝である明帝は仏教を熱心に信じており、皇后や上層貴族なども仏教を信ずるようになったうえ、温暖で自然豊かな地で貴族文化が発展した。

その貴族文化の一例が、「玄学《げんがく》」と「清談《せいだん》」の流行だ。『老子道徳論』などを著し、洗練された言葉で哲学論義をする清談の気風を広めた魏の何晏《かあん》(?〜二四九)や、その何晏に後援され、『老子』『周易』『論語』に哲学的な注釈を加えた俊才の王弼《おうひつ》(二二六〜二四九)、さらに王弼を継承して『荘子』の注釈を書いた西晋の郭象《かくしょう》(二五二〜三一二)などの影響で、『荘子』『老子』『周易』が三つの奥深い書物とされて三玄《さんげん》と称され、その思弁的な研究が玄学と称された。

東晋の僧侶のうち、対立を超えた「至人《しじん》」の境地を描いた『荘子』逍遥遊篇《しょうようゆう》をテーマとする『逍遥遊論』を著した僧の支遁《しとん》(三一四〜三六六)は、般若経典が説く般若波羅蜜のことを自在に「逍遥遊」する智慧とみなし、釈尊はそれを体得した至人だと、玄学調の美文で論じている。また文人の孫綽《そんしゃく》(三一四〜三七一)の『喩道論《ゆどうろん》』では、仏とは「道」を体得して人々を救う存在だが、意図して作為的に働くことはなく、人々の願いに自然に「感応」して動くのであって、「無為にして為さざる無き者」であると論じるなど、玄学が説く聖人そのままの理解をしていた。

呪術的な力への期待

仏教には呪術的な力も期待されていた。咸安元年(三七一)、東晋の簡文帝《かんぶんてい》の宮殿に怪鳥が巣を作ったため、占わせたところ女性の師を招くよう進言され、尼の道容《どうよう》を招請すると、「八関斎《はっかんさい》」を勧められた。それを実施すると鳥が巣を移したため、都に新林寺を建てて道容を住まわせたという。

八関斎とは、在家信者が守る五戒のうち「不邪淫」(よこしまな性行為をしない)を「不淫」(性行為をしない)に代え、高くて心地よいベッドで寝ないとする第六戒、香油や装身具で身を飾って歌舞を見ないという第七戒、正午以後には食事をしないという第八戒を加えた出家者が守るべき「八戒」を、決められた日だけ守る習慣を指す(第七戒については異説もある)。在家信者が月のうちの八日、一四日、一五日、二三日、二九日、三〇日の六日だけ出家者に近い戒を守る生活をするのであって、僧侶を招いて食事を供養し、説教をしてもらう斎会《さいえ》でもあった。

これらの六斎日《ろくさいじつ》は、インドでは、悪鬼が襲って来る日、あるいはインドラ神（帝釈天《たいしゃくてん》）が人々を巡視する日とされており、斎戒沐浴して身をつつしむ風習だったのが仏教に取り入れられたものだ。これが中国では、災いを除く儀礼として受容されたのだ。また、斎日には眠気をさますために面白い話が語られており、仏教関連の話芸が発達する場ともなった。

上の記録で神秘的な力を持つ尼が尊重されていることが示すように、女性の間にも仏教が広まっており、仏教を信じる皇后たちが膨大な布施をして尼寺を建設する例も見られる。

五胡十六国の仏教受容

西晋が滅び、江南に東晋が建国されて以来、華北は北方民族が支配する小国が乱立して抗争が続く五胡十六国時代となった。これらの国の王は次第に漢訳経典に基づく仏教を信仰するようになったが、彼らが仏教を尊重したのは、神秘的な力を持った高僧を抱えることによって国威を高め、高僧に助言や祈願をしてもらい、また跡継ぎの教育をしてもらうためだった。

そうした神秘的な僧の代表が仏図澄《ぶっとちょう》（二三二～三四八）だ。クチャ出身で、出家してインド北部のカシミール（罽賓《けいひん》）で仏教を学んだ仏図澄は、羯《けつ》族が建国して華北を統一した後趙国に招かれ、洛陽で様々な予言や軍事面での助言をおこなった。仏図澄は、多くの寺院を建て、粗暴な王に訓戒をおこない、漢人の出家を許可させ、僧朗《そうろう》や道安《どうあん》などの優れた弟子たちを多数育てた。

道安（三一二～三八五）は、中国古典の教養に富んでおり、漢人僧の代表として有名だった。そこで、氐《てい》族であって僧朗を尊重していた前秦の第三代皇帝の苻堅《ふけん》(在位三五七〜三八五)は、建元一五年(三七九)、道安を得るために一〇万の軍勢を送って襄陽《じょうよう》(現湖北省)を攻略し、道安を長安に連れかえって最大の戦利品として誇り、手厚く保護した。

漢人の出家が許可されて以後は、出家者は師の姓に従って、竺(インド)・安(パルチア)・康(サマルカンド)・支(大月氏)などの姓を名乗っていたが、道安は、僧侶は釈尊の弟子であるため「釈氏」と称すべきことを提案したため、「釈道安」などと名乗る習慣が次第に広まっていった。道安は、インド仏教と中国儒教の方式を折衷して、経典の講義の形式も定めた。

教理の研究に励んだ道安は、多くの訳経に序を書いて意義を明確にしたほか、訳経の仕方にも注意し、「五失本《ごしっぽん》」(原本の表現を変えてよい五つの場合)と、「三不易《さんふえき》」(変えてはならない三つの場合)の原則を定めた。たとえば、梵語と漢語では文法が異なるため語順を変えて訳してよいというのは前者であり、難解な教理を勝手に解釈してわかりやすく説いてはならないというのは後者だ。

道安はまた漢訳経論を収集して『綜理衆経目録《そうりしゅうぎょうもくろく》』を著し、中国作成と思われる二六部三〇巻の経の存在を指摘した。そのうちの『毘羅三昧経《びらざんまいきょう》』は、日々の生活を慎み勇猛に精進すれば、長生きができて病気がなく、病んでも早く治るなど一〇の福があると説き、仏教の概要と在家信者の心得を示した後、仏が神通力で虚空を飛び、帰依した王やその弟子たちも空を飛ぶと国中の者が歓喜したとするなど、長寿を尊び空を飛ぶ仙人に憧れる漢人向けの内容となっている。

道安は、常々『放光般若経《ほうこうはんにゃきょう》』などの旧来の訳経が不備であることを嘆いており、自らが仏滅後の「辺国」に生まれたことを悲しんでいた。インドではガンジス河中流域を「マディアデーシャ」(中央地域)と呼び、漢訳ではこの語を「中天竺」と訳すことが多かったが、「中国」と訳すこともあったため、世界の中心たる「中華」を自任してきた漢人たちは衝撃を受けたのだ。道安が仏教経典を奥深いものと見て「内典《ないてん》」と呼び、儒教や老荘思想などの古典文献を「外典《げてん》」と呼んだのも、そうした仏教的な世界観の一例だ。

当時、外典の教養を身につけていた竺法雅《じくほうが》や康法朗《こうほうろう》などの漢人僧は、仏教の五戒を儒教の仁・義・礼・智・信の「五常《ごじょう》」に配当するなどして貴族や士大夫たちに説明し、人気を呼んでいた。これを「格義《かくぎ》」と称する。道安は、時には自らもそうした解釈法を用いていたが、安易な格義には反対し、厳密な経典の研鑽を模索していた。

高句麗への伝来

前秦の苻堅は、高句麗《こうくり》の小獣林王《しょうじゅうりんおう》二年(三七二)に使節を派遣し、仏像と経典、そして僧の順道《じゅんどう》を送った。苻堅は、その二年前に前秦の東に位置する鮮卑《せんぴ》族の国家である前燕《ぜんえん》と戦って滅ぼした際、前燕の貴族たちが高句麗に逃れると、高句麗では彼らをとらえて苻堅のもとに送った。このため、苻堅は褒賞として高句麗に仏教を下賜したと考えられる。

中国の皇帝が周辺の国に仏教を伝えるということは、寺を建てる技術や資財を与えること、また留学して来る僧を受け入れることを意味していた。現代で言えば最新の軍事技術を供与するようなものであって、親しい関係を諸国に誇示するに等しい。この年、高句麗では儒教の教育機関である太学《たいがく》を設立し、翌年には律令を公布している。仏教導入は、そうした中国風な国家体制整備の一環だったのだ。

一方、小獣林王四年(三七四)には南朝の東晋からも阿道《あどう》という僧侶が高句麗に来たため、王は翌年、都の卒本城に肖門寺《しょうもんじ》を創建して順道を置き、また伊弗蘭寺《いふつらんじ》を創建して阿道を置いたという。前秦と対立していた東晋が前秦による仏教贈与を知り、高句麗を味方につけるために江南の仏教を贈っても不思議ではないが、順道・阿道という名は似すぎており、不審な点もある。ただ、太寧年間(三二三〜三二六)に東晋の僧、竺法深《じくほうしん》が高句麗の「道人」(僧侶)と手紙をやり取りしているため、上記の公伝以前に仏教が伝わっていたことは疑いない。

民間の伝来としては、前秦の僧であった曇始《どんし》の例もある。梁の慧皎《えこう》の『高僧伝』によれば、泥道を歩いても汚れないため白足和尚《びゃくそくおしょう》と称された曇始が、四世紀末に高句麗に入り、仏教を広めたのが高句麗仏教のはじめとされている。長安に戻った曇始は、仏教を弾圧していた北魏の皇帝によって虎の檻に入れられたが、曇始は虎たちをなつかせて皇帝を驚かせたという。

そのような僧が高句麗仏教の最初と伝えられているのは、神通力を有し、猛獣の害を減らすことのできるような僧が歓迎されたことを意味する。高僧が虎をなつかせたとする伝承は、中国にもベトナムにも見られる。これは、猛獣に象徴される恐ろしい山の神を仏教が屈服させ、その土地を開墾できるようになり、作物の一部が寺に寄進されたことを示唆する。仏教は、商人と関係深かっただけでなく、古代にあっては農業を発展させる要因でもあった。

百済への伝来

中国の北朝と関係深かった高句麗としばしば争っていた朝鮮半島南部の百済には、南朝の仏教が伝えられた。枕流王《ちんりゅうおう》の即位元年(三八四)に、東晋から外国僧である摩羅難《まらなん》陀《だ》がやって来ており、翌年には都の漢山に寺院を建立し、一〇人の僧を得度させたという。その後、四世紀末から五世紀初めにかけて統治した阿莘王《あしんおう》は、仏法を崇信して福(功徳)を求めるよう命じているため、この頃から仏教受容が始まったことになる。ただ、この時期の遺跡はほとんど発見されていないため、仏教が盛んになるのは実際にはもう少し後になってからだろう。

3　鳩摩羅什による大乗仏教の主流化

鳩摩羅什の活躍

クチャで国王の妹とインドから来たバラモンとの間に生まれた鳩摩羅什(三四四〜四一三)は、仏教信仰の篤い母に連れられ、カシミールにおもむいて初期仏教の経典を学んだ。帰国後、ふたたび西トルキスタンに出向き、カシュガルでアビダルマやヴェーダなどを学び、ヤルカンドで大乗仏教を学んで帰国した。

羅什の名声は中国にまでとどろいたため、前秦の苻堅は、羅什を得ようとして建元一八年(三八二)に呂光《りょこう》を将軍とする軍勢を西域に送った。呂光はクチャを破り、羅什をともなって帰国しようとしたが、姑臧《こぞう》(現甘粛省武威県)まで戻ったところで前秦が滅んだため、呂光はこの地にとどまって後涼《こうりょう》を建国した。羅什は後涼で過ごすうちに漢語に熟達するようになった。

羌《きょう》族が建国した後秦の第二代皇帝である姚興《ようこう》は、羅什を得るために後涼を攻撃し、弘始三年(四〇一)、羅什を長安に迎え入れた。姚興は羅什を尊重しつつも、優秀な跡継ぎを作らせるため、強引に妓女たちを与えて破戒させた。このため、羅什は弗若多羅《ふつにゃたら》が暗唱する説一切有部の『十誦律《じゅうじゅりつ》』を漢訳したものの、自らは寺の外に住み、戒を授ける師(授戒師)にはならなかった。

羅什は漢人の弟子たちの助力を得て、それまでの生硬でわかりにくい漢訳の仕方を改め、流麗な訳文を工夫し、今日でも用いられている仏教用語を数多く作って定着させた。羅什の訳経のうち、般若経典系統では『摩訶般若波羅蜜経《まかはんにゃはらみつきょう》(大品般若経)』とその注釈である龍樹の『大智度論《だいちどろん》』、同じく龍樹の『中論』『十二門論』、龍樹の弟子である提婆《だいば》(三世紀)の『百論《ひゃくろん》』がある。『中論』『十二門論』『百論』は「三論」と総称された。これに『大智度論』を加えて「四論」と呼ぶ場合もある。

羅什の編著としての経論

これらのうち、『十二門論』については梵文もチベット語訳も伝わっておらず、龍樹以後の『中論』の概説である可能性が高い。元となった文献に羅什が手を加えた可能性も指摘されており、この点は、仏教辞典のように用いられた『大智度論』も同様だ。羅什訳の経論、特に論書は、独自の思想を有していて説教も巧みだった羅什の講義録といった面を持っている。

羅什は漢詩の応答をするほど漢語の力を有していたうえ、教養に富んだ弟子たちが漢訳に関わっていたため、その訳は中国風な色彩を帯びていた。たとえば、羅什訳の『妙法蓮華経《みょうほうれんげきょう》』は、経典の意図を生かしたすぐれた訳だが、原文の「サッダルマ」(正しい教え)を、奥深いあり方を表わす老荘思想系の語である「妙」の語を用いて「妙法」と訳している。

羅什は、このような漢訳を次々と世に出すとともに、遠方の僧侶や貴族の信者と手紙でやりとりして大乗仏教の意義を強調し、中国における大乗の優位を確立した。他に、経量部の立場を主としたうえで仏教教理を手際よくまとめ、空についても論じている訶梨跋摩《かりばつま》(ハリヴァルマン)の『成実論《じょうじつろん》』を訳しており、本書は経典を解釈する際の基礎として用いられた。ただ、この『成実論』にしても、忠実な訳ではないと考えられており、後には純粋な大乗の論書でないことが問題にされるようになった。

羅什の弟子たちの活躍

後涼にまでおもむいて早くに羅什に師事していた僧肇《そうじょう》(三八四〜四一四?)は、玄学を仏教学に持ち込み、美文で『物不遷論』『不真空論』『般若無知論』『涅槃無名論』などを著して逆説的で大胆な議論を展開した。『不真空論』では、現象を離れて真理はなく、真理は遠いところにあるのではないと断言し、『般若無知論』では、般若は知る側と知られる側という対立を離れているため、般若には智慧はないと説いている。これらは後にまとめられて『宗本義《しゅうほんぎ》』とあわせて『肇論《じょうろん》』と称され、大きな影響を与えた。

『大智度論』その他に序を書いた僧叡《そうえい》(慧叡)は、釈尊をインドに現れた化身とみなして真理そのものである形のない「法身」と区別する説(二身説)に反対し、釈尊を法身でありながら常に人々の求めに応じて様々な身で現れて教化・救済する存在と見ている。これは玄学と観音菩薩とを融合させた釈尊観だ。

道安の弟子であった慧遠《えおん》(三三四~四一六)は、三〇年以上にわたって盧山《ろざん》(現江西省)から出ず、「盧山の慧遠」と称された。古典の教養に富んでいた慧遠は、アビダルマの研究や禅観(禅定中での種々の観察)に励む一方で、羅什に大乗その他について質問し、そのやりとりが後に編集され『大乗大義章《だいじょうだいぎしょう》』となった。

その慧遠は、東晋末の権力者であった桓玄《かんげん》が、沙門(僧侶)は王の恩恵に浴していながら王を礼拝せず、よこしまな暮らしをしているのは礼に反するとの理由で、元興元年(四〇二)に取り締まりを命じると、これに反論した。慧遠は不適切な僧を追放することは認めつつも、僧侶は人々を救うため不忠でも不孝でもないと主張して命令を撤回させ、後に『沙門不敬王者論《しゃもんふけいおうじゃろん》』を編纂した。

慧遠の議論が示すように、当時の仏教徒たちは、亡き父母を救う仏教は「大孝」であるとし、あるいは仏教は儒教以上に道徳的な統治に役立つと説くのが通例だった。

慧遠は、「神滅不滅論争《しんめつふめつろんそう》」でも活躍した。インドの初期仏教が説いた輪廻とは、業の存続であって、輪廻の主体となる何かが生まれかわっていくとする教えではなかったが、後にはそれに近い教義を説くようになった部派もあった。また、中国で仏教を批判した者たちは、伝統思想に基づいて輪廻説を否定し、「神」(精神)は肉体と一体であるため死んで肉体が滅びれば精神も滅すると主張したため、これに反論する僧侶や在家信者たちは「神不滅」を主張するようになったのだ。

慧遠は『形尽神不滅篇』や『三報論』を著して神不滅を強調し、神不滅であるからこそ身・口《く》・意のおこないがもたらす業(三業《さんごう》)が消えずに報いがあるのであって、応報には、現世ですぐ報いがある場合、来世で報いがある場合、それ以後の世で報いがある場合の三種が存在すると説いた。これによって、善人が短命であったり悪人が栄えたりする事例を説明できるとしたのだ。

慧遠は僧俗の仲間たちに呼びかけ、後に白蓮社《びゃくれんしゃ》と呼ばれるようになる念仏結社を組織し、元興元年(四〇二)に廬山山中の般若台の阿弥陀仏の像の前で、ともに精進潔斎して西方往生の誓願を立てた。このため、後代になって浄土信仰の祖と仰がれることとなったが、慧遠当時の念仏は、『般舟三昧経』などの記述に基づいて阿弥陀仏の観想を実践することであり、「南無阿弥陀仏」と唱える行ではなかった。

このように羅什の直接間接の弟子たちが活躍する一方で、彼らは他の外国僧侶の弟子たちと衝突も起こした。北インド出身で禅定と戒律に通じ、海路を経て山東半島に来ていた仏駄跋陀羅《ぶっだばっだら》（覚賢《かくけん》、三五九〜四二九）は、羅什の噂を聞いて弘始一〇年（四〇八）に長安にまで至り、しばしば談じ合って羅什の質問に答えていた。しかし羅什没後になると、羅什の弟子たちと戒律堅固な仏駄跋陀羅の弟子たちとの間で対立が生じて排斥されたため、慧遠を頼って廬山におもむき、都の建康で活動を始めた。

仏駄跋陀羅は義熙一四年（四一八）から永初元年（四二〇）にかけて、人々には如来の智慧が浸透していると説いた「性起品《しょうきぼん》」を含む『華厳経』のほか、人々は煩悩におおわれつつも身中に仏を蔵していると説いた『如来蔵経』などを訳していることから見て、「有」の面を重視していたものと思われる。このため、般若経典や『中論』を重視して「空」の思想を強調していた羅什の弟子たちと、意見が合わなかったのだろう。また戒律の面での対立があったことも考えられる。

4　『涅槃経』の衝撃

「仏性」説の誕生

この時期には、インドにおもむく中国僧たちも増えていた。その代表は、六〇歳の身で、隆安三年（三九九）に宝雲《ほううん》らの仲間とインドに向かった法顕《ほっけん》（三三七〜四二二）だ。法顕は、様々な経典、とりわけ戒律を求めてインド諸国をめぐり、『大般泥洹経《だいはつないおんぎょう》』

や大衆部の『摩訶僧祇律《まかそうぎりつ》』などの梵本を得たほか、スリランカに二年滞在して化地部《けじぶ》の『五分律《ごぶんりつ》』、法蔵部の『長阿含経《じょうあごんきょう》』なども得、義熙九年（四一三）に海路で青州《せいしゅう》（現山東省）に着いた。

法顕は長安には戻らず、東晋の都である建康に至り、仏駄跋陀羅とともに『摩訶僧祇律』の漢訳に励み、大乗の『涅槃経』の古い成立部分であって戒律の護持を強調している『大般泥洹経』を訳した。法顕はまた、『仏国記《ぶっこくき》』とも称される『自記遊天竺事《じきゆうてんじくじ》』を著し、インドやスリランカの仏教に関する詳細な記録を残している。こうした仏教の見聞記は、インドにはまったく存在しない。

法顕は『大般泥洹経』を訳す際、すべての人はみな「ブッダ・ダートゥ」を持っているという箇所を、「一切衆生皆有仏性（一切衆生、皆な仏性有り）」と訳した。前章でも触れたように、この語はもともと仏の本質、原因を意味し、さらには仏の骨、つまり仏舎利のイメージも重ねられていたが、「仏界」「仏骨」などと訳さず、天から与えられたという意味合いが強い「性」の語に置き換えて、「仏性」と訳したのだ。

中国では、孟子の性善説と荀子の性悪説の論争が古代からあったうえ、この時期は『論語』陽貨《ようか》篇の「性は相い近し、習いは相い遠し」（天性は似ているが、習慣は人によって異なる）、「唯だ上知《じょうち》と下愚《かぐ》は移らず」（生まれつきの賢人と愚者だけは教育によって変わることはない）の箇所の解釈や、清談での人物批評などが盛んであったため、「性」の語は知識人にはなじみやすかったのだ。

法顕訳『大般泥洹経』は、「仏性」という表現を用いることで、すべての人は仏になる天性を持っているという人間観を示した。つまり、仏性説は中国思想としての面を含んでおり、だからこそ以後の中国仏教、ひいては東アジア仏教全体の主流となったのだ。しかも、『大般泥洹経』は一方では、仏となることのできない最悪のイッチャンティカ(一闡提《いっせんだい》)がいるとも説いており、宗教的な緊張感に満ちていたため、空の思想になじんで清談を楽しんでいた人々に衝撃を与えた。

曇無讖訳の『涅槃経』

大乗の『涅槃経』の翻訳と流布を念願としていたのが、曇無讖《どんむしん》(三八五〜四三三)だ。曇無讖は中インドに生まれ、初めは部派仏教を学んだが、白髪の禅師から樹皮に書いた『涅槃経』を授けられ、大乗に転じたという。白髪の禅師については、在家の修行者だった可能性がある。

曇無讖は、後涼から自立して北涼の皇帝となり、敦煌を含めた河西地域全体を支配していた匈奴の沮渠蒙遜《そきょもうそん》に尊重され、保護されて訳経にあたるようになった。曇無讖は、大乗の『涅槃経』に加え、『金光明経《こんこうみょうきょう》』も訳している。『金光明経』は、懺悔滅罪の効果を強調し、懺悔の儀礼である懺法《せんぽう》流行の一因となったうえ、この経典を受持・供養する国王・人民・国土を四天王が守って安穏にすると説いていたため、東アジア諸国で尊重された。

曇無讖が『涅槃経』の漢訳に取り組んだのは法顕より早かったが、入手した梵本が前半部分だけだったため、ホータンに行って続きを得、法顕訳に遅れて四〇巻として訳出した。この訳では、原文とは対応しない場合でも「仏性」の語を多く用いている。このため、曇無讖によって訳された『涅槃経』は、「一切衆生悉有仏性《いっさいしゅじょうしつうぶっしょう》（一切の衆生、悉《ことごと》く仏性有り）」という名文句によって、以後の東アジア仏教の基調となるに至った。

菩薩戒の訳出

曇無讖は、菩薩戒（前章第4節参照）にも力を入れた。『瑜伽論』のうち、菩薩戒を説いた箇所を含む「菩薩地」を訳して流布に尽力したほか、大乗の在家信者のための『優《う》婆塞戒経《ばそくかいきょう》』も訳している。曇無讖は、菩薩戒を授けてくれるよう懇願する弟子の道進《どうしん》に対し厳しい懺悔を要求したところ、道進は三年後に冥想の中で、菩薩たちを引き連れた釈尊から戒を授かることができ、曇無讖に報告に行くと、曇無讖は道進が語る前からそのことを見抜いており、証人になったという。

以後、菩薩戒は道進によって広められた。伝統的な受戒では、三師七証《さんししちしょう》と言われる一〇人の正式な僧侶が必要だが、菩薩戒は護持を誓って釈尊から授けられるため、「自誓受戒《じせいじゅかい》」と呼ばれた。しかも、受戒するには罪業を滅するために厳しい悔過《けか》（懺悔）が課せられ、冥想や夢の中に釈尊や仏菩薩が現れるなどの「好相《こうそう》」（不思議なしるし）が必要とされた。

道生の論争

廬山の慧遠の弟子であって羅什に師事した道生《どうしょう》は、一闡提は成仏できないと説く法顕訳『大般泥洹経』が長安に届くと、一闡提も成仏できるはずだと主張したため、経典に背く者として排斥され、江南に戻った。後に曇無讖訳『涅槃経』が長安に届くと、一闡提にも成仏の可能性が認められていたため、評価されるようになった。

道生は僧肇と同様に玄学の用語を多く用いており、究極的な悟りの世界を中国風に「理」と称した。ただ、一切の区別がない究極の境地であるはずの「理」を段階的に悟っていくのは不合理であるため、悟る時は「頓悟《とんご》」する（一気に悟る）はずだとして、『頓悟《とんご》成仏義《じょうぶつぎ》』を著した。

これについては、羅什の弟子の一人で江南仏教の指導者となった道場寺の慧《え》観《かん》が段階的な悟りである「漸悟《ぜんご》」を説いて反論し、以後、僧侶と在家の知識人たちが頓悟と漸悟をめぐって盛んに論争をおこなった。道生は、「法身には形がないため、浄土はない」などの独自の理論を展開しており、羅什によって中国風に訳された経典をさらに中国風に解釈している。

この頃から学僧の間では、様々な性格の仏や様々な教えが説かれている諸経典をどのように分類し、位置づけるかが問題となった。中国には成立時期や系統が異なる大乗・小乗の経典や論書が短期間に多数もたらされたうえ、中国は史書の国であるため、経典が説かれた順序、年代、意図などを曖昧なままにしておくことができなかったのだ。

そのため、道生は、（一）在家信者のための「善浄法輪《ぜんじょうほうりん》」、（二）相手に応じて三乗を説いた「方《ほう》便《べん》法輪」、（三）成熟した者たちに真実を明かした『法華経』の「真実《しんじつ》法輪」、（四）涅槃直前に如来常住と仏性を説いた『涅槃経』の「無《む》余《よ》法輪」という四種の分類を説いた。このように様々な教えを分類・整理することを「教判《きょうはん》（教相判釈《きょうそうはんじゃく》）」と称する。

教判の流行

これに対して慧観は、二種の教判を立てた。一つは、釈尊が悟った直後にその悟りの内容をそのまま説いた『華厳経』の「頓教《とんぎょう》」、そして、鹿野苑で説いた四諦の教えから入滅の直前に説いた『涅槃経』に至るまでの段階的な教えである「漸教《ぜんぎょう》」、という二分類だ。

もう一種は、その漸教を、(一)三乗のそれぞれの人向けに異なる教えを説く「三乗別教《さんじょうべっきょう》」、(二)三乗の人に等しく般若思想を説く「三乗通教《つうきょう》」、(三)『維摩経』のように小乗を批判して大乗を宣揚する「抑揚教《よくようきょう》」、(四)すべての教えはともに『法華経』の一乗に帰着すると説く「同帰教《どうききょう》」、(五)如来常住を明らかにした『涅槃経』の「常住教《じょうじゅうきょう》」、の五教に分類したものだ。

以後、様々な教判が提示されたが、『勝鬘経』については、それまでの諸経典と内容が重なる点と異なる点があって位置づけが難しかったため、頓教でも漸教でもない「不定教《ふじょうきょう》」という意義づけがなされた。また、説き方の違いその他による教判が主張された。

謝霊運の自然観

慧遠や道生の影響を受けた代表的な人物は、南朝貴族の名家である謝氏出身で当時を代表する文人であった謝霊運《しゃれいうん》(三八五～四三三)だ。謝霊運は、慧観・慧厳《えごん》などの学僧とともに法顕訳『大般泥洹経』と曇無讖訳『涅槃経』とを編集して整えた『涅槃経』三十六巻(南本)を出し、江南ではこの訳が広まった。

謝霊運は『弁宗論《べんしゅうろん》』を著し、インドの仏教は無限の修行を積んで聖人になるものであり、いっぽう中国の儒教は一生努力しても聖人に近いところまで至るにすぎないとした。そのうえで、頓悟を説く道生の「一極《いっきょく》の理」の思想こそ両者を折衷することができるとし、中国僧の道生の説をインドの経論以上に高く評価した。これは中国仏教の優位を誇った早い例だ。

謝霊運は、仏教用語を用いた漢詩を作り、仏教的な雰囲気のもとで自然の美しさを描いた山水文学を生み出した。たとえば、「登石室飯僧詩(石室に登りて僧に飯(供養)する詩)」では、「清《せい》霄《しょう》に浮《ふ》煙《えん》揚《あが》り、空林《くうりん》に法鼓《ほうこ》響《ひび》く」(澄んだ青空にほんわりとした烟りが昇り、人気のない林に儀式の始まりを告げる寺の鼓の音が響く)と詠っている。謝霊運のこうした作品は、自然を儒教道徳の観点からとらえ訓戒の材料として描いてきた従来の漢詩の伝統を変えるきっかけとなった。

第三章　廃仏と復興

中国で仏教が盛んになるにつれ、儒教からの批判も厳しくなった。儒教側は、自らを伝説的な夏王朝以来の文化を保持する「中華」と称し、周辺諸国を「夷狄《いてき》」(野蛮人)と見る伝統的な「夏・華」と「夷」の区別をインドにもあてはめ、夷狄の教えである仏教を採用してはならないと説いた。南朝においては、古典の教養を持った仏教信者の一部までがインドの習俗の採用に反対している。そうした姿勢が貫かれれば、教義の面でも中国風な仏教が形成されていくのは当然だろう。

仏教の競争相手である道教が、仏教の影響を受けつつ勢力を増していくと、仏教に対する非難はさらに激しくなり、北魏では廃仏がおこなわれるに至った。その衝撃は大きく、廃仏が終わると、仏教側は仏教統制を批判しつつ、中国人の要望に合わせた擬経を続々と作成していった。都の洛陽では、壮大な寺院が続々と建てられ、仏の祭日には盛大な行事がおこなわれた。

またこの時期には、唯識や如来蔵思想を説く経論が次々に訳され、心の探究がさらに進んでいる。儒教では、思いやりに富んだ仁の心、親に対する孝の心、君主に対する忠義の心などが重視されたが、心そのものに関する詳細な議論はなされなかった。老荘思想では、儒教のそうした心は作為的なものであって自然に反すると批判していたものの、この場合も心の分析はなされなかった。

そこに仏教が精密な心の分析を持ち込み、自らの煩悩や執着に気づかせたのだ。また一方で、煩悩の中にあってけがれない「自性清浄心《じしょうしょうじょうしん》」という新たな概念ももたらされ、注目を集めた。

本章では、北魏の廃仏とその後の復興の時期の中国仏教について見てゆく。

1 反発の高まり

東晋から劉宋へ

東晋が道教の五斗米道の信徒たちの反乱によって崩壊すると、僧の恵義《えぎ》やその仲間たちによって支援されていた武人の劉裕《りゅうゆう》が、永初元年(四二〇)に宋(劉宋)を建国して武《ぶ》帝《てい》となった(在位四二〇～四二二)。その武帝をはじめ、劉宋の代々の皇帝は仏教を信仰していた。特に第三代の文帝《ぶんてい》は、元嘉元年(四二四)に広州にやって来た求那跋摩《ぐなばつま》(グナヴァルマン、三六七?～四三一)や、元嘉一二年(四三五)に建康に至った求那跋陀羅《ぐなばっだら》(グナバドラ、三九四～四六八)などのインド僧を招き、非常に優遇した。

斎会《さいえ》の際に肉食をやめることができないことを気にする文帝に対し、大乗の僧である求那跋摩は、「道は心に在って事象には無い」と断言し、天下を治め、無益な殺生や過重な労役を減らすことこそが帝王の役目であり、肉料理を避けるなどは小さなことにすぎないと説き、文帝を喜ばせている。求那跋陀羅は、如来蔵思想の経典である『勝鬘経』や如来蔵思想と唯識説を結びつけた四巻本『楞伽経』を訳し、以後の中国仏教、特に禅宗に大きな影響を与えた。

法顕とともにインドに渡って帰国した宝雲《ほううん》(三七五?~四四九?)は、劉宋の初め頃にインドの仏伝文学の代表であるアシュヴァゴーシャの『ブッダチャリタ』を『仏所行讃』として見事な文章で漢訳した。なお、これを曇無讖訳とするのは誤記による。『仏所行讃』では、出家を願う釈尊をとどめようとする父王の命令により、美しい妓女たちが太子を誘惑する場面など、原文に多い濃艶な表現については控え目に訳しているが、それでもかなり官能的な描写になっている。

東晋期に訳された『華厳経』の入法界品でも、美しい娘が太子に熱烈に求愛する場面を含むなど、仏教経典には若い男女の恋愛話やインドでは普通である性的な描写がしばしば見られる。これらは儒教道徳による制約がきびしかった中国で恋愛文学が発展する一因となった。

インドの風習への反発

この時期には、王族や貴族たちが競争して豪壮な寺院を次々に建て、民衆を動員したため、儒教からの反発が強まった。批判者たちは、仏教が国の政治や財政のさまたげとなっていることを強調し、過去・現在・未来が存在し、行為が生んだ業には必ず報いがあるとする「三世業報説《さんぜごうほうせつ》」は誤りだと批判し、夷狄の教えである仏教を採用してはならないと説いた。それればかりか、仏教信者の中にも当時の仏教のあり方を批判する者や、インド仏教の習慣をそのまま導入することに反対する者がいた。

劉宋の重臣であった范泰《はんたい》(三五五〜四二八)は、自らの広大な邸宅のうちに自然が美しい祇洹寺《ぎおんじ》を造り、恵義を住持として活動させていたが、恵義たちが戒律通りに振る舞い、インド風に床に踞坐《きょざ》(あぐら坐り)して食べ物を指でつまんで食べるようになると、強く反対した。范泰は、聖人の教えは国や状況によって変わる以上、戒律も同様であり、中国では踞食は認められないうえ、戒律は悟りに至るための方便にすぎず、道に達したら戒律はなくてもよいと論じた。

実際、南朝でも北朝でも、中国仏教は、インド風な僧侶の生活様式を全面的に採用することはなかった。たとえば、インドでは戒壇などを清める際、牛の糞を延ばしたものを用いていたが、中国ではむろんおこなわれず、訳経に際しても「香泥」などと曖昧に訳された。

夷夏論争と道教

こうした中で、慧琳《えりん》(生没年不明)が僧侶の身でありながら元嘉一二年(四三五)前後に『均善論《きんぜんろん》』(『白黒論』)を著し、当時の仏教の問題点を指摘した。すると、暦の学者として知られる何承天《かしょうてん》(三七〇〜四四七)が賛同して『釈均善論』を著し、外来の仏教が説く「慈悲と愛施」は中国と異ならないと認めたうえで、性質が清和で仁義の心を有する中華と、剛強で貪欲な夷狄とでは民の性質が違っており、仏教はだからこそ五戒を制定したのだと論じた。

これに対して、謝霊運と並ぶ著名な文人であった顔延之《がんえんし》(三八四〜四五六)は、『庭誥《ていこう》』で反論し、普遍的な真理は外国も中華も変わらないと述べ、人の本性に内外の区別はないと断言している。

これは華夷《かい》を区別して儒教の文化を誇ってきた中国思想史において、画期的な発言だった。

隠者の宗炳《そうへい》(三七五～四四三)も何承天に『答何衡陽釈難白黒論』を送って反論し、仏教の深淵な教えを信じている以上、インドの民も清和な気と仁義の心を持っていると説いた。山水詩の初期の代表となった謝霊運同様、画を得意としていた宗炳も山水を好み、初期の山水画家の一人となっている。優美で貴族的な江南仏教は、こうした芸術を盛んにしたのだ。

劉宋末期には道教側もこの論争に加わり、道士の顧歓《こかん》(四二〇頃～四八三以後)が『夷夏論《いかろん》』を著した。江南の道教である五斗米道は、朝廷から反乱を警戒され、仏教教団より劣勢だったが、陸修静《りくしゅうせい》(四〇六～四七七)が改革して「天師道《てんしどう》」と称した頃から次第に勢力を強めていった。この時期の天師道は「大乗」と名乗っており、仏教を大幅に取り入れて経典・儀礼・制度を整備し、今日言うところの道教を確立している。

ただ、生老病死をすべて「苦」と見て縁起を説いた仏教と違い、道教では老病死だけを嫌って不老長生を願い、伝統的な「気」の思想を重んじるなど、基本となる部分は譲らなかった。また呼吸法や懺悔の仕方などの面では、逆に道教が仏教に影響を与えることもあった。

2　北魏の廃仏と擬経

太武帝の廃仏

東晋末から劉宋に移る五世紀前半には、華北では鮮卑族の拓跋《たくばつ》氏が建国した北魏が勢力を増していた。第三代の太武帝《たいぶてい》（在位四二三〜四五二）は北涼を滅ぼし、さらに太延五年（四三九）に華北を統一して五胡十六国時代を終わらせた。これによって、華北の北魏が華南の劉宋と対立する南北朝時代が始まった。

太武帝は、曇無讖の弟子であって西域から来た師賢《しけん》（生没年不明）など著名な僧侶を都の平城（現山西省大同市）に招いて優遇した。このため、師賢は「帝は賢明であって仏教を好んでおられ、即ち現在の如来にほかならないため、沙門たちは帝に礼をつくすべきだ」と主張したという。

だが、漢化政策を進めつつあった太武帝は、漢人宰相の崔浩《さいこう》を重用し、仏教の影響の強い新たな道教である新天師道《しんてんしどう》を創始し、太武帝を太平の世を実現する「真君《しんくん》」と同一視して権威づけた寇謙之《こうけんし》（三六五〜四四八）とを重用するようになり、ついには、寇謙之を国師として道教を国教化して、四四〇年に年号を太平真君と改めるに至った。

太武帝は、太平真君七年（四四六）、反乱を平定するために長安に入った際、僧尼が飲酒などにふけり、また寺院から大量の武器が発見されたことを理由にして廃仏の詔を発し、「胡神」の信仰を廃絶するために寺院・仏像・経論を破壊して僧侶はすべて穴埋めにするよう命じた。仏教びいきの王族の抵抗などもあって完全には実行されなかったが、多くの僧侶が殺され、仏教は社会の表面からほとんど姿を消した。

しかし正平二年(四五二)に太武帝が殺されて文成帝《ぶんせいてい》が即位すると、すぐに仏教復興の詔を出し、寺を各州に一つだけ認め、人数を制限して出家を許した。師賢が道人統《どうにんとう》という最上位の僧官に任じられ、ついで沙門統《しゃもんとう》と名を改めた僧官に曇曜《どんよう》(生没年不明)が任命され、仏教再興の事業を推し進めた。

曇曜は、釈尊以来、仏法が受け継がれてきた経緯を記した『付法蔵因縁伝《ふほうぞういんねんでん》』を著し、法の伝承の重要さを強調するとともに、和平元年(四六〇)に雲崗《うんこう》(現山西省)に石窟寺院を造営し始め、崖を削って巨大な五体の大仏を造らせた。その際、四体の仏像は初代から四代までの北魏の皇帝の顔に、残りの一体である交脚の弥勒像については、当時の皇帝である孝文帝《こうぶんてい》に似させた。皇帝と如来を同一視することによって、仏教の保全をはかったのだ。

擬経の作成　仏教が復興され始めた頃には、廃仏が起きたのは僧侶の破戒と教団の堕落も一因だという反省もなされた。そうした中で誕生したのが、曇曜が作成したという擬経の『浄度三昧経《じょうどざんまいきょう》』だ。こうした擬経は、廃仏によって失われた経典を補うという役割も果たしていたようだ。

この経は、仏教の善行は長寿や繁栄や出世をもたらすとし、教えを説き終わった仏が空を飛ぶと、歓喜した国王や臣下たちも空を飛んだとするなど、中国風な内容になっている。ただ、仏が自ら「仏は実に人を度《ど》さず。人自ら度するのみ」(仏は本当は人を救済しない。人が自分で自分を救うだけだ)と告げ、各人が仏の教えと戒を進んで実践してこそ救済されると述べるなど、興味深い箇所も多い。こうした人間中心主義は、他の一部の擬経や後の禅宗へと流れていく。

ほぼ同じ時期に、曇靖《どんぜい》(生没年不明)は、悟った直後の釈尊に最初に食事を供養したと伝えられる提謂《だいい》(トラプシャ)と波利《はり》(バッリカ)という商人の話に基づき、中国色の強い『提謂波利経』を作成した。不殺生・不偸盗《ふちゅうとう》・不邪淫・不妄語・不飲酒という仏教の五戒の順序を変え、妄語の代わりに和合を乱して対立させる「両舌」を重視してこの禁止を最後に置き、五戒を五行《ごぎょう》思想の五方(東西南北と中央)に配当した。前代におこなわれていた格義を、より民衆向けにして用いたのだ。

また、長寿のための「符」(お札)を身につけようと思うなら仏教の三乗の法がそれだと説いたり、体内の五臓に住むそれぞれの神の様子を念じる道教の冥想法を仏教風に改めたような観想の仕方を説いたり、悪事をなした者は泰山《たいざん》の地下にある地獄で報いを受けると説くなど、道教になじんだ北魏の民衆を仏教に引き入れるよう工夫して書かれている。

『提謂波利経』はまた、斎日を守れば鬼神の禍から逃れることができるとしており、懺悔して戒の実践を誓うことによって長寿や様々な福、さらには涅槃が得られることを道教風な言い回しで説いた。この経の人気は高く、庶民層に広まったほか、多くの著名な僧たちも真経（本物の経）として用いていた。この経は、次第に増広されて道教にまで影響を与えた。

護国を説く擬経

　廃仏をきっかけとして生まれた擬経のうち、教理面で後代の仏教に大きな影響を与えたものの筆頭は、鳩摩羅什訳と称する『仁王般若経《にんのうはんにゃきょう》』だ。上巻は、般若や菩薩に関する諸経典の説明を抄録してまとめ、この経を受持すると護国の功徳があると説いている。下巻は、国王や大臣などが身分を利用して仏教統制することを激しく批判する一方、この経を読誦すれば、一〇〇もの鬼神がその王の国土を守ってくれると、道教用語を交えつつ強調している。

　『仁王般若経』は、仏教統制批判の部分が無視され、護国経典として東アジア諸国で用いられるようになっていった。この経は、諸経に見える様々な菩薩の修行の段階を整理し、「十信《じゅっしん》↓十止《じゅっし》↓十堅《じゅっけん》」という「三十心《さんじゅっしん》」を説いている。インドの経典では、『十地経』のように初地《しょじ》から十地までの菩薩の修行段階を順を追って説いたものもある一方で、様々な修行や能力を一〇種あげているだけのものも多い。しかし、役人の位階制度が発達していた中国では、諸経典の様々な記述を整理し、如来を頂点とする詳細な階位説を確立する必要があったのだろう。経典を解釈する際も、この菩薩はどの階位にいるかといったことが盛んに議論された。

曇無讖らが菩薩戒を重視していたことはすでに前章で述べたが、この時期の擬経のうちでもう一つ重要な種類は、その菩薩戒の経典だ。廃仏の記憶が残る五世紀半ばすぎ頃に、これも鳩摩羅什訳と称する『梵網経《ぼんもうきょう》』が生まれた。次第に東アジアの菩薩戒の主流となっていったこの経は、曇無讖訳の『涅槃経』『菩薩地持経』などに示されている菩薩戒に基づきつつ、諸経や律典に見える罪の記述を「十重四十八軽戒《じゅうじゅうしじゅうはちきょうかい》」の形でまとめ、出家と在家に共通する菩薩の心得を説いている。

菩薩戒と孝

『梵網経』は、父母に仕えることが孝であり、孝とは親に「順」ずることだとする儒教の常識に従い、「孝順」こそが無上の法であって菩薩戒だと説いた。権力者による仏教統制を厳しく批判し、戒本(菩薩戒の条項)を説いた下巻がまず華北で作成され、後に、この菩薩戒は釈尊が盧《る》舎《しゃ》那《な》仏《ぶつ》の悟りの境地のあり方として説いたとする上巻が別人によって作成されたようだ。上巻では、『華厳経』が個別に説いていた十住・十行・十廻向《じゅうえこう》・十地という修行の内容を、この順序で進む菩薩の修行段階としている。

『梵網経』では、主尊である盧舎那仏が釈迦のことを、自分の変化身《へんげしん》だと説いている。このため、中国仏教では後には、法身である毘盧遮那、報身である盧舎那、化身である釈迦という三種の仏身の区別が説かれるようになった。

『仁王般若経』と『梵網経』を意識しつつ、五世紀末あたりに『菩薩瓔珞本業経《ぼさつようらくほんごうきょう》』が作成された。この経は、十住（習種性）・十行（性種性）・十廻向（道種性）・十地（聖種性）・等覚《とうがく》（等覚性）・妙覚《みょうがく》（妙覚性）という「四十二賢聖《しじゅうにけんじょう》」の階位を説いている。天台宗を確立した天台智顗《てんだいちぎ》（五三八〜五九七）がこれらの擬経に基づいてさらに十信・十住・十行・十廻向・十地・等覚・妙覚という「五十二位」を確立し、これが中国における菩薩の階位説の標準となった。『仁王経』『梵網経』『瓔珞経』は、どの時代にも真経として扱われている。

生まれかわりから蘇生へ

このように、廃仏を受けて書かれた擬経はきわめて多い。ただ、近年の研究によれば、道教などの影響を受けて中国で作成されたと判定された擬経の中にも、インドや周辺地域で呪術的な民間信仰を取り入れて作成された経典を、陰陽五行思想や道教などの用語を用いて訳したり説明を加えたりした経典が含まれている。帛尸《はくし》梨《り》蜜多羅《みったら》訳と称する『仏説灌頂経《ぶっせつかんじょうきょう》』の末尾に組み入れられている『灌頂抜除過罪生死得度経《かんじょうばつじょかざいしょうじとくどきょう》』もその一例だ。

この経は全くの擬経ではなく、古い形の『薬師経《やくしきょう》』を中国風に漢訳した可能性が最近になって指摘されている。この経で重要なのは、梵文では死後の生まれかわりとなっている部分が、「五《ご》色神幡《しきしんばん》」「続命幡《ぞくみょうばん》」「続命神幡《ぞくみょうしんばん》」などと呼ばれる幡《はた》を作ることによって臨終から蘇生できると訳されていることだ。続命法《ぞくみょうほう》と呼ばれたこの儀礼は、中国でも日本でも盛んにおこなわれた。だが、すでに述べたようにインドでは、死後はより良い世界に生まれかわることが望まれたため、蘇生して長生きしたとする話はほとんどない。また、この経にはヤマ・ラージャ(閻魔王)が登場し、死者の名簿の管理を主宰するとされており、これが後の中国風な地獄のイメージの形成と蘇生譚の流行に影響を与えた。

3 復興から繁栄へ

造像の流行 北魏では、皇帝・王族・貴族から無位無冠の庶民に至るまで、多くの人が金属・石・土・木・乾漆《かんしつ》など様々な材料で大小の仏像を造っており、金属や石の仏像には発願《ほつがん》の意図を記した銘が彫り込まれた。最も多いのは、父母その他の家族のために造像したとするものだ。

死後は生天して仏にお会いできるよう、あるいは西方の安楽な仏国土に生まれて仏にお会いできるよう願うばかりでなく、そうならない場合は再び人間世界に生まれて王侯長者になるよう願い、地獄・餓鬼・畜生などの世界については、生まれかわってもすぐ「解脱」できるよう願っている銘もある。

「皇帝の奉為《おんため》」を願う類いもかなりあり、この願いを筆頭としたうえで、父母ないし七世の父母、近しい人々、さらに一切衆生の成仏を願うといった形で列挙する例もよく見られる。「皇帝の奉為」を筆頭にかかげる銘は、皇帝の周囲の者たちが造らせた仏像のほか、「邑義《ゆうぎ》」と呼ばれた地域の信仰仲間が共同で誓願して造った仏像に多く、そうした邑義は僧侶によって指導されていた。つまり、僧が仏教信仰と皇帝への忠義を説いていたのだ。

洛陽における隆盛

太和一八年(四九四)に北の平城から中国文化の中心であった洛陽に遷都すると、北魏の仏教はそれまで以上に繁栄するようになった。五世紀末には洛陽とその周囲には一〇〇〇以上の寺院があったという。それらは、インドや中央アジアの煉瓦ないし石造りの寺院と異なり、中国の木造建築の技術を集大成したものであって、浄土を意識した庭園は蓬《ほう》萊山《らいさん》その他の神仙思想に色づけられていた。楊衒之《ようげんし》の『洛陽伽藍記《らくようがらんき》』は、禅宗の菩提達摩かどうか不明であるものの、同名の外国僧が、これほど荘厳な寺はないと言って拝んでいたと伝えている。この頃から、仏教の本家であるインドに憧れつつも、インド以上の中国仏教の盛んさ、優秀さを誇る場合が少しずつ見られるようになる。

洛陽では経典の講義が非常に盛んで、著名な僧や説法の巧みな僧が多くの人々を集めて講席を開いていた。諸大寺は建築の華麗さを競っており、釈尊の祭日には、それぞれの寺から精緻なからくり仕掛けの人形などを載せた巨大な山車が出発し、楽隊や曲芸の芸人たちがそれに従って大路を練り歩いた。行像《ぎょうぞう》と称されるこの催しは、毎年死者が出るほどの賑わいだった。

永平元年(五〇八)に洛陽にやって来た北インド出身の菩提流支《ぼだいるし》(ボーディルチ、?〜五二七)は、『不増不減経《ふぞうふげんきょう》』、『入楞伽経《にゅうりょうがきょう》』、『深密解脱経《じんみつげだつきょう》』(玄奘訳『解深密経』の異訳)、天親《てんじん》(世親)『十地経論』など、本格的な唯識経論や如来蔵経典を次々に訳出した。さらに、浄土教の根本となる婆藪槃豆《ばすばんず》(世親)の『無量寿経優婆提舎願生偈《むりょうじゅきょううばだいしゃがんしょうげ》』(『浄土論』)や、多数の仏の名を唱えて滅罪と現世安穏を願う懺悔経典の『仏説仏名経《ぶっせつぶつみょうきょう》』なども訳出した。

菩提流支・勒那摩提と地論学の発展

菩提流支と同じ時期にやってきた勒那摩提《ろくなまだい》(ラトナマティ、生没年不明)は、如来蔵思想を集大成した『宝性論』を訳出した。『宝姓論』と訳すべきところを『宝性論』としていることが示すように、この漢訳はインド風な氏姓の概念である「種姓《しゅしょう》(ゴートラ)」の語を直訳することを避け、すべての人は「仏性」あるいは真理である「真如《しんにょ》」を有していることを強調しており、これが後の中国仏教に大きな影響を与えた。

菩提流支と勒那摩提はともに『十地経』の注釈である世親『十地経論』の漢訳にあたったが、解釈をめぐって対立し、別々に訳したとも伝えられる。『地論』と略され、菩薩の修行と唯心説について解説している『十地経論』は、教理が巧みに説かれているため歓迎され、これを用いて『涅槃経』や『法華経』その他の大乗経典を解釈した北地の僧たちは、「地論師《じろんし》」と称されるようになった。

また、唯識説の面が強かった菩提流支の弟子である道寵《どうちょう》（四七七頃〜五七三頃）の系統は「北道派」、如来蔵思想の面が強かった勒那摩提の弟子である慧光《えこう》（四六八〜五三七）の系統は「南道派」と称された。法蔵部が伝持した『四分律《しぶんりつ》』の研究に努めて四分律宗《しぶんりつしゅう》の祖とみなされた慧光は、僧侶を統括する僧統《そうず》に任じられたため、光統《こうず》律師と称された。以後も弟子の法上《ほうじょう》（四九五〜五八〇）が長らく僧統を務めた結果、北朝では南道派が主流となった。

南道派は重要経典の要文集や教理の概説書を数多く作成し、それらは華北だけでなく全国に伝えられ、仏教入門書ないし辞書として広く用いられた。後代の三論宗《さんろんしゅう》や天台宗は、地論師をしばしば批判しているが、利用できる部分は常識として受け入れていた。

菩提流支の訳書とされているものの中には、その講義を弟子の中国僧が編纂したと推測されている『金剛仙論《こんごうせんろん》』のような文献も含まれており、『金剛仙論』は「仏性真如《ぶっしょうしんにょ》」「仏性法身《ぶっしょうほっしん》」などという特異な表現も用いていた。『金剛仙論』に限らず、インド成立の真経か中国成立の偽経かという伝統的な二分法は、実態に合わない。インドの経論の漢訳とされるものの中には、程度が様々な中間的性格の文献が数多く含まれているのだ。

『大乗起信論』の登場

その中間的な擬経の代表例が、馬鳴の作であって華南で活躍した真諦三蔵《しんたいさんぞう》（四九九〜五六九）の訳と伝えられてきた『大乗起信論《だいじょうきしんろん》』だ。仏教では、釈尊の時から心を重視していたが、心については揺れ動くものと見て制御することが勧められており、心を根本と見る唯識思想でも、分かれて働く認識作用である「識《しき》」を智慧に変換させるべきことが説かれていた。

ところが、『大乗起信論』は、大乗とは「衆生心《しゅじょうしん》」（人々の心）にほかならないと断言して体《たい》（本体）・相《そう》（特徴）・用《ゆう》（働き）という三つの側面から説明し、根本である「一心」のうちに、言葉を超えた真理の面と揺れ動いて生滅する面とが並存するとした。そして、真如と無明が互いに働きかけ合うとし、人々がもともと備えている仏の智慧である「本覚《ほんがく》」と、悟って得られる智慧である「始覚《しがく》」とは区別がないと述べ、大乗を志向する心を起こすべきことを説き、信心の様々なあり方について論じたうえ、簡便な修行の手段として阿弥陀仏を念ずることも説いている。

このように、興味深い諸説がまとめて説かれているうえ、「本覚」という語は仏性と同様にきわめて中国的な表現だったため、『大乗起信論』は次第に重視され、東アジア仏教の基調となっていった。『大乗起信論』については、早い時期には訳者不明とされ、北地の地論師の偽作とする説もあったが、最新の研究成果によれば、菩提流支・勒那摩提の特色ある訳語が多く用いられ、華北で訳された諸経論を切り貼りして中国風に解釈して用いていることから、南道派の教理が確立する前に菩提流支周辺の中国僧がまとめあげたものと推定されている。

道教から浄土思想へ

菩提流支の影響を受けた数多くの中国僧のうち、曇鸞《どんらん》（四七六〜五四二？）は、初め空の思想を説く『中論』『十二門論』『百論』『大智度論』の四論と仏性説を学び、如来蔵説を含む中期大乗経典である『大集経《だいじっきょう》』の注釈にも励んだが、病気となった。そこで、不老長生の神仙術を学んでから仏教に取り組もうと考えて江南に渡り、医学の大家で江南の道教を大成して茅山派《ぼうざんは》の祖となった陶弘景《とうこうけい》（四五六～五三六）に師事した。だが、華北に帰る途中に洛陽で菩提流支に出会い、仏教こそ真の不死の教えだと諭され、『観無量寿経』を授けられたため、曇鸞は「仙経」（道教経典）を焼き捨てて浄土教に打ち込むようになったという。

曇鸞は石壁山《せきへきさん》（現山西省）の玄中寺で活動し、阿弥陀仏を美文で讃美した『讃阿弥陀仏偈《さんあみだぶつげ》』や、『無量寿経優婆提舎願生偈』の注釈などを著した。『論註』という略称で知られる後者は、末法の世にあっては阿弥陀仏の他力による浄土往生以外に成仏の道はないことを強調している。当時は願えば十方の浄土のうち好むところに往生できるとする擬経の『十方随願往生経《じっぽうずいがんおうじょうきょう》』が広まっていたが、曇鸞は西方往生の優位を強調したのだ。

ただ、『論註』は念仏の効用を禁呪（呪句）になぞらえ、阿弥陀仏の名を唱えれば願いがかなうのは、戦いに臨む際、歯を噛みしめて「臨兵闘者皆陳列在前《りんぺいとうしゃかいじんれつざいぜん》」と唱えれば神兵によって守られるようなものだと説くなど、江南の葛洪《かっこう》の『抱朴子《ほうぼくし》』をはじめとする道教経典の影響が強い。

南斉の仏教

江南では、鳩摩羅什訳の『成実論』を教理の基本とした大乗経典の注釈と教判が盛んとなり、一方では教理の細かい分類をおこなうアビダルマの研究も盛んとなった。教判では、南斉の隠者であった劉虬《りゅうきゅう》（四三八～四九五）が注目される。劉虬は道生の頓悟説（前章第

4節参照)を受けついでおり、『涅槃経』と『大品般若経』『小品般若経』の講義をし、『法華経』の注釈を著し、『法華経』の序説にあたる経典とされる『無量義経《むりょうぎきょう》』の序を書いた。

この序は、真意をつかんだら手段である言葉にこだわらないとする「得意忘象説《とくいぼうしょうせつ》」と頓悟とを結びつけるなど、中国的な解釈に特徴がある。劉虬は、『無量義経』を重視して究極の根本である「一極」を説く経典とみなし、真実を示す経典とする『法華経』の前に置き、『涅槃経』をその補足とみなす七段階の教判も説いているが、『無量義経』は頓悟説を擁護するために劉虬自身が作成した擬経と考えられている。

貴族や文人たちの仏教信仰も盛んだった。その代表が南斉の武帝の第二子、蕭子良《しょうしりょう》(四六〇〜四九四)だ。文宣王《ぶんせんのう》と称された蕭子良は、繰り返しが多いインドの経典の要所をまとめた抄経を多数作成し、また懺悔を軸として『浄住子浄行法門《じょうじゅうしじょうぎょうほうもん》』を著した。抄経もこの書も一部分しか伝わらないが、蕭子良は単に経典を要約するにとどまらず、読みやすくなるよう文章を改変し、在家信者の受戒や修行に役立つような内容に仕立てている。これらは擬経と共通する性格を持っており、後代には「偽妄」の経典と判定されたものもある。

蕭子良をはじめとする当時の文人たちは、懺悔を題材とした漢詩を多く作っており、これによって自らの心を見つめる文学が生まれることとなった。経論に説かれる心の分析は、そうした面が弱い儒教に飽き足りなかった知識人たちの内省を進めさせた要因の一つだ。

4　南北朝後半期の仏教

梁の仏教

南斉の末になって暴虐な政治がなされるようになったため、皇帝の一族であった蕭衍《しょうえん》が軍を起こし、天監元年(五〇二)に梁を建国して武帝《ぶてい》となった(在位五〇二～五四九)。武帝は次第に仏教にのめりこむようになり、天監三年(五〇四)、釈尊の降誕会である四月八日に、道教を捨てて仏教を奉ずる詔を出すに至った。以後も中国史上最も仏教信仰の篤い皇帝と言われたほど仏教を尊重したため、多数の道士たちが北地に逃れたという。

武帝は、天監一〇年(五一一)に「断酒肉文」を発表し、酒肉を絶つよう僧尼に呼びかけ、寺中で四天王や迦毘羅《かびら》神に対して鹿の頭や羊の肉を捧げることを禁じた。僧侶たちは、釈尊は三種浄肉(第一章第4節参照)に限って信者が僧侶に肉料理を布施することを認めており、律でも禁止されていないと反論したが、武帝は食肉を禁ずる『涅槃経』と菩薩戒を重んずべきだとして押し通した。菜食については、父母の喪中には肉を食べない儒教の伝統に基づく面もあり、仏教では在家の熱心な信者から広まっていっている。

『涅槃経』の漢訳では、仏の本質、仏となる根拠(仏因《ぶついん》)、仏としての特質(仏果《ぶっか》)など様々な意味で「仏性」の語を用いているため、学僧たちは仏性を何種類にも分類し、解釈をめぐって論争した。武帝は、天監八年（五〇九）に宝亮《ほうりょう》に長大な『大般涅槃経義疏《だいはつねはんぎょうぎしょ》』を撰述させ、自ら序を書いている。

梁の三大法師

その『涅槃経』の講義を得意とした開善寺智蔵《かいぜんじちぞう》（四五八〜五二二）、『十地経』『勝鬘経』の講義で知られた荘厳寺僧旻《しょうごんじそうみん》（四六七〜五二七）、そして『法華経』解釈の第一人者であった光宅寺法雲《こうたくじほううん》（四六七〜五二九）の三人は、梁代の「三大法師」と称された。法雲の『法華義記《ほっけぎき》』は、『法華経』全体を「序」「正説《しょうせつ》」「流通《るずう》」という三つの部分に分け、さらにそれぞれの部分を二重三重に細分したうえで解釈をほどこしている。

三大法師とその弟子たちは、『成実論』の教理に基づいて『涅槃経』『法華経』『勝鬘経』『維摩経』『般若経』などを講義していた。『成実論』については、純粋な大乗の書物でないことは知られていたが、先にも触れたように部派仏教の学問であるアビダルマの研究が盛んだったこともあって、『成実論』は大乗と小乗を合わせた有益な論書とみなされ、尊重されていたのだ。

菩薩戒弟子皇帝

武帝は、『梵網経』をはじめとする諸経中の菩薩戒に関する部分を抜き出して整理した書物を著し、天監一八年（五一九）の四月八日にその法式に基づいて慧約から菩薩戒を受けたうえ、勅命によってこれを書写して普及させている。この頃から、武帝は「菩薩戒弟子皇帝」（菩薩戒を受けた仏弟子の皇帝）と名乗るようになった。この呼称は後の皇帝たちに受け継がれる。

中年から晩年にかけての武帝が心から仏教を信仰し、女性を遠ざけ、質素な暮らしに甘んじて精進に努めていたことは事実だが、武帝は、僧侶なみの仏教知識を持つ「菩薩戒弟子皇帝」である自分が仏教界を指導し、そうした皇帝として国内全体を統治することを当然のこととしていた。仏教を通じて梁と外交関係を結んで交易をおこなっていた海外の仏教国は、武帝のことを「菩薩天子」などと呼んで礼讃するのが通例であり、東南アジアの干陁利《かんだり》国は外交文書で武帝のことを「救世大悲」と称している。名高い居士《こじ》（見識に富んだ在家の仏教信者）であった傅大士《ふだいし》などは、武帝に宛てた手紙で武帝を「救世菩薩」と呼んでいた。

武帝は、多くの寺を建てて経典の講義をさせたうえ、自らも家僧と呼ばれる家庭教師役の学僧を抱え、指導を受けつつ経典を講義し、注釈を著した。『文選《もんぜん》』の編纂で知られる皇太子の昭明《しょうめい》太子蕭統《たいししょうとう》も仏教信仰が篤く、同泰寺で僧俗を相手に講経をしており、法雲がその講義ぶりを絶讃している。武帝はその同泰寺で大通元年（五二七）以後、何度も「三宝の奴」と称して捨身し、皇太子と多くの臣下たちが莫大な銭を出して買い戻すという形で寺に布施をおこなった。

北魏の分裂と梁の滅亡

華南で梁の武帝が仏教にのめりこみすぎ、弊害が目立つようになっていた頃、華北では、強大な仏教国家であった北魏が分裂するに至った。漢化した鮮卑族である高《こう》歓《かん》が東魏を建国し、匈奴系の宇文泰《うぶんたい》が西魏を建てたが、両国とも長くは続かず、東魏では高歓の次男である高洋《こうよう》が即位して天保元年（五五〇）に北斉を建て、西魏では建徳六年（五七七)に宇文泰の三男である宇文覚《うぶんかく》が北周を建国した。さらに、北周は東に侵攻して北斉を滅ぼし、華北を再統一した。

胡族化した漢族、あるいは漢化した鮮卑系の貴族出身と言われる侯景《こうけい》は、北方民族の勇猛な兵士をかかえて東魏で活躍した後、反乱を起こして敗れ、梁に投降した。だが、梁でも反旗をひるがえし、都の建康を攻めて武帝を幽閉したまま死なせた。侯景は天正元年(五五一)に皇帝に即位して漢を建てたが、梁の武人である陳覇先《ちんはせん》が、翌年ただちに侯景を討伐して陳を建国した。

陳では、仏教に熱心であった梁の武帝が不幸な死に方をして国が滅びたことを考慮し、教理問答などよりは護国の面を仏教に期待して、『金光明経』や『仁王般若経』などの護国経典に基づく法会を盛んに催した。

北斉の仏教

北斉の仏教の特徴の一つは、『華厳経』が尊重されて講説がなされたうえ、その教主である毘盧遮那仏の像が盛んに造られたり絵に描かれたりしたことだ。そうした毘盧遮那仏の中には、体中に天、人間、畜生、餓鬼、地獄などの様々な世界が描きこまれているものもあり、宇宙を包み込んだ仏として尊崇されていたことが知られる。第一章で触れたように、こうした像は西域の諸地域に見られたものだが、この時期には山東半島近辺にまで広がったのだ。

北斉では、観音信仰が盛んだったことも見逃せない。観音信仰については、東晋の謝敷《しゃふ》の『観《かん》世《ぜ》音応験伝《おんおうげんでん》』、劉宋の劉義慶《りゅうぎけい》の『宣験記《せんげんき》』、南斉の陸杲《りくごう》の『繋観世《けいかんぜ》音応験記《おんおうげんき》』など、霊験記が早くから書かれていたうえ、六世紀には『高王観世音経《こうおうかんぜおんきょう》』や『観世音三昧経《かんぜおんざんまいきょう》』などの擬経が多数作られていた。

『高王観世音経』は、高王という名の観世音の霊力を強調しているが、高歓を観音の化身として宣伝するために作成されたらしい。この経は次第に増訂されていっており、唐代には偽経と判定されたものの、以後も広く尊崇され、現在でも東南アジアの華僑やベトナムで用いられている。『観世音三昧経』は、観音が菩薩であることを不満に思った信者が作成したためか、観音は前世では正法明如来《しょうぼうみょうにょらい》という仏であって、前世の釈尊がその弟子となって苦行して仕えたと説いている。

北斉時代の訳経で重要なのは、遊牧民族のエフタルによる北インドの仏教弾圧の直後に、すぐ近くのカシミールで生まれた那連提耶舎《なれんだいやしゃ》(四九〇〜五八九)がやって来て、天統二年(五六六)に末法思想を説く『月蔵経《がつぞうきょう》』を訳し、これが後に『大集経』に「月蔵分」として付加されたことだ。この経では、釈尊の正しい仏法が五〇〇年おこなわれる「正法《しょうぼう》」の時代、正しい仏法に像《に》た教えが一〇〇〇年続く「像法《ぞうほう》」の時代が終わると、正しい教えが一万年も埋没する「末法《まっぽう》」の時代となると説かれており、諸天や善神たちだけでなく、悪鬼などまでがしきりに懺悔を勧め、正法の護持と存続を求めるよう要求している。

西魏の地論学　西魏の最高権力者となった宇文泰は、仏教の熱心な信者であり、その一族には仏教用語を名としている者が目立つ。宇文泰は、仏性門・衆生門・修道門・諸諦門・融門という「五門」に分けて大乗経典の要文集である『菩薩蔵衆経要《ぼさつぞうしゅうきょうよう》』を編集させた。このうち融門とは、『維摩経』『涅槃経』『華厳経』『大集経』などに基づき、様々な存在が融合しているあり方を示す法門を指す。これは、地論学派が最も重視していた法門だ。

この時期の地論学派では、縁起説ではなく、有為縁集《ういえんじゅう》・無為《むい》縁集・自体《じたい》縁集という三種の「縁《えん》集説《じゅうせつ》」を説いていた。縁起の原語は「プラティートゥヤ・サムウトゥパーダ」だが、このうちプラティートゥヤは「〜に縁《よ》って」、サムは「集まって、共に」、ウトゥパーダは「起きること」を意味し、全体で原因・結果の連鎖を示すが、地論学派は「法(存在)は縁によって集まる」という意味で「縁集」の語をよく用いた。

有為縁集とは輪廻をもたらす縁起、無為縁集とは涅槃の境地に至る縁起であり、自体縁集とは、如来蔵を様々な事象の根源と見て、生死の繰り返しである輪廻もその脱却である涅槃も、さらには一切の事象も、水が変化して波となるように、すべて如来蔵・真如仏性《しんにょぶっしょう》・法界体性《ほっかいたいしょう》などと呼ばれる本性が縁によって変化したものと見るものだ。これが後に「如来蔵縁起《にょらいぞうえんぎ》」と呼ばれる思想であり、集散して気体にも液体にも固体にもなる「気」の思想の影響が見られる。

ここで重要なのは、「本体と、その本体そのものの用(働き)であって本体と不可分な現象」という図式を説く「体用論」が根幹に据えられたことだ。これは、修行の根拠とされていた如来蔵や仏性の思想が、様々な現象を説明するための理論に転じたことを意味する。南北朝後半期以後、東アジア仏教の重要な特徴の一つとなったこの体用論は、儒教や道教にも影響を与えたばかりか、近代の東アジア諸国が西洋哲学を受容する際の基盤ともなった。

このように、地論学派は仏性・如来蔵説を最上のものとしており、『涅槃経』を最も重視したが、『大集経』尊重派や『華厳経』尊重派など様々な系統もあったようだ。少し後には、南道派の浄影寺慧遠《じょうようじえおん》(五二三〜五九二)のように、そうした経典の優劣づけを嫌い、諸経は平等であって説き方が違うだけとする主張も生まれた。

自らを礼拝せよ

『涅槃経』尊重派の中には、過激な主張をする者たちもいた。敦煌で発見された写本の一つであるΦ一八〇などは、仏像や仏の画像、紙・絹などに書いた経典などは真の仏宝、法宝ではないと切り捨てる。そして、自分が将来成る仏こそが自分に最も近しい仏である以上、礼拝するのであればその仏、あるいは現在は我が身のうちに法身として存在する「自体仏《じたいぶつ》」を拝むべきであり、現在いる諸仏などは「他家の仏」にすぎないと断定している。

この主張は、自分以外の仏を重んじない点が禅宗に通じる。自分を仏と同一視し、自分こそを礼拝すべきだとする主張はすでに『涅槃経』に見えており(第一章第4節参照)、南朝の涅槃学でも注意されていたが、南朝では教理上の議論にとどまっていたのに対し、北朝ではこれを実践する者たちが出現したのだ。

第四章　中国仏教の確立と諸国の受容

近世以前の中国仏教は、繁栄と廃仏の繰り返しだった。廃仏のたびに反省がなされ、新たな動きが生まれている。北周の廃仏前後の時期で注目されるのは、学派というよりは宗派と呼ぶべき集団、しかも、インドや西域の外国僧を開祖としない集団が複数生まれたことだ。

禅宗はその例外であって菩提達摩に始まるとされるが、実質としては弟子である慧可《えか》が果たした役割が大きい。中国仏教史上、最も特異な派であった三階教《さんがいきょう》では、開祖の信行《しんぎょう》が菩薩とみなされて信仰されており、熱烈な宗教運動が展開された。江南では、南嶽慧思《なんがくえし》に師事した天台智顗が南北の教理と禅観を融合して壮大な体系を築き、後に天台宗の開祖と仰がれた。浄土教では曇鸞《どんらん》を尊崇した道綽《どうしゃく》が、口称の念仏を強調して活躍している。

信行も、慧思・智顗も、曇鸞・道綽も、漢訳経典だけに見られる部分や擬経を重視して教理を築き上げているため、中国独自の仏教が確立したと言ってよい。

この時期には周辺諸国でも仏教が広まり、それぞれの国の仏教の特徴が生まれ始めている。本章では、そうした状況について見てゆく。

1　華北の禅宗と三階教

禅宗

仏と自分の同一性を強調する動向の一つが、華北における禅宗の誕生だ。禅宗に関する現存最古の記録である道宣《どうせん》(五九六〜六六七)の『続高僧伝』の菩提達摩伝によれば、南インドのバラモンであった菩提達摩(達磨は後代の表記)は、禅定で有名であって、海路で後宋に至り、北魏に移った。菩提達摩は具体的なやり方で人々の心を安んじさせており、効果が大きかったものの、その言葉は否定的な表現が多く、難解であったという。

菩提達摩の教えを弟子が記録したものとされる『二入四行《ににゅうしぎょう》』では、修行のあり方を「理入《りにゅう》」と「行入《ぎょうにゅう》」の二つに大別する。「理入」の部分では、経典によって凡夫も仏も「同一真性《どういつしんしょう》」に基づいていることを深く信じ、壁観《へきかん》を実践して自分と仏は「等一」であることを体得し、様々な説が見える経典の言葉に惑わされずに真理の世界に入ると述べる。そして「行入」の部分では、周りの事象に心を動かされず、妄想やとらわれから離れて修行を実践すべきことを説いている。壁観とは、凡夫も仏も壁の絵のように心が描き出したものと見る観察を指すとする説もある。

こうした立場をさらに進め、今日いうところの禅宗的な教化法を確立したのは、後に中国禅宗の第二祖とされた慧可(六世紀半ば)だった。儒教や老荘を学んだ後に仏教に転じた慧可は、北魏の末頃に洛陽で学んで自分なりの悟りを得た後、菩提達摩に師事して立場を固め、永熙三年（五三四）に北魏が東西に分裂すると東魏の都である鄴《ぎょう》（現河北省臨漳県）に移って活動した。経典の細かな解釈を争う風潮を批判して実践尊重を主張したため、伝統派に迫害されたらしい。

慧可やその弟子・孫弟子などの言行を録した『二入四行論長巻子《ににゅうしぎょうろんちょうかんす》』によれば、彼らは、言葉によってあれこれ分別して思いをふくらませ、妄想によって仏を外に求めることを徹底して否定していた。慧可は、不安なので心を安らかにしてほしいと願う者に対し、「お前の心を持ってこい。そうしたら、お前のために安らかにしてやろう」と説くなど、思いがけない迫力のある問答によって導いていた。

三階教　その少し後の時期の北地には、衆生を仏そのものとみなすもう一つの運動が登場している。北斉の信行（五四〇～五九四）が、『涅槃経』の仏性説と、当時広まり始めていた『月蔵経』の末法思想（前章第4節参照）や、末法を意識した『像法決疑経《ぞうほうけつぎきょう》』などの擬経類の影響を受けて創始した三階教だ。

中国仏教の中で最も特異な存在である三階教では、正しい教えがおこなわれる正法、それに似た教えがおこなわれる像法、正しい教えが消滅する末法という三つの時代を「第一階・第二階・第三階」と呼び、現在は第三階の末法の時代に入ったとする。この時代の人々は能力が劣っており、教えや仏の優劣などは判断できず、仏菩薩も凡夫も悪魔も区別できない。そのため、一切の仏、一切の教え、一切の人を区別せずに等しく敬うほかないとして、「普敬《ふきょう》」の実践に努めるよう説いた。

これは、教理解釈を争ってばかりいた仏教界に対する反省に基づく主張だ。信行は、釈尊が「自分は昔は博学だったが、二諦《にたい》(真実のあり方である第一義諦と世俗的なあり方である世俗諦)をめぐって文殊と論争をし、決着がつかず、死後に地獄・餓鬼・畜生の三悪道に落ちた」と述べて坐禅の実践を強調する擬経の『最妙勝定経《さいみょうしょうじょうきょう》』を引用している。

このため、三階教徒は、すべての人をやがて仏になる存在と見て礼拝した『法華経』の常不軽《じょうふきょう》菩薩《ぼさつ》にならい、道行く人すべてを「如来蔵仏」として礼拝した。ただし、自分には如来蔵があると思い高ぶって他の人々を軽んじることを防ぐため、自分だけは極悪の存在であるとみなし、ひたすら懺悔をおこなっていた。

信行は、世俗の権力者たちが僧侶をこき使い、自分を礼拝させることを激しく批判した。「敬《きょう》田《でん》」である三宝(仏・法・僧)に布施するより、「悲田《ひでん》」である貧しくて困窮している者や身よりのない者などに布施する方が功徳があると説く擬経の『像法決疑経』を尊重し、労働が禁止されている僧侶の戒律を捨て、剃髪して修行中の段階である沙弥《しゃみ》となり、人々のための労役に努めていた。そのため、信行を尊崇して従う弟子たちが増えていった。

2　江南の摂論・三論学派と天台宗

真諦三蔵の訳経と摂論学派

南朝には、菩提流支が活躍した北朝よりやや遅れて唯識説がもたらされた。西インドのウッジャイニー出身で扶南にいた真諦三蔵は、梁の武帝に招かれて太清二年(五四八)に建康に至ったものの、梁末の混乱期であったため、戦乱を避け、各地を転々としながら重要な経典を訳出し続けた。

真諦は、アビダルマの代表である世親の『倶舎論』や、唯識説の根本文献である無著『摂大乗論』とその注釈である世親『摂大乗論釈』などの重要経論を多数訳出したほか、真諦自身の講義も書物となった。真諦は、インドの如来蔵思想の集大成である『宝性論』を尊重して講義しており、それを弟子が編集したと思われる天親《てんじん》(世親)菩薩撰と称する『仏性論』も世に出された。如来蔵と仏の種姓について論じた書物でありながら、「仏性」を題名としたのだ。

真諦の訳場には、北地の菩提流支の訳出経論ももたらされており、その影響が見られる訳経もある。同様に北地から真諦周辺に届けられたと思われる『大乗起信論』が、前章でも触れたように真諦訳とされるようになったのは、真諦門下の摂論《しょうろん》学派が『摂大乗論』の教理に基づいて『大乗起信論』の注釈を書き、それが『摂大乗論』の学問とともに北地に伝えられ、広まるうちに真諦訳とされるようになったためだろう。

ただ、『涅槃経』や『般若経』などに親しんでいた江南の仏教界は、真諦訳の唯識論書を受け入れなかった。真諦訳の経論が評価されたのは、北周の廃仏を避けて江南へ逃れて来た曇遷《どんせん》（五四二〜六〇七）がそれらの経論に出合い、廃仏がおさまった後、長安に戻って『摂大乗論』の講義をしてからのこととされている。

三論学派の活動

鳩摩羅什の門下には『中論』『百論』『十二門論』の三論を専門とする者、『大智度論』を含めた四論を専門とする者などがいたが、この三論学派の学問を江南に伝えたのは、高句麗から華北に留学した僧朗《そうろう》（生没年不明）だ。僧朗は、鳩摩羅什系統の三論学を学んだ後、戦乱のため五世紀末に南に逃れ、建康近くの鍾山棲霞寺《しょうざんせいかじ》に入った。僧朗は、頼まれても三論と『大品般若経』以外は講義しなかったという僧詮《そうせん》（生没年不明）などの弟子を育てた。

僧詮の弟子には、坐禅を好んで般若の智慧に基づく空観《くうがん》の実践に励み、鄴で慧可にも学んだという慧布《えふ》（五一八〜五八七）などの修禅者の系統と、教理の確立に努めた法朗《ほうろう》（五〇七〜五八一）の系統がある。法朗は、陳の永定二年（五五八）に勅命によって興皇寺で三論、『大品般若経』、『華厳経』などを講義した。

法朗およびその弟子であった居士の傅縡《ふさい》（五三〇年代〜五八〇年代）や、パルチア系商人の子であって中国で出家した吉蔵《きちぞう》（五四九〜六二三）らになると、三論学派は次第に尖鋭化していった。彼らは、細かな解釈について論争している学僧たちがよりどころとしている『成実論』は小乗の論書にすぎないと決めつけ、言葉にとらわれて論争をしてはならないと強い言葉で批判して反発を招いた。つまり、論争をやめよと激しい調子で非難攻撃し、論争を巻き起こしたのだ。傅縡などは、皇帝にまでさからったため、刑死させられている。

会稽《かいけい》(現浙江省紹興県)の嘉祥寺《かじょうじ》で活動した吉蔵は、『涅槃経』の「一切衆生悉有仏性」の説を重んじ、三論が強調する空の思想との折衷に努めていたものの、『涅槃経』を最上として『法華経』や『大品般若経』などの経典を低く見る風潮については厳しく批判し、経典それぞれの説き方を重視して対立を離れた境地に立つべきことを強調した。

吉蔵は『中論』『百論』『十二門論』の三論すべてに注釈を書いたほか、『法華経』『維摩経』『大品般若経』『涅槃経』『勝鬘経』『金光明経』その他に関する多くの学僧の注釈を集め、参照しつつ詳細な注釈や概要書を著したため、それらは学派の違いを超え、東アジア諸国で広く読まれた。ただ、峻厳な性格のためか、弟子は育たなかった。

天台智顗による南北仏教の統合

天台智顗の師である南嶽慧思(五一五~五七七)は、北魏で生まれた。北斉時代に禅定を実践すべきことを強調した擬経の『最妙勝定経』に出合い、衝撃を受け、諸師に師事して様々な禅観を学んだ。慧思は、『大智度論』によって禅観に励むと同時に、『大品般若経』の空の思想、『涅槃経』の仏性思想、漢訳された『法華経』の思想を結びつけ、これらを統合する「法華三昧《ほっけざんまい》」の修行に励んだ。慧思は『諸法無諍三昧法門《しょほうむじょうざんまいほうもん》』を著し、対立を離れるべきことを強調しているものの、傅縡と同様、著名な僧たちを激しく批判したようであり、迫害をこうむっている。

慧思が江南の大蘇《だいそ》山《ざん》(現河南省)にやって来ると、智顗は師事して修禅に励み、法華三昧の前半を体得した。金陵《きんりょう》(建康)で活躍した智顗は、三八歳で教団を解散して天台山に隠棲し、修禅寺で禅観と経論の研鑽に努め、坐禅の手引きである『天台小止観《てんだいしょうしかん》』と教理の概説である『法界次第《ほっかいしだい》』を著した。

山頂の華頂峯《かちょうほう》で大悟して『法華経』の特質を理解してからは、より『法華経』に打ち込むようになった。菩薩戒の授戒を願う陳の皇帝に招かれて都に至ると、梁の三大法師の一人の光宅寺法雲や地論学派や摂論学派の説を批判しつつ、経典解釈と自らの心のあり方を見つめる禅観とを統合して『法華経』の講説をおこなった。これを弟子の章安灌頂《しょうあんかんじょう》(五六一~六三二)が後に編纂したものが、『法華文句《ほっけもんぐ》』となる。

3　北周の廃仏と隋の復興

北周の廃仏

南北の地で様々な形の新しい仏教が模索されていたこの時期は、寺院の濫造や僧侶の堕落などによる仏教界の問題点も目立つようになっており、批判も強まっていた。早くから予言で知られていた衛元嵩《えいげんすう》は、北周の武帝《ぶてい》（在位五六〇～五七八）に近づき、天和二年（五六七）に廃仏案を上奏した。

その上奏では、古代の聖帝の世には仏教がなくても国は安らかであったのに対して、南朝の梁などは仏教が盛んであったのに滅びたとし、仏心とは大悲に基づいて民を安楽にするはずでありながら、民衆を寺院建立に動員して苦役させているのは不当だと批判していた。そして民衆を苦しめる僧寺を廃し、人民を安んじて国力を増強することこそが大乗の菩薩道にかなうとし、皇帝を如来、都市を寺院、和合した夫婦を聖衆とする「平延大寺」を造るべきだ、と提案したのだ。

武帝は、建徳三年（五七四）に、衛元嵩のこの進言に基づいて道教と仏教を廃絶する命令を発した。浄影寺慧遠は、武帝の面前で激しく抗議したが、武帝は廃仏を強行した。北魏の時と違って僧侶の殺害は命じなかったものの、四万の寺が普通の家に改められ、三〇〇万以上の僧尼が還俗《げんぞく》させられ、仏像や経典は破壊された。

武帝は建徳六年（五七七）に北斉を征服して華北を統一し、北斉の領地においても廃仏を断行した。このため、還俗に抵抗する僧侶たちは、南朝に逃れたり、髪を伸ばし俗服を着て山林に隠れ、ひそかに読経や修行に努めるなどしていた。

隋の南北統一と仏教復興

北周の宣帝《せんてい》の外戚として実権を握った鮮卑系の楊堅《ようけん》は、大定元年（五八一）に静帝《せいてい》に位を譲らせて自ら即位し、文帝《ぶんてい》となって隋を建国した（在位五八一〜六〇四）。文帝は、静帝をはじめとする皇族の宇文氏一門を皆殺しにする一方、仏教の復興に努めた。特に、北周が征服した北斉の地での復興に力を入れた。

文帝は、新都として長安に造営を始めた大興城《だいこうじょう》に国寺として大興善寺を建て、廃仏に抵抗した学僧たちを招き、開皇三年（五八三）には、末法思想を説く『月蔵経』『日蔵経《にちぞうきょう》』を訳していた那《な》連提耶舎《れんだいやしゃ》（前章第4節参照）を招いて大興善寺で新たに訳経に当たらせた。

文帝の周辺の者たちは、文帝が般若寺で生まれ、将来皇帝になることを予言した尼の智仙《ちせん》を乳母として育ち、幼い頃は「那羅延《ならえん》」（ナーラーヤナ＝仏法を守護する強力の神）という名で呼ばれていたことなどを強調していた。こうした動向は訳経にも反映された。那連提耶舎が開皇三年（五八三）に訳した『徳護長者経《とくごちょうじゃきょう》』では、釈尊を殺そうとした長者を月光童子《がっこうどうじ》がいさめ、釈尊からこの童子はやがて大隋国の国王となり、国民に仏教を広めて善行を積ませると予言したとし、国王の仏教護持を強調していた。あまりにもできすぎた内容だ。

諸宗の保護

開皇五年（五八五）に州県ごとに僧寺と尼寺を建てさせた文帝は、開皇九年（五八九）に陳を攻略して天下統一をなしとげると、仏教復興の姿勢をいっそう強めていった。

文帝は、開皇七年（五八七）に、『摂大乗論』の講義で知られた曇遷、『華厳経』を得意とした慧蔵《えぞう》

（生没年不明）、廃仏に抗した慧遠など北斉系の六人の学僧を多くの弟子たちとともに招請して優遇した。他にも各地から著名な僧たちを招き、大興善寺では、慧遠を十地衆主《じゅうじしゅうしゅ》、善冑《ぜんちゅう》（生没年不明）を涅槃衆主、宝襲《ほうしゅう》（生没年不明）を大論《だいろん》（『大智度論』）衆主、『四分律』の研鑽で名高い洪遵《こうじゅん》（五二八〜六〇八）を講律《こうりつ》衆主に任じている。

こうした学派は、日本では奈良時代から「宗」と称されるようになったが、菩提流支訳『十地経論』の研究を柱とする十地衆や、鳩摩羅什訳『大智度論』の解釈を中心とする大論衆が示すように、この時期には「衆」と呼ばれ、外国から来た学僧を自らの派の開祖と仰いでいた。

文帝から煬帝へ

文帝は、三度にわたって各地に舎利塔を建設させており、仁寿二年（六〇二）六月一三日の誕生日に発した詔では、自分は「三宝に帰依して重ねて聖教を興」すと宣言し、各州に舎利を配って舎利塔を建てると述べている。これは、アショカ王にならおうとしたものだ。

そうした熱烈な仏教信者である文帝とその后に気に入られて皇太子となるため、仏教保護に努めていた次男の晋王楊広《ようこう》は、陳を攻略して江南を治めるようになると、智顗を招いて揚州《ようしゅう》（現江蘇省）で菩薩戒を受けて総持《そうじ》という名をさずかり、智顗に智者大師の号を与えた。

隋の有力な武将であった李淵《りえん》（後の唐の高祖《こうそ》）が、伝統的な修禅の第一人者だった曇崇《どんすう》（五一五〜五九六）を支援して長安に清禅寺を建立すると、晋王も多大な布施をしたほか、水車による碾《ひ》き臼《うす》の設備などを贈っている。当時の大きな寺は、最新の農具・工具・技術を有しており、水車の碾き臼を精米・製粉用に貸し出したり自ら作業を請け負ったりして得られる収入を寺の運営に回していた。

晋王は文帝を継いで帝位につき、煬帝《ようだい》(在位六〇四～六一八)となった。煬帝は、「菩薩戒弟子皇帝楊総持」と名乗っていたものの、盛んになりすぎた仏教に対する管理を強めていった。煬帝は、南北を結ぶ大運河を造らせ、産業を発達させる基盤を作ったが、過重な労役や三度にわたる高句麗遠征によって民衆の不満が高まった結果、各地で反乱が頻発し、殺されるに至った。

そうした反乱の中には、末法思想を背景とし、自分たちを弥勒仏だと称する例もあった。隋末の大業六年(六一〇)には、数十人が香を焚き花を持ち、「弥勒仏が現れた」と称して乱を起こそうとして斬られ、連座した者が千余家もあったという。同九年(六一三)には、宋子賢《そうしけん》という者が毎夜、楼の上で幻灯を用いて仏の姿を映しだして「弥勒仏が現れた」と称し、さらに蛇や獣などの姿を大鏡に映して罪業による来世の姿だと脅して信者を集め、反乱を起こそうとした。

三階教の進展

隋の初め頃の北地には、北周の再度の廃仏によって危機感をつのらせ、末法の世に仏法を伝えていくことに熱情をそそぐ者たちが輩出した。文帝の再度の招きにも従わなかった霊裕《れいゆう》(五一八～六〇五)は、開皇九年(五八九)に宝山《ほうざん》(現河南省)で石窟の造営を始め、『月蔵経』などの経文を石壁に刻させた。

また、末法意識が強かった慧思の弟子である静琬《じょうおん》(?〜六三九)は、大業年間(六〇五〜六一七)に、漢訳されたすべての経論を集成した一切経《いっさいきょう》を石板に刻し、石経として永く残すことを発願し、北京南西郊の房山《ぼうざん》で事業を始めている。煬帝の皇后蕭《しょう》氏らが支援したのをきっかけに、様々な階層の支援者が増えていった。

末法思想に基づく仏教の代表である三階教については先にも述べたが、開祖の信行は、開皇九年(五八九)頃、隋の重臣であった高熲《こうけい》によって長安に招かれ、その私邸を改めた真寂寺《しんじゃくじ》に新たに造られた禅院に入って活動した。開皇一四年(五九四)に信行が亡くなると、遺言に従って遺骸を長安南東にある終南山《しゅうなんざん》の林に送って鳥獣虫に血肉を供養し、後に骨を集めて葬った。『三階仏法《さんがいぶっぽう》』『対根起行法《たいこんきぎょうほう》』など信行の著作は、晩年になってから弟子の裴玄証《はいげんしょう》が筆録したものだ。

以後、信行を菩薩として崇めていた信者たちも死後の捨身をおこなうようになり、彼らの骨は終南山の信行の墓所の近くに葬られ、この地が三階教の聖地となった。

長安に建立された三階教の寺院では、布施が推奨され、とりわけ真寂寺から名を改めた化度寺《けどじ》では、膨大な財物が集まったため、これを「無尽蔵法《むじんぞうほう》」と称して運用し、寺院・仏像などの修理、貧民の救済、困った信者仲間のための用立てなどに用いた。こうした活動はあまりにも特異で熱烈であったため、仏教界の反発を招き、開皇二〇年(六〇〇)には三階教の活動を禁止する命令が出されている。

晋王（煬帝）に菩薩戒を授けた智顗は、晋王の慰留を断って揚州を去ったものの、その援助によって荊州《けいしゅう》（現湖南省）に玉泉寺を建立し、『法華経』の意義と大乗の止《し》観《かん》（精神集中と智慧に基づく観察）に関する講義をおこなった。これについても弟子の灌頂が整理し、『法華玄義《ほっけげんぎ》』と『摩訶止観《まかしかん》』としてまとめた。この二部と先の『法華文句』とを合わせて「天台三大部《てんだいさんだいぶ》」と称するが、灌頂が吉蔵の注釈などを参考にして加えた部分もあることが指摘されている。

智顗による天台思想の大成

智顗は、南北の教学と禅観を統合し、『涅槃経』や『華厳経』の内容を『法華経』のうちに読み込んだうえで、『法華経』を、すべての教理を備えた「円教《えんぎょう》」と悟りの境地をそのまま説いた「頓教《とんぎょう》」とを兼備した経典とみなし、後に「五時八教《ごじはっきょう》」と呼ばれる教判を確立した。

そのうえで、独特の経典解釈法を示し、しかもその解釈法を自らの心を見つめる実践と重ね合わせた。智顗は、それまで論争が続いてきた二諦説に代えて、すべては空であるとする空諦《くうたい》、仮のものとして存在するという仮諦《けたい》、空と仮の両面を備えた中諦《ちゅうたい》という「三諦」を提示し、菩薩の修行階位を確立したほか、禅観についても初歩的な段階から高度な禅観へと進む階梯を示し、中国流の壮大な仏教体系を打ち立てている。

智顗はまた、『法華三昧懺儀《ほっけざんまいせんぎ》』『金光明懺法《こんこうみょうせんぽう》』『方等懺法《ほうどうせんぽう》』その他の懺悔儀礼も整備しており、中国のすべての学派から尊敬され、大きな影響を与えた。ただ、智顗はあくまでも漢訳経論に基づいて思索を重ねており、修禅中に精神や体調が不安定になったり鬼を見たりする禅病への対処法を説いた部分には中国医学も取り込まれていることが示すように、中国思想の影響を受けた面も多い。

智顗の特徴ある思想の一つは、後に「如来性悪思想《にょらいしょうあくしそう》」としてまとめられる思想だ。智顗は、悪に満ちた衆生に対して如来が意図しないまま自然に対応して教化できるのは、如来の側に実現されない悪が性として蔵されており、これが凡夫の有する悪と、磁石と鉄が引き合うように互いに応じ合うためだとした。智顗は『周易』などの感応《かんのう》思想と、『華厳経』の「一即一切《いっそくいっさい》」の思想などを融合して、独特の仏陀観を作り上げたのだ。

浄土教の進展

北周で生まれた道綽（五六二～六四五）は、『涅槃経』に通じ、戒律と禅観に打ち込んだものの、大業五年（六〇九）に石壁玄中寺で曇鸞の事跡に関する碑文を見て感銘を受け、浄土教に転じた。『観無量寿経』を二〇〇回も講義し、西方往生の教えを強調した『安楽集』を著した。

現在は末世・末法の「濁世《じょくせ》」であって浄土門だけが実践可能な法門であり、一生の間、悪業を重ねた者でも、臨終時に阿弥陀仏を十念すれば西方浄土に往生できると論じたのだ。しかも、豆などを利用して念仏の数を数える数量念仏を勧めていることが示すように、従来のような心の中で阿弥陀仏の様子を観察する観想の念仏ではなく、易行としての口称念仏を分かりやすく説いた。

華北の造像銘では、すでに六世紀前半から「無量寿仏」に代わって「阿弥陀仏」という表記が登場するようになっており、六世紀後半からは、現世では観音菩薩、来世では阿弥陀仏に頼るという役割分担が進み始めていた。そうした土壌に、末法思想を説いた経典と、末法の世の到来を痛感させた廃仏事件が加わり、道綽の浄土教が生まれたのだ。

曇鸞が浄土教の第一祖、道綽が第二祖とされるのは後代になってからのことだが、単に阿弥陀仏を信仰するのではなく、中国僧であって道教色も濃かった曇鸞を導き手として尊崇し、しかも『随願十方往生経《ずいがんじっぽうおうじょうきょう》』などの擬経をしきりに引き、時にはその文意を改めて利用しつつ西方極楽往生を強調してゆくところに、中国浄土教としての特色が見られる。

4 周辺諸国の展開

ベトナム

五世紀末に交州の仙洲山寺《せんしゅうさんじ》に住していた道禅《どうぜん》(生没年不明)は、林の中で修行に励んでいると虎の害が減ったと伝えられており、この時期になっても仏教にはそうした面が期待されていたことが知られる。その道禅は、永明年間(四八三~四九三)に中国に渡って南斉の都である建康におもむき、鍾山の雲居下寺《うんごかじ》に入り、『十誦律《じゅうじゅうりつ》』によって多くの人に授戒し、質素な生活を送ったという。

ほぼ同じ時期に仙洲山寺にいた慧勝《えしょう》（生没年不明）は、山林で毎日『法華経』を読誦し、外国禅師の達摩提婆（ダルマデーヴァ、生没年不明）に師事し、禅観で名高かった。このため、この地方の長官として赴任していた南斉の劉績《りゅうせき》は、帰国する際、慧勝を連れ帰って金陵郊外の牛頭山幽栖寺《ごずさんゆうせいじ》に住まわせた。慧勝は乞食《こつじき》を実践し、愚か者のように振る舞っていたものの、禅を学ぶ者は慧勝の真価を知って尊崇したという。このように、交州の僧は、中国南地に渡って仏教界を指導していた。

中国から交州を経てインドに渡ろうとする僧も多く、また戦乱を避けるために交州にやって来た僧、南朝から交州に派遣された仏教信者の高官にともなわれて来た僧などもいたため、この地ではインドや東南アジアの仏教と中国南朝の仏教が混じっていたものと思われる。

隋の文帝が仁寿元年（六〇一）に各地に舎利塔を建てさせた際は、交州にも慧雅法師《えがほうし》（生没年不明）を勅使として送って禅衆寺で舎利塔に舎利を埋納させており、その銘板と石函が最近発見された。

高句麗の仏教受容と学僧の活躍

仏教伝来以後の高句麗の状況は不明だが、五世紀初めにこの地に埋葬された漢人の墓の壁画などから見て、中国北地からやって来た漢人たちによって仏教が広まっていったようだ。延嘉七年（五三九）という高句麗年号が見える六世紀の金銅仏の銘文は、楽浪《らくろう》（現平壌付近）の東寺の信徒四〇人が発願し、未来に現れるという千仏のうちの一つを造像したと記している。

平原王時代の大丞相で仏教信仰が篤かった王高徳《おうこうとく》は、北斉の武平七年(五七六)に儒教や玄学にも通じていた高句麗僧の義淵《ぎえん》(生没年不明)を派遣し、北斉の最上位の僧官であった地論学派の法上に様々な質問をさせた。この時期には、諸経論の異説を問題にするまで仏教の学問が進んでいたことが知られる。

第二章でも述べたように、高句麗は北朝に朝貢する一方で、南朝とも交流していた。南北朝期から隋にかけての時期に南朝で活躍した高句麗僧としては、陳代に都で智顗に師事して修行に励んだ波若《はにゃ》(生没年不明)、北周の廃仏を逃れて江南に来た曇遷と交遊し、アビダルマに通じていた智晃《ちこう》(生没年不明)などがいる。

また、高句麗の僧朗の系統を継ぐ三論学派の実法師《じつほうし》(生没年不明)も高句麗の出身であって、江南で大乗経典を講義している。同じく高句麗僧である印法師《いんほうし》(生没年不明)は、実法師が亡くなると、四川に移って三論を講義しており、その弟子は批判が激しすぎたためだろうが、成実学派の者たちに殺されかけている。

百済の南朝仏教受容

百済で仏教が盛んになり、寺の遺跡が確認できるのは、六世紀初めに即位した武寧《ぶねい》王《おう》の代からだ。これは梁の武帝が仏教重視政策を推し進め、諸国との仏教外交を展開した時期であり、百済は江南の貴族仏教を取り入れていたことになる。

武寧王を継いだ聖明王《せいめいおう》(聖王)は、熊津《ゆうしん》(現公州)に大通寺を建てた。この寺号は梁の年号である大通・中大通によるものであって、武帝の長寿を願っての建造と思われる。聖明王一六年（五三八）に熊津から泗沘《しび》（扶余《ふよ》）に遷都した聖明王は、その三年後に梁に朝貢の使いを送った際、「涅槃等の経疏」や医師・工画師・儒教の博士などを求めている。「涅槃等の経疏」を求めたとは、梁周辺の諸国が武帝の経典注釈の下賜を願ったのと同様に、武帝が自らの講義をまとめさせた『制《せい》旨大般涅槃経講疏《しだいはつねはんぎょうこうしょ》』の下賜を申し出たものと見られる。工画師も、壮大な寺院建立のための質の高い技術者が主だったろう。

百済は、こうした仏教外交を通じて梁との交流を深め、高句麗に対抗するために様々な支援を得ようとしていた。日本にしきりに軍事支援を依頼し、仏教を伝えたのもこの時期だ。

中国におもむいて学ぶ百済僧も多く、梁で三〇年にわたって修行し、帰国に際して観音の霊験を見聞した発正《ほっしょう》（生没年不明）などは、唐の僧祥《そうしょう》が著した『法華伝記《ほっけでんき》』に伝記が載っている。南岳《なんがく》衡山《こうざん》（現湖南省）に住していた慧思のもとで学んだ玄光《げんこう》は、威徳王《いとくおう》の代（五五四〜五九九）に帰国し、熊津の寺で『法華経』に基づく修行を広めた。

吉蔵の兄弟弟子として三論学派の法朗に師事し、『大乗四論玄義《だいじょうしろんげんぎ》』などを著した慧均《えきん》（生没年不明）は、これまで中国僧とされてきたが、近年になって百済僧であったことが分かり、同書は百済に帰国した後の作であることが明らかになった。漢文にやや不自然な箇所があるものの、その水準は吉蔵に近いものであり、百済でも教理研究が深まっていたことが知られる。

ただ、六世紀の百済の仏教学の主流は、南朝仏教を象徴する梁の三大法師のような仏教、つまり、『成実論』に基づき、『涅槃経』を尊重して大乗経典を研究する系統だった（前章第4節参照）。このことは、陳代におけるこの学派の代表で、周囲と衝突しない穏やかな「無忤《むご》（忤《さか》う無し）」の振る舞いで知られ、文帝に尊重されて大僧正に任ぜられた宝瓊《ほうけい》（五〇四〜五八四）を「海東」（韓国）の諸国が尊崇し、その姿を描いて国に持ち帰り「頂礼遥敬」したとする『続高僧伝』の記事からも、推測される。

新羅の仏教受容と進展

朝鮮半島の南東部に位置し、中国文化の導入が最も遅れていた新羅は、高句麗や百済と違って中国から仏教を受け入れたのではなく、高句麗の仏教がまず民間に入っている。新羅が仏教を正式に受容するのは、法興王《ほうこうおう》（在位五一四〜五四〇）の即位八年（五二一）に、百済の仲介で梁に通交した際、梁の使いがやって来て衣服や香などをもたらしたことがきっかけだろう。

高麗時代の仏教史である一然《いちねん》（一二〇六〜一二八九）の『三国遺事《さんごくいじ》』によれば、香の使い方が分からず困っていたところ、高句麗から来ていた墨胡子《ぼくこし》という僧が、これを焚いて誓願を発し、最も神聖な存在である三宝に祈れば、王女の病気も治ると教えたため、墨胡子にそうさせると王女の病気がたちまち治ったという。これはいくつもの系統の話がまじった後代の伝承だが、焼香して誓願を立てることが危機を救う最新技術とみなされていた例は、六世紀から七世紀の韓国仏教、およびそれを導入した古代日本の仏教にしばしば見えている。

法興王は、急速に仏教信仰にのめりこんでいき、即位一四年（五二七）には金城《きんじょう》（現慶州）に興輪寺の建設を始め、その二年後には殺生禁断の命令を発している。興輪寺創建の事情や年代については異説があるが、ある仏教信者の貴族がわざと建設に反対して斬罪に処せられ、奇跡を起こしたため、建設が進むようになったとされている。合議が伝統であった新羅において、法興王が仏教を導入して王権の強化をめざしたため、貴族たちが反発して騒動となったのだろう。

法興王については、晩年に王位を退き、出家して興輪寺で暮らしたほか、王妃も永興寺を建て、法興王の没後は出家してその寺に入ったという。法興王の次に真興王《しんこうおう》（在位五四〇～五七六）が幼くして即位すると、母であった王太后の只召《しじょう》が摂政役にあたり、国民の出家と仏教信仰を許可する命令を出している。真興王一二年（五五一）には高句麗から来た恵亮《えりょう》を初代の僧統に任命し、僧官制度が整えられた。

そうした環境で育った真興王は、信仰の篤い王となり、国内を巡視して石碑を各地に建てた際は、付き従っていた僧の法蔵《ほうぞう》と慧忍《えにん》の名を重臣たちより上に刻ませている。龍宮という名の宮殿の南に新しい宮を建設しようとしたところ、黄龍が現れたために寺に改めることとし、真興王二七年（五六六）には都の国寺である壮大な皇龍寺を完成させたほか、祇園寺と実際寺も竣工した。王は恵亮に『仁王般若経』による百座法会《ひゃくざほうえ》をおこなわせて護国を祈らせ、隣国との戦いで戦死した兵士たちのために七日間、八関斎をもよおしており、この国家的な八関斎が統一新羅と高麗に受け継がれた。

こうした中で、円光《えんこう》(五六六〜六四九)は山神に擁護されて隋に渡り、金陵で荘厳寺僧旻の弟子に儒教の経書を習ったものの、仏教の講義を聞くに及んで僧侶となり、最新の学問である『摂大乗論』を学んで真平王二二年(六〇〇)に新羅に帰国し、皇龍寺に住して国王から尊崇された。

当時は高句麗の侵攻に悩まされていたため、隋に援軍を乞う文書の起筆を真平王《しんへいおう》に命じられると、僧侶としてためらいつつ「乞師表」を作成したという。また、二人の若者に戦陣での心得を請われた際は、「親に仕えるには孝による。君に仕えるには忠による。友と交わるには信頼による。戦いに臨んでは退かない。殺生は選んでする」という「世俗の五戒」を授け、「殺生は選んでする」とは、子をはらんでいる時期の動物・家畜・小さい動物の殺生や、数多くの殺生は避けることだと教えたところ、二人はこれに従って戦い、功績を立てたという。

円光が没して墓が造られた際、死産した胎児を福徳のある者の墳墓に埋めると子孫が絶えないという伝承により、ある者が胎児を埋めると、墓がゆれ動いて胎児を域外にはじき出し、しかも墓は壊れることがなかったため、いっそう尊崇されたとされる。

これらの逸話は、後代になって作られた伝承を含んでいるが、韓国仏教の特色となる護国仏教、山神の信仰、風水《ふうすい》などの要素が集中して現れている。山神については、後に虎が神とされて本堂の後ろに山神閣《さんしんかく》が建てられ、現世での願いが祈られるようになった。

日本への伝来

日本への仏教伝来については、年代についても背景についても諸説がある。ただ、公的な伝来については、高句麗・百済・新羅の三国が争う状況のもとで、六世紀半ばに軍事支援を望む百済の王室から大和朝廷に伝える形でなされ、百済と強い結びつきを持っていた大臣家の蘇我氏が主導し、六世紀後半から興隆させていったことは疑いない。

大臣であった蘇我氏は、敏達《びだつ》天皇一三年（五八四）に百済からもたらされた弥勒の石像を祀るため、高麗恵便《こまのえべん》という渡来系の還俗僧を探し出してきて師とし、渡来系の司馬達等《しばたつと》の一一歳だった娘と他の渡来系氏族の娘二人を尼として弥勒像を祀らせている。これは、当時は尼のことを神に仕える純潔な巫女のようにみなしていたことを示すものだ。仏像を祀らせた主な理由は、以後の事例から見て、天皇の延寿や治病のためだったろう。

天皇の後継者選定をめぐる争いや様々な政策の対立により、仏教推進派の蘇我馬子《そがのうまこ》と在来信仰を尊重する物部守屋《もののべのもりや》という実力者同士が戦った結果、馬子側が勝利すると、亡くなった敏達天皇の皇后であった推古天皇が、叔父である大臣の馬子、そして父母の両方が蘇我氏の血を引く甥の厩戸皇子《うまやどのみこ》を支えとして五九三年に即位した。その翌年には早速「興隆三宝」の詔が出されている。これは、隋の仏教復興の勅を意識したものだ。詔が発せられると、朝廷での合議に加わる群臣やその下の豪族たちは「君親の恩」のため、「競って仏舎を造」ったという。

「競って仏舎を造」ったというのは文飾であり、当初は邸内に仏像を祀る小さな堂を建てる程度だったろう。この時期に大きな寺を建てることができたのは、百済から技術者を招いた蘇我氏だけであり、以後もその親族や蘇我氏と近しい有力な渡来系氏族に限られていた。

最初の寺は馬子が建立した法興寺(飛鳥寺)、次は推古天皇の旧宅を馬子が尼寺に改めた豊《と》浦寺《ゆらでら》、次が厩戸皇子の法隆寺(斑鳩寺《いかるがでら》)だ。こうした初期の寺は、交通の要所に建てられて高い塀がめぐらされており、有力な豪族たちを威圧すると同時に城塞の役割も果たしていた。

仏法興隆の勅に「君親の恩」とあるうち、「恩」とは「おかげ」の力を意味する。君主や親が生きている間は造寺造仏の功徳によって「おかげ」をより多く受けられるようその力の増大を願い、亡くなった後は生前の恩義に感謝して追善に励むのだ。つまり、造寺は君親の「奉為」の行為なのであって、仏教信仰に励むことは、君への忠義、親への孝に努めていることを周囲に示す行為にほかならず、しかも強制的なものだった。

『三経義疏』と仏教外交

推古一一年(六〇三)に推古天皇が豊浦宮から小《お》墾田宮《はりだのみや》に移ると、仏教興隆と並行して様々な政治改革が進み、翌年、厩戸皇子が自ら「十七条憲法」を作ったとされている。その第一条に「忤《さか》う無きを以て宗と為せ」とあるうちの「無忤」は、先に触れたように『成実論』に基づいて大乗経典を研究していた梁や陳などの主流の系統の僧尼たちが重視していた徳目にほかならない。

上宮王《じょうぐうおう》（厩戸皇子）の「私集」と記されている『三経義疏《さんぎょうぎしょ》』は、まさにその梁の三大法師の注釈、つまり光宅寺法雲の『法華義記』、荘厳寺僧旻の『勝鬘経』注釈、開善寺智蔵の『維摩経』注釈を種本としている。『三経義疏』は、これらの種本を略抄しつつ著者の考えを独特の変格漢文で記しているため、七世紀初めの作としては古くさく、また素人くさい学風の注釈となっている。家僧に指導されつつ経典を講義して注釈を書いた梁の武帝を手本としたものだろう。

大和朝廷は、仏教を復興していた隋との外交を摸索した。新羅との関係が悪化して日本が軍隊を派遣した推古天皇八年（六〇〇）に隋に使者を送った朝廷は、政治や制度の改革を進め、同一五年（六〇七）に改めて小《お》野妹子《ののいもこ》を使者として隋に送った。妹子は、「海西の菩薩天子」が仏法を復興されたとお聞きしたため、沙門数十人に仏法を学ばせるために参りました、と仏教外交の立場で言上し、以後、仏教や儒教を学ぶ者たちが留学するようになっている。

聖徳太子観の変遷史

厩戸皇子は、奈良時代半ばすぎに天皇の漢字諡号を定めた淡海三船《おうみのみふね》（七二二～七八五）によって、「聖徳太子」と呼ばれるようになったようだ。親鸞が「和国の教主」と讃えたように、聖徳太子は日本における釈尊のような存在とみなされており、仏教の新しい動きが登場するたびに、聖徳太子がその先駆とされた。

そのため、仏教史が釈尊のイメージの変遷史であるのと同様に、日本仏教史は聖徳太子のイメージの変遷の歴史と見ることもできる。日本で最も早くに、また多様な伝記が書かれ、神格化が進んでいったのは聖徳太子であり、『聖徳太子伝暦《でんりゃく》』を代表とする多様な太子伝は、他の国の仏伝に当たる性格を持っている。

なお、近年になって用いられるようになった「厩戸王」という呼称は、超人的な聖徳太子のイメージに縛られずに客観的な研究をするため、小倉豊文が、生前に呼ばれていた可能性がある名の一つとして戦後になって仮に用いた名であり、古代の文献にはまったく出てこない。

第五章　唐代仏教の全盛

様々な系統の仏教が栄えていた唐代の仏教界に衝撃を与えたのは、インドから帰国した玄奘の訳経が示していた「五姓各別説《ごしょうかくべつせつ》」だった。すべての人は仏性を持っており将来は仏になれるとするそれまでの中国仏教の常識を覆し、人には五種類の種姓《しゅしょう》（ゴートラ）の区別があり、仏になれない者がいるという主張が、インド仏教の最新の教理としてもたらされたのだ。

このため激しい論争がまき起こった。円測《えんじき》など、入唐した新羅僧たちも玄奘などの訳場と注釈の面で活躍し、論争に加わっている。その円測を保護していた武后《ぶこう》（武則天《ぶそくてん》）は、経典の記述を女帝出現の予言とみなして宣伝し、中国史上で初めての女性皇帝となった。

この頃には禅宗が長安・洛陽に進出するようになっており、武則天も神秀《じんしゅう》・老安《ろうあん》らの禅僧を宮中に招いている。禅宗では、人々のありのままの心が仏だと断言し、思いがけない振る舞いによって教化した馬祖道一《ばそどういつ》のような禅僧が次々に登場し、急激に勢力を伸ばすようになった。

九世紀半ばに武宗《ぶそう》によって廃仏がおこなわれると、学問的な諸学派は痛手を受けたが、禅宗は全国に広まっていき、唐末から五代十国の時代にかけて中国仏教の主流となるに至る。

本章では、中国仏教が最も栄えた時期とされる唐代について、その国際的な性格と禅宗の展開に重点を置きつつ見ていきたい。

1　唐の仏教政策

唐初の道教重視

隋末に各地で反乱が起きると、漢化した鮮卑系氏族出身の有力武将で煬帝のいとこだった李淵が挙兵し、武徳元年（六一八）に唐を建国して高祖となった（在位六一八～六二六）。第二代の太宗《たいそう》（在位六二六～六四九）は、貞観一一年（六三七）正月に発した詔において、李氏である自分は老子（本名は李耳《りじ》）の家系であるため、すべての儀礼において道士と女冠（女性道士）を僧尼より上に置くと宣言した。この結果、勢いづいた道教側と反発する仏教側との間で激しい論争が巻き起こり、仏教側は多くの道教批判書を著した。

太宗はまた、この年に「道僧格《どうそうかく》」を制定し、道教と仏教の教団に任せていた道士や僧尼の処罰の一部を国家がおこなうよう改めた。この時期には、僧侶に皇帝と両親を拝するよう命じた詔をめぐって、これまでもたびたび問題となってきた沙門不敬王者論争が再燃し、仏教側は道宣《どうせん》などを中心にして激しく抵抗している。

後述するように、玄奘が貞観一九年（六四五）に長年にわたる求法の旅から帰国すると、太宗はその訳業を手厚く支援した。ただ、玄奘に還俗して国政を助けるよう求め、断られると、かわりに西域経営に役立つよう『大唐西域記《だいとうさいいきき》』を書かせたことが示すように、仏教には何よりも国政に役立つことを期待していた。

武則天の即位と武宗の廃仏

太宗についで即位した高宗《こうそう》が弘道元年(六八三)に没すると、皇后の武后は、曇無讖訳『大雲経《だいうんきょう》(大方等無想経《だいほうどうむそうきょう》)』にある、浄光天女《じょうこうてんにょ》が女性の身で国王になると仏に予言された箇所に着目し、これは天から下生した弥勒にほかならない武后が女性皇帝として即位するという意味だとする注釈を広めた。武后は、天授元年(六九〇)に周を建国して聖神皇帝と名乗り、中国史上初の女性皇帝となった。翌年には僧尼を道士・女冠より上に置くよう命じている。

武則天は、各地に『大雲経』を読誦する大雲寺を建立させたほか、神秀や老安など、後述する新興の禅宗の著名な僧侶たちを宮中に招き、禅宗流行のきっかけを作った。しかし、かたよった政治が批判され、則天大聖皇帝という尊称を献上されたうえで退位させられた。神龍元年(七〇五)に中宗《ちゅうそう》が即位して唐の国号を復活させたが、実際には唐は一度滅んでいる。

先天元年(七一二)に即位した玄宗《げんそう》(在位七一二〜七五六)は、自ら『老子』の御注《ぎょちゅう》を著すほどの道教信者であり、道教を仏教の上に置いた。玄宗は、儒教の『孝経』と仏教の『金剛般若経』にも御注を書いたが、それは宗教界の頂点に立って儒・仏・道の三教を統括するためであり、次第に仏教統制を強めていった。

玄宗期には国際色豊な文化が栄えたが、天宝一四年(七五五)に始まる安禄山《あんろくざん》・史思明《ししめい》の乱(安史《あんし》の乱)の結果、国威が衰え、地方を統治する節度使《せつどし》たちの自立が進んでいった。そうした中で道教に熱中した武宗《ぶそう》(在位八四〇~八四六)は、会昌五年(八四五)に仏教および三夷教と呼ばれた外来の祆教《けんきょう》(ゾロアスター教)、景教《けいきょう》(ネストリウス派キリスト教)、明教《めいきょう》(マニ教)の廃絶を命じた。

この「会昌の廃仏」では、僧尼はすべて還俗させられ、亡き皇帝・皇后ゆかりの寺などを除く膨大な数の寺院が廃止され、仏像や経典が破壊されて寺田や奴婢も没収された。この時期の惨状については、入唐した天台僧、円仁《えんにん》(七九四~八六四)の『入唐求法巡礼行記《にっとうぐほうじゅんれいこうき》』に詳しい。ただ、なかば独立政権のようになっていた河北地方の節度使たちは、廃仏の命令を受けても、「皇帝陛下が自ら来られて燃やすなら宜しいですが、我々はそうしたことは出来ません」と突っぱねている。

武宗が翌年、道教の長生薬の飲み過ぎで亡くなると、仏教はまた復興したが、廃仏によって受けた打撃は大きく、教理研究に励んでいた法相宗《ほっそうしゅう》などの諸学派の勢力は衰えた。

2 学派・宗派の盛衰

天台宗

天台宗は章安灌頂が隋の煬帝に接近しすぎたためもあって、唐代には全国に展開できなかった。ただ、荊州玉泉寺《けいしゅうぎょくせんじ》の弘景《こうけい》（六三四〜七一三）は、唐代の天台僧としては珍しく都で訳経に参加し、武則天や中宗の授戒師となっており、後に日本に渡る鑑真《がんじん》（六八八〜七六三）などの弟子を育てた。また弘景に師事した恵真《えしん》（生没年不明）の弟子のうち、大衍暦《だいえんれき》の作成で有名な一行《いちぎょう》（六八三〜七二七）は、善無畏《ぜんむい》（シュバカラシンハ、六三七〜七三五）に協力して代表的な密教経典である『大毘盧遮那成仏神変加持経《だいびるしゃなじょうぶつじんぺんかじきょう》（大日経《だいにちきょう》）』を漢訳し、天台宗の教理を用いた注釈『大日経義釈《ぎしゃく》』を著している。

一方、天台山仏隴寺《ぶつろうじ》で天台智顗の教学の研究と普及に努めた湛然《たんねん》（七一一〜七八二）は、天台三大部の注釈である『摩訶止観輔行伝弘決《まかしかんぶぎょうでんぐけつ》』『法華玄義釈籤《ほっけげんぎしゃくせん》』『法華文句記《ほっけもんぐき》』を著し、生命がない自然物も悟った者の目から見れば仏にほかならないとする「無情成仏説《むじょうじょうぶつせつ》」を説く『金剛錍論《こんごうへいろん》』その他の著作を著した。ただ、湛然は、智顗が用いていなかった『大乗起信論』の教理を取り入れていたうえ、智顗以上に『法華経』の超越性を強調したため、智顗の思想とは異なる部分も出てきている。

玄奘がもたらした衝撃

当時の中国の唯識研究に満足できずにいた玄奘は、漢訳されていない唯識の経論があると知ってインドへの求法の旅に出ることを決意し、貞観元年（六二七）に国禁を破って西に向かった。高昌では国王に請われて『仁王経』を講じ、インドでは最大の学問寺であったナーランダー寺で戒賢《かいけん》（シーラバドラ）に師事して最新の唯識や因明の学問を学び、各地を巡った後、貞観一九年（六四五）に帰国して熱狂的な歓迎を受けた。

玄奘は、太宗・高宗に保護されつつ『解深密経』『摂大乗論』などの唯識文献、『倶舎論』などのアビダルマ文献、『維摩経』などの経典を新たに訳し直したほか、一部分しか訳されていなかった唯識文献の『ヨーガーチャーラブーミ』全体を『瑜伽論《ゆがろん》』百巻として訳し、六百巻の『大般若経』、二百巻の『大毘婆沙論《だいびばしゃろん》』その他の膨大な経典を初めて漢訳した。また、陳那《じんな》『因明正理《いんみょうしょうり》門論《もんろん》』や商羯羅主《しょうがらしゅ》『因明入正理論《いんみょうにっしょうりろん》』など、因明の文献を漢訳し、新しい分野を導入した。

それらのうち、貞観二三年（六四九）に訳出した『仏地経論《ぶつじきょうろん》』では、人には阿羅漢になる「声聞種姓」、独覚になる「独覚種姓」、仏になる「如来種姓」、どれになるか定まっていない「不定《ふじょう》種姓」、仏になる能力のない「無《む》有《う》出世《しゅっせ》功徳《くどく》種姓」の五種があるとした。そして、他の経が一切の人に仏性があると述べているのは、発動するかどうかとは無関係な本質としての仏性を指すか、あるいは、不定種姓の者たちを励ますための方便として「一切」と言ったものとしていた。

訳場に参加していた霊潤《れいにん》（生没年不明）がこの説を批判すると、同じく訳場に参加していた神泰《じんたい》（生没年不明）は霊潤に反論した。百済の義栄《ぎえい》（生没年不明）が霊潤に賛成して神泰説を鋭く批判すると、玄奘門下であった新羅の神昉《じんぼう》（生没年不明）は『種姓集《しゅしょうしゅう》』で反論している。

顕慶四年（六五九）に訳された『成唯識論《じょうゆいしきろん》』では種姓の区別についてさらに詳しく論じていたた

め、『一乗仏性究竟論《いちじょうぶっしょうくきょうろん》』を著した法宝《ほうぼう》(六二七〜七〇五前後)などによって厳しく批判され、論争はさらに激しくなった。

玄奘自身はこの問題に関する書物を書いていないが、西域の尉遅《うっち》氏の系統であって長安で生まれ、玄奘門下の代表となった基《き》(慈恩《じおん》、六三二〜六八二)は、それまでの旧訳《くやく》は誤りが多いと称して『成唯識論述記《じょうゆいしきろんじゅっき》』『成唯識論掌中枢要《しょうちゅうすうよう》』『法華玄賛《ほっけげんざん》』などを著し、この問題を詳論して五姓各別説の正しさを強調した。基の門人である慧沼《えしょう》(六四八〜七一四)も、『成唯識論了義灯《りょうぎとう》』などにおいて基の主張を補強し法相宗の基礎を固めた。

玄奘訳の問題点と新羅僧の活躍

仏になれない種姓の者についてはインドの文献に見えるものの、「親光菩薩等造」とされる『仏地経論』と「護法等菩薩造」とされる『成唯識論』は、梵文文献の直訳ではない。玄奘がインド留学中ないし帰国後に作りあげた解釈をインドの論師たちの解釈と合わせて編集し、翻訳という形で出した可能性が高いのだ。

慧沼に続く智周《ちしゅう》(六六八〜七二三)は、『成唯識論演秘《えんぴ》』などを著して基の主張を展開した。以後はこの系統は華北に残ったものの、むしろ新羅と日本で盛んとなった。なお、慧沼とその門下は、橋をかけるなどの社会事業をおこなっている。自らが仏となる菩薩の種姓であることを確信するため、菩薩行に努めたのだろう。古代日本でも、この類いの社会事業をおこなったのは、一乗や仏性を強調する派の者たちではなく、道昭《どうしょう》や行基《ぎょうき》など法相宗の僧たちだった。

新訳唯識説に関して重要な役割を果たしたのは、新羅から留学して玄奘の師である法常《ほうじょう》らに師事した円測（六一三〜六九六）だ。語学力に優れ、精密な学風で知られる円測は、長安の仏教国際センターだった西明寺《さいみょうじ》に住して唯識関連の多くの注釈を著し、武則天に尊重されていた。円測も五姓各別説を説いていたが、勢力争いをしていたらしい基の弟子たちから玄奘の説に背く者として非難攻撃されたため、著作は『解深密経疏《げじんみつきょうしょ》』『仁王経疏』『般若心経賛』など僅かしか残っていない。『解深密経疏』はチベット語にも訳されている。円測のもとには、玄奘の訳場で活躍した勝荘《しょうそう》（生没年不明）などの新羅僧がおり、因明の書物を著した文軌《もんき》（生没年不明）も円測と同門の新羅僧だった。

終南山の南山律宗

隋の文帝によって仏教が復興されると、終南山に隠れていた僧侶たちの多くが長安に召されたことは前章に述べたが、以後も終南山は長安からほど近い山林修行の場として尊重され、諸派の僧侶が終南山を本拠として活動した。

南山《なんざん》（終南山）律宗《りつしゅう》の開祖とされる道宣（五九六〜六六七）も、唐の初めに終南山の浄業寺で修行と研究に励んでおり、終南山と長安を行き来していた。道宣は、『四分律行事鈔《しぶんりつぎょうじしょう》』を著し、部派の戒律である『四分律』を大乗の精神で守っていく立場を示して菩薩戒と共存できるようにし、中国寺院での生活規範と授戒儀礼を整備した。以後の中国仏教は、律については『四分律』を根本とするようになっている。

道宣は、道教との序列争いや、僧侶に皇帝や父母への礼敬を命じて論争になった際は、仏法護持のために活動し、関連文献を集めて『広弘明集《こうぐみょうしゅう》』を編纂した。また経論目録である『大唐内典録《だいとうないてんろく》』を編纂し、『続高僧伝』や霊験譚の『集神州三宝感通録《しゅうしんしゅうさんぼうかんつうろく》』を著すなどしており、仏教史家の代表でもあった。

道宣の影響を受けた義浄(六三五〜七一三)は、咸亨二年(六七一)に海路で出国し、二五年もの間、インド・スリランカの各地をめぐって海路で帰国した。『根本説一切有部律《こんぽんせついっさいうぶりつ》』などの戒律や、『金光明最勝王経《こんこうみょうさいしょうおうきょう》』『弥勒下生成仏経《みろくげしょうじょうぶつきょう》』『孔雀王経《くじゃくおうきょう》』などの経典を訳したほか、『南海寄帰内法伝《なんかいききないほうでん》』を著し、戒律に関する状況を含めたインド仏教の実状を伝えた。

三階教の禁圧

三階教が終南山の信行の墓所を聖地としていたこともすでに前章で述べたが、主に活動したのは長安と洛陽であり、長安には多い時には五五もの三階教寺院があったという。化度寺では、膨大な布施を無尽蔵として運用し、高官にも信者が増えていったため、反発を招くようになった。武則天の証聖元年(六九五)には、仏の意に反しているとして三階教の書物が没収された。聖暦二年(六九九)には、乞食・長斎・持戒・坐禅以外の行が禁止され、華厳宗の法蔵(六四三〜七一二)が命じられて長安の化度寺と洛陽の福先寺の無尽蔵を監査している。

さらに、玄宗の開元一三年(七二五)には、三階教の僧侶が独立して他の僧侶と別に住むことを禁止し、信行の著作などを「偽経」として破棄させた。こうした禁圧によって三階教は下火になつたものの、信者の活動は依然として続いており、日本にも『三階仏法』など三階教の書籍が伝えられた。

華厳宗の成立

霊裕の教えを受けた地論学派の静淵《じょうえん》もまた、北周の廃仏時に終南山に逃れ、山の中腹に至相寺《しそうじ》を建てた。その至相寺で活動したのが、二七歳で『華厳経』の注釈『捜玄《そうげん》記《き》』を著し、『華厳経』を最高の「宗」とする教判を立てた智儼《ちごん》（六〇二〜六六八）だ。

智儼は、仏性を細かく分類し、如来蔵と煩悩との関係を細かく論じていた南道派（第三章第3節参照）に不満を覚え、如来蔵思想の源泉であった『華厳経』性起品の宗教性を取り戻そうとした。すなわち智儼は、一切衆生は過去世にすでに仏となりおわっていながら、無限に修行・成仏・涅槃を繰り返すのだと主張し、「同時」という点を強調する独自の時間論を展開した。

新羅から留学してその智儼に師事した義湘《ぎしょう》（義相、六二五〜七〇二）は、智儼が没する直前に『華《け》厳一乗法界図《ごんいちじょうほっかいず》』を著した。本書は、『華厳経』の「心・仏及び衆生、是の三は無差別なり」の思想を詩としてまとめ、一筆書きの双六のような形で記しており、出発点の衆生と帰着点である仏の同時性を示したものだ。

サマルカンド渡来の三世であって武則天と関係が深く、智儼に師事した法蔵は、『華厳五教《けごんごきょう》章《しょう》』『華厳経探玄記《けごんきょうたんげんき》』などを著して華厳宗の教判を整備し、実叉難陀《じっしゃなんだ》（六五二〜七一〇）とともに八十巻本『華厳経』を訳出している。法蔵は、仏性・如来蔵が事象の根本であることを主張する地論学派と違い、それぞれの事象が他の一切の事象を含み、一切を含むそうした事象をまた他の事象が含み合うという「重重無尽《じゅうじゅうむじん》」のあり方を華厳の世界として強調した。ただ法蔵は、華厳宗の重要概念とされる「事事無礙《じじむげ》」（現象と現象が互いの中に入り合っていて妨げがない）という語は用いていない。

法蔵は、『華厳経』より下と見ていた『大乗起信論』の注釈である『起信論義記《ぎき》』では、西魏の地論学派以来の「如来蔵縁起」（第三章第4節参照）を最高の教理とし、如来蔵思想を説く経論である『大乗起信論』『楞伽経』『勝鬘経』などを最上位の如来蔵縁起宗とする四宗判を用いている。『大乗起信論』の語句の説明については新羅の元暁の『起信論疏』を大幅に取り入れたものの、諸説の調停をはかった元暁と違い、有力だった新訳唯識説を唯識法相宗と称して如来蔵縁起宗の下に位置づけたのだ。

これらの終南山・長安の華厳宗と系統が異なる華厳学を展開したのが、五台山近くの太原《たいげん》（現山西省）で活動した居士の李通玄《りつうげん》（六三五～七三〇）だ。李通玄は、梵文を読むことができた智儼や法蔵と違い、訳文の漢字だけを見て考えており、『周易』と『老子』の思想を『華厳経』のうちに読み込み、実践的な解釈を示した。中国思想色が濃い『新華厳経論《しんけごんきょうろん》』などの著作は、後代の禅僧や儒者たちにまで広く読まれた。

法蔵と李通玄の影響を受けた澄観《ちょうがん》（七三八～八三九）とその弟子の宗密《しゅうみつ》（七八〇～八四一）は、ともに禅宗の法も継いでおり、中国思想の影響が強い。国師となった澄観は、実叉難陀訳『華厳経』の注釈とその補注の『演義鈔《えんぎしょう》』を著したほか、自らも般若三蔵（七三三？〜？）とともに四十巻本『華厳経』を訳した。なお、般若三蔵が『大乗本生心地観経《だいじょうほんしょうしんじかんぎょう》』を長安の醴泉寺《れいせんじ》で翻訳した際、梵語を書きとどめ、漢語に訳す筆受・訳語を務めたのは、日本から入唐していた霊仙《れいせん》（七五九？〜八二七？）であり、霊仙は元和六年（八一一）に「三蔵法師」の号を与えられている。

宗密は『大乗起信論』に基づく擬経の『円覚経《えんがくきょう》』を尊重し、如来蔵縁起を陰陽五行説などの中国思想と結びつけており、『原人論《げんにんろん》』などでは、万物の発生を説く理論のように扱っている。こうした理解が中国仏教に影響を与えていった。宗密はまた、当時の禅宗の動向を整理した『禅源《ぜんげん》諸詮集都序《しょせんしゅうとじょ》』などを著し、荷沢神会《かたくじんね》の系統の禅宗である荷沢宗《かたくしゅう》（後述）を擁護して馬祖の洪州宗《こうしゅうしゅう》を批判したが、そちらの方が盛んになっていき、荷沢宗は次第に衰えていった。

浄土教　唐代の浄土教の代表者である善導《ぜんどう》（六一三〜六八一）は、若くして終南山の悟真寺《ごしんじ》に入った後、晋陽（現山西省太原市）にいた道綽に師事して『観無量寿経』に基づく浄土教を学び、玄奘が帰国した貞観一九年（六四五）に道綽が没すると、長安に戻って布教を開始した。主著の『観経疏《かんきょうしょ》』では、亡くなった人を阿弥陀仏・菩薩・飛天などが揃って迎えに来る往生から、誰も迎えに来ない往生に至るまで、『観無量寿経』が説く九種の往生は、すべて凡夫の往生について述べたものとし、口称念仏こそが阿弥陀仏の本願にかなうとした。

善導は浄土教の確立と儀礼整備に努めただけでなく、積極的に布教に取り組み、浄土の図を三百も作成し、『阿弥陀経』数万巻の書写をおこない、聴衆を惹きつける説法をした。このため、説法を聞いた直後に寺の門外の木に登り、西方往生を願って投身自殺した者まで出たという。

密教

東インド出身の善無畏《ぜんむい》は、開元四年(七一六)に長安に到着し、『虚空蔵求聞持法《こくうぞうぐもんじほう》』『蘇《そ》婆呼童子経《ばこどうじきょう》』『蘇悉地羯囉経《そしつじからきょう》』などの密教経典を訳した。勅命で未訳の梵文経典を探し、上述のように『大日経』を得て一行とともに訳したが、密教僧として特別に扱われてはいない。

密教という概念が定着したのは、南インドからスリランカ、ジャワを経て開元七年(七一九)に長安に入り、『金剛頂瑜伽経《こんごうちょうゆがきょう》』などを訳出した金剛智《こんごうち》(ヴァジラボーディ、六七一～七四一)が、僧俗の人々のため「灌頂《かんじょう》」をおこなってからだ。灌頂には、弟子に密教の法を伝える伝法《でんぼう》灌頂、一般信者に密教との縁を結ばせる結縁《けちえん》灌頂など、様々な種類がある。

ソグド系と言われる不空《ふくう》(アモーガヴァジラ、七〇五～七七四)も金剛智に師事し、盛んに灌頂をおこなった。また不空は絵の名手であったため、絢爛たる曼荼羅や独特な法具を用いておこなわれる儀礼を整備し、密教を世に知らしめた。金剛智の没後は『金剛頂経』の完本を求めてスリランカとインド南部に渡り、龍智三蔵《りゅうちさんぞう》(生没年不明)から、如来蔵思想を密教化した胎蔵部《たいぞうぶ》と、金剛(ダイヤモンド)のように堅固な大日如来の智慧を象徴した金剛部《こんごうぶ》の伝法灌頂を受けたとされる。

天宝五年（七四六）に長安に帰ると、玄宗に灌頂を授け、『真実摂経《しんじつしょうきょう》』『金剛頂経』などこの世での成仏を説く重要な密教経典を訳した。

不空には、曼荼羅《まんだら》修法《ずほう》に関する訳経や従来の訳経の再訳も多いが、実際には不空の編集・著作に近いものが多く、それ以外の訳経にも原典にはない国王守護などの記述が盛り込まれていることがある。不空に仮託された経典や儀軌《ぎき》（修法の作法書）も多い。不空はソグド人たちに支援されており、晩年には、五台山に金閣寺を建立して文殊信仰の宣揚に努めた。

不空の弟子である恵果《けいか》（七四六～八〇六）は、次に述べる北宗禅から転じて不空に師事した。恵果は、胎蔵部と金剛界部という異なる系統を胎金不二《たいこんふに》の両部として統合し、インドにはない密教を作り出した。恵果は、ジャワの弁弘《べんこう》（生没年不明）に胎蔵法を、新羅の恵日《えにち》・悟真《ごしん》（生没年不明）に胎蔵法と諸尊持念教法を、また多くの中国の僧俗に様々な法を授け、さらには没する直前にやって来た日本の空海《くうかい》に胎蔵・金剛の法を授けた。

3 禅宗の発展

禅宗興隆の基盤としての擬経

擬経が東アジア仏教の形成に与えた影響の大きさはこれまでにも述べてきたが、隋から唐にかけての時期で目立つのは、擬経・擬論の急激な増加だ。梁の僧祐《そうゆう》

『出三蔵記集《しゅつさんぞうきしゅう》』(五一五)の「疑経録」では四六部五六巻だったものが、隋の法経《ほうきょう》らの『衆経目録《しゅうぎょうもくろく》』(五九四)では、訳者不明であったり訳者が疑わしかったりする「疑惑」の部と、明らかに中国撰述で内容が疑わしい「偽妄」の部とを合わせると、一九六部三八二巻に増えた。

それがさらに唐の智昇《ちしょう》らの『開元釈教録《かいげんしゃっきょうろく》』(七三〇)では、総計で一〇七六部五〇四八巻のうち、「疑惑再詳」の項目が一四部一九巻、「偽妄乱真」の項目が三九二部一〇五五巻にも及んでいる。巻数で言えば五分の一強だが、部数では三分の一強だ。当時よく読まれていた経典の半分程度かそれ以上は、中国成立のものだったろう。しかも、真経とされている中にも『仁王般若経』や『梵網経』のような重要な擬経がかなり含まれているうえ、経典目録では偽経と判定されていても、著名な僧や庶民が重視して用いていた場合も多い。

擬経に関しては、質も内容も実に様々だ。たとえば、唐代以前に成立した擬経の『心王経《しんのうきょう》』は、「仏が衆生を救い、衆生が仏を救ってこそ平等と言える」と断言し、中国風な形で仏と衆生の平等を説いており、禅宗の先駆ともいうべき主張が見られる。さらに、初唐頃に成立した擬経の『究竟大悲経《くきょうだいひきょう》』になると、自らの煩悩こそが仏なのである以上、煩悩を断じて悟りを求めようとするのは仏を殺すに等しいと断言している。こうした姿勢と大胆な表現こそが、後の臨済義玄《りんざいぎげん》のような禅僧を生み出す基盤だったのだ。

禅宗については、慧可以後の系譜が明確でない。その活動が盛んになって記録が増えるのは、武徳七年(六二四)に蘄州《きしゅう》(現湖北省)黄梅県の双峰山に入り、弟子を育てた道信《どうしん》(五八〇~六五一)からだ。道信は、衆生と仏は同一であり、心こそが仏であることを強調する一方で、老荘風な「任運」(流れに任せる)や道教的な「守一不移」(真理である一を守り、ゆれ動かない)をも説き、こうした立場を禅定の中だけでなく、日常の生活の中で貫いていくべきことを主張した。

東山法門

道信を継ぎ、「東山法門《とうざんほうもん》」と呼ばれた弘忍《こうにん》(六〇一~六七四)は文章を全く書かず、身の周りのものを用いた具体的な教化をおこなったという。二本の火箸を示して「どちらが長く、どちらが短いか」と尋ね、「仏に三十二相(特徴)があるなら、柱にもまた三十二相があるか」などと問うたりしたのだ。

弘忍の門下のうち、神秀(?~七〇六)は、武則天・中宗・睿宗《えいそう》に尊崇されて宮中に招かれ、天下に禅の法門を知らしめた。神秀については、「お前は鐘を打つ音が聞こえるか。その音は、打つ時に有るのか、打ってない時にも有るのか」、「橋流れて水流れず」などの言葉が伝えられている。人々はこうした言葉を授けてくれるよう、争って懇願したようだ。神秀が没すると、普寂《ふじゃく》(六五一~七三九)がその後を継いだ。

神秀と同様に、武則天などに招かれて尊崇されたのが、嵩山《すうざん》(現河南省)の会善寺《かいぜんじ》で活動し、長寿であったために老安と呼ばれた慧安《えあん》(五八二〜七〇九)だ。慧安は頓悟(一気の悟り)を強調しており、弟子の問いに対して『楞伽経』が説いているように目を動かして応答したり、荒い言葉で叱りつけるなど後の禅宗風な指導をしていた。

弘忍の数多い弟子のうち、代表とみなされたのは神秀だ。初めて洛陽に進出し、初祖達摩、二祖慧可、三祖僧璨《そうさん》、四祖道信、五祖弘忍、という系譜を説いて禅宗を広めた嵩山少林寺の法如《ほうにょ》(六三八〜六八九)、南方で活躍した慧能《えのう》(六三八〜七一三)、高句麗僧の智徳《ちとく》(生没年不明)らも、有力な指導者として認められていたようだ。後には、法持《ほうじ》(六三五〜七〇二)の系統が三論学派の影響が強い牛頭宗《ごずしゅう》となっていった。

南宗対北宗という図式

だが、普寂に師事しようとして冷遇され、中国の南端に近い曹渓《そうけい》(現広東省韶関市)におもむいて慧能に師事した荷沢神会(六八四〜七五八)は、こうした世間の評価を真っ向から否定した。自分の師の慧能こそが弘忍から達摩以来の衣を授けられた正統な後継者たる六祖であって、頓悟を説く点でも南天竺の達摩の伝統を正しく継いでいる「南宗」であり、それに比べれば神秀などは傍系であって、徐々に煩悩をはらっていく漸悟の「北宗」にすぎないと論じたのだ。神会は坐禅を禅定と同一視することを否定し、本性を悟ったうえで、日常生活において生き生きと活動しながら寂静であるようなあり方こそが禅であると主張した。

これによって論争となったが、安史の乱によって北宗禅の支持層が弱まったのに対し、神会は盛大な授戒会をもよおし、反乱平定のための軍資金を集めて献納したこともあって、荷沢宗と呼ばれる神会の主張が広まった。その結果、様々な系統の禅者たちが次第に慧能の弟子として位置づけられていくようになった。神会とその弟子たちは、初祖達摩や六祖慧能に関する伝説を次々に創作しており、『六祖壇経《ろくそだんきょう》』などに示される後代の伝統的な禅宗史観を築きあげていった。

馬祖による中国禅の確立

南宗である慧能の系統とされる禅僧たちのうち、主流となっていくのは、老安に参禅した後に慧能のもとにおもむいた南嶽懐譲《なんがくえじょう》（六七七〜七四四）から馬祖道一《ばそどういつ》（七〇九〜七八八）に受け継がれる系統と、慧能に師事した青原行思《せいげんぎょうし》（？〜七四〇）から石頭希遷《せきとうきせん》（七〇〇〜七九〇）に受け継がれる系統だ。前者はやがて臨済宗《りんざいしゅう》となり、後者は曹洞宗《そうとうしゅう》を生み出すことになるが、実際には当時は両系統の交流が盛んだった。

その馬祖は、洪州（現江西省）の開元寺に移って洪州宗と呼ばれる禅風を広めた。小乗の禅観を否定して如来清浄禅《にょらいしょうじょうぜん》を説いた『楞伽経』を自在に読み変え、臨機応変の巧みな教化をおこなって多くの弟子を育てた。いわゆる禅宗は、馬祖が確立したと言ってよい。

本体とそれに基づく働き（体用）を全く同一のものとみなした馬祖は、「即心是仏《そくしんぜぶつ》」（心こそが仏だ）という言葉の意味が分かりませんと言う弟子に、「どの心が仏でないと疑うのか。それを指してみよ」と叱り、「心を知りたいなら、まさに今、しゃべっているのがお前の心にほかならない。この心を仏と言うのだ。……この心を離れて別に仏があるわけではない」と断言している。この立場を端的に表したのが、「平常心《びょうじょうしん》、是れ道《どう》」という馬祖の言葉だ。人間肯定の極致と言えよう。

また、時には自覚が足りない弟子の鼻をつまみあげたり、馬祖に礼拝する弟子を蹴り倒したりするなど、自在な教化をしており、これが禅宗の特徴として受け継がれていった。馬祖が亡くなると、その言葉を口語のまま録したものが「語本」と称してすぐに流布しており、以後も、馬祖の弟子たちや以後の世代の禅僧たちの語録が続々と世に現れるようになった。

屈折した石頭系

一方、馬祖よりやや遅れて南岳衡山で活動した希遷は、馬祖のような全面的な人間肯定はせず、単純な二分法におさまらない否定の形で示すことが多かった。「達摩が中国に来た意図は何でしょうか」という弟子の問いに、「露柱（丸柱）に尋ねてみよ」と答え、弟子が「私には分かりません」と言われると、「わしはもっと分からぬ」と答えた問答がその典型だ。「これだ」と決めつけて安住する姿勢を警戒し続ける禅風であり、弟子たちはこれを受け継いだ。

興味深いのは、こうした複雑な人物であった石頭が没後にミイラにされ、付近の人々は旱魃や洪水や疫病の際、その肉身に祈れば必ず効果があったとされていることだ。高僧の遺骸を漆布で覆って寺に祀ることは、南北朝の頃から時におこなわれていたが、弘忍・慧能その他の禅僧についても遺骸が漆布されたと伝えられており、慧能の肉身像は曹渓の南華寺に現存する。

以後、馬祖の門下に百丈懐海《ひゃくじょうえかい》（七四九〜八一四）が出て、農作業などの「普請作務《ふしんさむ》」を禅の修行そのものとして位置づけ、禅宗独自の戒律に当たる「清規《しんぎ》」のもととなる規則を制定して生活様式を定めた。その百丈の二人の主要な弟子のうち、潙山霊祐《いさんれいゆう》（七七一〜八五三）は仰山慧寂《きょうざんえじゃく》（八一四〜八九〇）を育てて潙仰宗《いぎょうしゅう》の祖とされ、黄檗希運《おうばくきうん》（?〜八五〇頃）は「あらゆる仏典はみな不浄をぬぐう古紙にすぎない」、「仏に逢えば仏を殺せ、祖に逢えば祖を殺せ」と言い放った臨済義玄《りんざいぎげん》（?〜八六七）を鍛えた。これらの言葉を録した『臨済録《りんざいろく》』は大いに歓迎され、この臨済の系統が禅宗の主流をなす臨済宗となっていく。

唐代禅の二系統

石頭系は、弟子の薬山惟儼《やくさんいげん》（七四五〜八二八）の系統から洞山良价《とうざんりょうかい》（八〇七〜八六九）とその弟子の曹山本寂《そうざんほんじゃく》（八四〇〜九〇一）が出て、これが曹洞宗となる。天皇道悟《てんのうどうご》（七四八〜八〇七）の系統からは、江南の大勢力となった雪峰義存《せっぽうぎそん》（八二二〜九〇八）が出て活躍し、その弟子の雲門文偃《うんもんぶんえん》（八六四〜九四九）が雲門宗《うんもんしゅう》となり、雪峰の優れた弟子であった玄沙師備《げんしゃしび》（八三五〜九〇八）の法系から知識人禅僧である法眼文益《ほうげんもんえき》（八八五〜九五八）が出て法眼宗《ほうげんしゅう》となり、以上が五家（臨済宗・潙仰宗・曹洞宗・雲門宗・法眼宗）となったとされるが、これは唐末から五代の状況に基づいて後に作られた分類だ。

実際には、馬祖門下の南泉普願《なんせんふがん》（七四八〜八三四）に師事し、趙州（現河北省）で活動して臨済と並び称された趙州従諗《じょうしゅうじゅうしん》（七七八〜八九七）など、勢力があった禅僧は多い。趙州は、「仏とは何ですか」と問われて「お前は誰だ」と応じ、禅の根本を問われた際、「庭前《ていぜん》の柏樹子《はくじゅし》」（庭の柏樹の木じや）と答えるなど、活殺自在な応答をした。

　唐代前半に盛んだった諸学派は、会昌の廃仏によって大きな打撃を受けたが、もともと山林の寺院で自給自足に近い暮らしをし、経典にも頼らない禅宗は、被害の程度は浅かった。また、次々に魅力的な禅僧が出現して思いがけない形の教化をおこなったうえ、中国思想の影響も強まっていったため、歓迎されたのだ。

　九世紀半ばすぎに活躍した仰山慧寂は、『楞伽経』が説く大乗の如来清浄禅《にょらいしょうじょうぜん》よりも、祖師と称された中国の禅僧を主とする祖師禅《そしぜん》を高く位置づけた。つまり、中国の禅僧の語録が、インドの経典、釈尊に仮託した禅宗系の偽経、菩提達摩に仮託した注釈や擬論など以上の地位を占めるようになったのだ。ただ、釈尊を否定しきることはできなかったため、禅宗のこうした姿勢は、「教外別伝《きょうげべつでん》」（阿難が伝えた経典以外に、釈尊は言葉を離れた真理を伝えた）、「以心伝心」（言葉を介さずに心から心に伝える）、「不立文字《ふりゅうもんじ》」（通常の言葉による説明・論証をしない）などの言葉で定式化された。

　また、五姓各別説を批判して仏性説を強調し、阿難に恋した娘の話をきっかけとして心による外界の認識の問題を興味深い形で描いた擬経の『首楞厳経』が八世紀初め頃に作成されると、禅僧と儒教の知識人たちにも愛読され、禅宗を象徴する経典とみなされた。『首楞厳経』は、盛んに用いられた「楞厳呪《りょうごんしゅ》」も説いている。

4　唐代文化への影響

仏教文化の諸相

南北朝期には、僧侶による唱導が大げさで聴衆の情感を動かしすぎるという非難もなされていたが、人気のある経典を一般人向けに講義する唐代の「俗講《ぞくこう》」は、娯楽の一つとなった。俗講では、講師が唱えると聴衆がそれに応じて唱えるといった形で進んでおり、音楽法要のようになっていた。

時代とともに聴衆が喜ぶような描写が増え、語りものとしての面が強くなっていき、経典が素材にすぎなくなった作品も生まれている。「変文《へんぶん》」と呼ばれる物語の中には、年老いた釈尊が無常を嘆き、若い頃は剣をふるって天竺を統一したものだと回顧するなど、『三国志』の英雄のような描き方をしたものも見られる。

大きな寺には見事な仏像や仏画が安置されたばかりでなく、壁などに浄土や地獄、仏伝、大乗の諸仏・諸菩薩、経典の有名な場面が描かれた。また花木で有名な寺も多く、長安の大慈恩寺《だいじおんじ》は牡丹や藤の花の名所として知られ、とりわけ牡丹の花の季節には大勢の人がおしかけた。

商売で写経や仏像を扱う店も生まれた。開元二年(七一四)に出された詔は、長安・洛陽の市内で民間の業者が不謹慎な態度で写経したり仏像を鋳造したりしていると述べ、これを禁止しているが、実際には抑えきれなかったようだ。当時は民衆の間でも仏像や経典の需要が高まっており、親の追善法要のために仏像を盗んで捕まり、情状酌量された例もある。

葬儀の儀礼も整備され、様々な場合の回向文のマニュアルが流布していた。亡くなった人が夫の場合、妻の場合、子の場合などがあるほか、家畜用のものまであり、犬が死んだ際、その日頃の忠義さを讃え、浄土への往生を願う回向文まで見られる。

文学への影響はきわめて大きかった。唐を代表する文学者たちのうち、李白は道教信者、韓愈《かんゆ》は仏教に強硬に反対した復古主義の儒者だが、その韓愈も表現面では漢訳経典の影響を受けていたうえ、杜甫《とほ》、白居易《はくきょい》、王維《おうい》、柳宗元《りゅうそうげん》などは、いずれも禅宗に心を寄せていた人々だ。

たとえば白居易の「長恨歌《ちょうごんか》」のうち、冒頭で楊貴妃《ようきひ》が温泉に入浴する場面は、仏伝である『仏所行讃』の表現を利用しているうえ、美女が沐浴して男性を魅惑することは『仏本行集経《ぶつほんぎょうじっきょう》』その他の経典が描いている。儒教の制約が強いそれまでの中国文学には、こうした表現はなかった。

禅宗の全国展開

唐末には節度使の自立が進み、また農民や塩の密売人の反乱があいついだ。とりわけ乾符二年（八七五）に始まった黄巣《こうそう》の乱によって統一王朝としての唐は瓦解し、華北では後梁・後唐・後晋・後漢・後周の五王朝、華中・華南では十国と総称される地方政権が興亡した。

この時代に禅宗が主流となって各地にまで進出した。雪峰の弟子である玄沙師備は、故郷の福州で尊重されて活動し、この地に禅宗を広めた。禅宗の系譜が作成され、今日の禅宗のイメージの基礎が整備されたのは、この五代十国の時期だ。

以前から禅宗が盛んだった江南で九三七年に後唐を建国した李昪《りべん》は、上述の五家分類の元となった『宗門十規論《しゅうもんじっきろん》』を著した文益を都の金陵に招いた。華厳教学を重視し、諸学派が依拠する経典の教えと禅宗の立場は一致するという「教禅一致」を唱えた文益は、没後、法眼大師と追贈された。同じく江南で杭州《こうしゅう》を中心とした呉越の国王である銭氏一族も、法眼の系統の僧を尊重したため、これが法眼宗となって栄えた。

永明延寿《えいめいえんじゅ》（九〇四～九七六）は、文益の宗風を継ぎ、禅宗文献と華厳宗・天台宗などの文献を集大成して融合させた『宗鏡録《すぎょうろく》』百巻を著し、後代の禅宗に大きな影響を与えた。延寿は、高麗の光宗《こうそう》（在位九四九～九七五）の要請によって僧侶三六名を受け入れており、その結果、高麗でも法眼宗が広まることになった。

呉越王の銭弘俶《せんこうしゅく》は、経典も重視していた法眼宗の天台徳韶《てんだいとくしょう》（生没年不明）を招いて国師とすると、得韶は戦乱などで失われた天台典籍を求めるため、日本の天台座主の延昌《えんしょう》（八八〇～九六四）に書簡を送った。延昌が弟子の日延《にちえん》（生没年不明）に一〇〇〇巻の書物を届けさせると、日延は銭弘俶が造らせて流布させていた『宝篋印陀羅尼経《ほうきょういんだらにきょう》』、宝篋印塔などを日本に持ち帰り、その流行のきっかけを作った。

第六章　東アジア仏教の定着

唐代に禅宗が流行すると、ベトナムでも禅宗が主流となった。ただ、ベトナムは中国とインドの中間に位置する国だけに、そうした状況を反映した禅宗の系譜が説かれた。

韓国では、仏教の導入が遅れた新羅の躍進がめざましく、入唐して活躍した僧も多かった。前章で述べた玄奘の新訳唯識説をめぐる論争が激しくなる中で、元暁《がんぎょう》は諸経論の異説や中国・韓国の僧たちの論争を調停するための指針を『大乗起信論』に見いだし、注釈を著した。新羅ではまた、地論学派の影響が強い華厳教学や、在来信仰と結びついた情緒的な浄土信仰など、特色のある仏教が展開した。仏教美術や仏教系の芸能も発展している。

日本では、仏教の主導者が蘇我氏から天皇に代わった。奈良時代には、諸国に国分寺・国分尼寺が設置され、大きな寺ではそれぞれの学派が「宗」として整備された。

平安時代には、天台宗および真言宗が形成された。天台宗では戒律を捨て、菩薩戒だけで正式な僧とみなすようになったうえ、草も木も成仏するとする「草木成仏説《そうもくじょうぶつせつ》」など日本独自の説が発展していった。真言宗の成立によって密教が流行すると、天台宗も『法華経』と結びつける形で密教に力を入れた。貴族の間では密教の祈禱と本覚《ほんがく》思想に基づく優美な仏教が広まる一方で、末法の自覚に基づく浄土信仰も強まっていった。仏教の影響は文学や神祇信仰にも及んでいる。

本章では、東アジアの相互交流の中で次第に各国に仏教が根づいてゆく状況を見てゆく。

1　ベトナムの禅宗流行

禅宗の導入

唐の高祖は、武徳五年(六二二)に龍編(現ハノイ周辺)に交州総管府《こうしゅうそうかんふ》を置いて統治を強めた。この時期は、入唐した僧が多かったため、唐で流行していた諸系統の仏教がベトナムに導入されたことだろう。だが、ベトナムには古い仏教資料が残っていないため、一四世紀の陳朝期に編集された『禅苑集英《ぜんえんしゅうえい》』によって禅宗の歴史を辿るほかない。

この書によると、ベトナムの禅宗の最初とされる毘尼多流支《びにたるし》(ヴィニータルチ、生没年不明)は、南インド出身であって、中国に渡った際、北周の廃仏を逃れて司空山《しくうさん》(現安徽省)に隠れ住んでいた禅宗三祖の僧璨に出会って悟り、南に向かうよう命じられた。北周の大象二年(五八〇)に交州の法雲寺に至り、法賢《ほうけん》(?~六二六)に法を伝えると、三〇〇人あまりの僧が集まって禅宗が盛んになったという。

おそらく、禅宗がベトナムに導入されて盛んになった後に、交州で経典を訳したという記録のある毘尼多流支を僧璨に結びつけ、系譜を作ったのだろう。

毘尼多流支から第一四代にあたる四人のうちの一人で、一〇世紀半ばに活躍した親愛寺の摩訶《まか》摩耶禅師《まやぜんじ》（生没年不明）は、先祖がベトナム中部のチャンパ人であって父親は梵語の経典書写の仕事をしていた。摩訶摩耶も中国語と梵語に通じていたため父の職を継いだが、失明した。禅宗の師に出会い、その指示で『大悲咒《だいひしゅ》』を三年唱えると視力が戻り、鬼神を信仰する村人たちを神通力で驚かせて仏教に帰依させたという。中国の禅宗が定着した後になっても、チャンパからの移住者などを通じてインド仏教の影響を受け続けており、密教と習合した禅宗の修行に励んでいたのだ。

ベトナムのもう一つの禅宗の系統は、無言通派だ。無言通《むごんつう》（生没年不明）は、寡黙でありながら様々なことに通じていたためこう称されたという。無言通は馬祖道一の弟子の百丈懐海に師事し、若き日の仰山慧寂を指導した後、元和一五年（八二〇）に交州の建初寺にやって来たとされる。中国資料でこれに当たるのは、幼い頃から寡黙で不語通《ふごつう》と呼ばれた禅僧だ。不語通は百丈に師事し、六祖慧能が住した南華寺《なんかじ》で活動して仰山慧寂の剃髪の師となっている。ただ、中国資料では、不語通がベトナムに渡ったことは記されていない。

ベトナム僧のインド志向

唐代にはインドやスリランカに渡ったベトナム僧が多い。窮沖《ぐうちゅう》（生没年不明）は、唐僧の明遠《みょうおん》とともにスリランカに渡り、西インドで唐僧の元照《がんしょう》と新羅僧の玄恪《げんかく》に出会ってともに仏蹟を巡り、王舎城で没している。大乗灯《だいじょうとう》（生没年不明）は、長安におもむいて玄奘に師事した後、インド巡礼に出発し、東インドで義浄と知り合い、商人の一行に従って中インドを巡歴した後、釈尊入滅の地で亡くなったという。

ジャワにおもむいたベトナム僧もいる。運期《うんご》（生没年不明）は、七世紀半ばすぎに唐僧の曇潤《どんにん》とともにインドのカリンガの者たちが移り住んだジャワのカリンガ（訶陵《かりょう》）に渡り、ジニャーナバダラ（若那跋陀羅）に師事した。カリンガに来た成都出身の中国僧、会寧《えねい》がジニャーナバダラとともに『阿含経』中の釈尊入滅の部分を漢訳すると、運期が託されて唐におもむいて高宗に奉呈し、交州を経てカリンガに戻ったという。

このように、ベトナムの僧は漢字仏教圏に属しながらインド志向が強く、東南アジアや東アジア諸国の僧とも交流した。東西交易のルートはそのまま仏教交流のルートだったのだ。

2 統一新羅の仏教隆盛

高句麗と百済

唐の高祖は、高句麗が熱心に道教を求めていると聞き、武徳七年（六二四）に道士と道教の最高神である元始天尊《げんしてんそん》の像を送って『老子』を講義させ、栄留王《えいりゅうおう》（在位六一八〜六四二）や臣下はこれを聴聞した。貞観一七年（六四三）に、宝蔵王《ほうぞうおう》が儒・仏・道の三教を盛んにしようとしたところ、重臣の泉蓋蘇文《せんがいそぶん》は道教のみの興隆を勧めた。僧の普徳《ふとく》は、これを国が滅びる前兆と見て反対したものの、認められなかったため、永徽元年（六五〇）に神通力で寺を飛ばして百済の完山州に逃れたところ、間もなく高句麗が滅んだという。

これは、道教を敵視する仏教側の後代の伝承だが、隋のたび重なる侵略に苦しめられた高句麗としては、強大な唐が天下を統一して道教重視の政策を始めた以上、それに対応せざるを得なかっただろう。実際、この時期で著名な高句麗僧は、七世紀後半頃に唐を経てインドに渡った玄遊《げんゆう》（生没年不明）しかいない。

一方、百済の武王（在位六〇〇〜六四一）は、唐が興ると早速朝貢し、武徳七年（六二四）に帯方郡《たいほう》王・百済王に冊封《さくほう》されている。武王は父の法王が都の泗沘に建立を開始した壮大な王興寺を完成させ、さらに都の南方に弥勒寺も建立した。弥勒寺は、益山にある龍華山のふもとの池から弥勒三尊仏が現れたため、武王が王妃の望みに従って池を埋めて寺としたものだ。東・中央・西のそれぞれに塔と金堂と回廊があり、それらがつながった形となっていたのは、将来、弥勒菩薩が兜率天から下生して三回説法するという『弥勒下生経』などの教説を考慮してのものだ。

これは、ここが将来の弥勒下生の地となり、仏教の中心となってほしいという願望、ないしはそうなるのだという自負に基づいていよう。百済では他にも弥勒菩薩像が多く造られている。史書の天神降臨の記述から見て、弥勒信仰はそうした在来信仰と習合していたと思われる。

隋から初唐にかけては多くの新羅僧が中国に渡っており、その代表は慈蔵《じぞう》（生没年不明）だ。善徳女王《ぜんとくじょうおう》一二年（六四三）に帰国すると、善徳女王は慈蔵を大国統に任命した。慈蔵は梁山《りょうざん》に通度寺《つうどじ》を建立して金剛戒壇を築き、護国のため皇龍寺に壮麗な九層塔を建てさせている。

新羅の護国仏教

新羅は、仏教を振興した頃から国力を増し、朝鮮半島南部の加羅《から》地方を併合し、六六〇年には唐の助勢を得て、日本が支援していた百済を滅亡させた。さらに六六八年には、隋の侵攻を撃退してきた高句麗を唐が滅ぼすのを助け、朝鮮半島を統一するに至った。唐の冊封を受けて新羅国王とされたものの、唐軍を退けて自立したため、唐と戦いになって勝利した。唐は六七六年に統治機関である熊津都督府と安東都護府を遼東に移し、半島から撤退した。

中国とのこうした複雑な関係は、新羅仏教の性格にも影響を及ぼした。たとえば、慈蔵は五台山で文殊菩薩に逢って、「汝の国の王は天竺の刹利種《せつりしゅ》（クシャトリア）であって仏に将来の成仏を予言されており、東夷の蛮人たちとは違う。汝の国の皇龍寺は、釈尊と迦葉仏《かしょうぶつ》が説法したところであって、坐禅した宴坐石が残っている」と告げられたという。これも後代の説話だが、新羅王家は釈尊と同じ高貴な家柄だとして国王の権威づけをはかり、仏教後進国であった状況を反転して、かつてはここが仏教の中心地だったという主張がなされたのだろう。

唐との交流が盛んになった結果、新羅の仏教は急激に発展し、唯識・因明などの最新分野では唐に匹敵する水準となった。そのため、玄奘の新訳唯識説をめぐる論争が新羅に伝えられると、五姓各別や因明の解釈に関する論争も、すぐ唐と同様に激しい形で展開された。

元暁と義湘

その調停に努めたのが元暁（六一七～六八六）だ。元暁は玄奘の帰朝を聞いて義湘とともに入唐しようとしたが、失敗して戻り、多くの注釈や論を著した。元暁は、夫を亡くした国王の妹と結婚して還俗し、薛聡《せっそう》を子としてもうけ、以後も戒律を守る僧から批判されるような言動をしていたようだ。薛聡はのちに儒学者となり、独特の漢文読解法である「吏読《りと》」を作ったことで知られる。

異説を矛盾のないものとして説明することを「会通《えづう》」という。仏が「無上士」（この上ない方）と称されるのは「無諍《むじょう》」（争わない）であるためだとする元暁は、経論に見える様々な説はそれぞれの立場で説かれたのであって、矛盾せず会通しうると考えた。そしてその根拠を探した結果、諸説を盛り込んで根源的な「一心」のうちに統合する『大乗起信論』に行き着いた。元暁は、最初期の注釈である『大乗起信論別記《べっき》』では、『大乗起信論』を大乗経典中の最上の論と断言している。訳者や真偽について議論もあった『大乗起信論』がこれほどまで評価されたのは、東アジアで初めてのことだった。

元暁は以後、『大乗起信論』と関係深い諸経論の注釈や、『二障義《にしょうぎ》』など『大乗起信論』中の個別の問題に関する著作を書き、その成果に基づいて『起信論疏（海東疏《かいとうそ》）』を著した。また、『無《む》量寿経宗要《りょうじゅきょうしゅうよう》』での解釈も『大乗起信論』を用いている箇所があり、能力の低い者、さらには仏を疑う者ですら極楽往生が可能であると論じている。元暁の膨大な著作は、二六部も中国に渡っており、日本にも数多く伝えられて尊重された。

なお、『大乗起信論』の特異な注釈であって龍樹作・筏提摩多《ばつだいまた》訳と称する擬論の『釈摩訶衍論《しゃくまかえんろん》』は、新羅僧の偽作とする記録がある。元暁の『起信論疏』の影響を受けた唐の法蔵の『起信論義記』が新羅にもたらされた後、元暁と法蔵と義湘の影響を受けた新羅僧が『釈摩訶衍論』を作成し、それが再び唐に渡ったようだ。馬鳴作・真諦三蔵訳と称する『大宗地玄文本論《だいしゅうちげんもんほんろん》』も『釈摩訶衍論』と同様に新羅で作成され、中国に渡ったものと思われる。

元暁には著名な弟子はいなかったが、八世紀半ばに活躍し、新訳唯識説の立場に立ちつつ元暁の著作も参照している太賢《たいけん》（生没年不明）は、「古迹記《こしゃくき》」と題する注釈を多く著した。そのうち『梵網経古迹記』は広く読まれ、とりわけ日本では近世に至るまで菩薩戒の代表的な注釈として尊重された。

入唐して智儼のもとで学んだ義湘は、智儼が亡くなると総章元年（六六八）に帰国して慶尚北道に浮石寺《ふせきじ》を開き、華厳宗を広めた。法蔵の作とされてきた『華厳経問答』は、実際には義湘と弟子たちの問答だ。同書では地論学派中の過激派（第三章第4節参照）の影響を受け、自分が将来なる仏こそが自分を修行させてくれる近しい仏だとして、「自体仏」を礼拝すべきことが説かれている。終南山で禅宗や三階教の影響を受けていた義湘は、自分の「五尺」の身を通じて『華厳経』の真理を実現していこうと努めており、きわめて実践的だった。

民間信仰色の強い仏教

新羅では、弥勒信仰とともに阿弥陀仏の西方浄土信仰が盛んだった。法位《ほうい》、義寂《ぎじゃく》、玄一《げんいつ》などが凡夫往生を重視した特色のある注釈を書いている。ただ、新羅の特色がより明確に見えるのは、新羅の言葉で作られた情緒的な「郷歌《きょうか》」を用いる民間の浄土信仰だろう。

たとえば、早くから歌われていた郷歌の一つでは、「西の方にいま月は向かわれますのか。無量寿仏にお伝えくださいませ。唱えるのは、願往生、願往生。このように念仏する者を遺していっては、四十八願はかないますまい」と月に訴えかける内容となっている。

また、景徳王《けいとくおう》一九年（七六〇）に太陽が二つ並ぶ異変が続いた際、仏教儀礼によって異変をおさめるために宮廷に召された月明《げつみょう》（生没年不明）は、自分は僧侶とはいえ「国仙の徒」、すなわち青少年の学問と武芸の修養集団であった花郎《かろう》の一員であるため、郷歌しかできないと言い、「兜率歌《とそつか》」を歌って異変をおさめたという。その歌に添えられた文では弥勒を「兜率の大仙家」と記しており、儒教・仏教・道教・固有の天の信仰などが習合していた花郎の性格を示している。

他にも、阿弥陀仏ないし観音菩薩の化身である婢女が、掌に空けた穴に縄を通し、左右に動きながら念仏に励み、その熱心さによって空に昇ったなど、シャーマニスティックな浄土信仰の例も見られる。

八世紀半ばに活動した真表《しんひょう》は、『大乗起信論』に基づく占いの擬経である『占察経《せんざつきょう》』と、弥勒の指の骨で作った二つのサイコロを含む一八九個のサイコロを弥勒から授けられ、弥勒の下生に備えつつ、金山寺で『占察経』によって懺法をおこなう占察法会を広めたと伝えられている。これは、弥勒信仰や舎利信仰と新羅における在来の聖骨崇拝の信仰が重なったものだろう。

また、新羅末に活動した道詵《どうせん》（八二七〜八九八）は、王建による高麗建国を予言し、鍼を人体のツボに刺すように国土の要所に寺塔を建てれば安泰がもたらされるという「裨補寺塔説《ひほじとうせつ》」を唱えた。百済とその影響を受けた新羅は、早い時期から風水説の元となる地理の術が盛んであったため、道詵はそれと仏教を結びつけ、高麗仏教に大きな影響を与えたのだ。

禅宗の伝来

禅宗を新羅に伝えたのは、四祖道信に師事した法朗（生没年不明）であって、その弟子の神行《しんぎょう》が北宗禅を伝えたとされるが、詳細は不明だ。南宗禅が伝わったのは、馬祖道一の弟子である西堂智蔵《せいどうちぞう》（七三五〜八一四）に長年師事し、憲徳王《けんとくおう》一三年（八二一）に新羅に帰国した道義《どうぎ》（生没年不明）が最初と言われている。

同じく智蔵に師事した洪陟《こうちょく》（生没年不明）は、帰国して智異山実相寺《ちいさんじっそうじ》を開創した。これが新羅における本格的な禅寺の最初であり、高麗時代になって形成される九山禅門の分類では「実相山《じっそうざん》派《は》」と称され、道義に始まる派は「迦智山派《かちさんは》」と称された。同じく智蔵に師事した恵徹《えてつ》（恵哲、七八五〜八六一）は、文聖王《ぶんせいおう》元年（八三九）に帰国し、桐裏山《とうりさん》の大安寺で法を広め、「桐裏山派」と呼ばれた。他にも馬祖門下に師事した僧によって鳳林山派《ほうりんざんは》、闍崛山派《じゃくっせんは》、師子山派《ししざんは》が形成されており、九山のうち、ただ一つ曹洞宗を伝えた須弥山派《しゅみせんは》は、雲居道膺《うんごどうよう》（？〜九〇二）の法を継いだ利厳《りごん》（生没年不明）に始まる。

こうした中で、仰山慧寂に師事した五冠山順之《ごかんざんじゅんし》（生没年不明）は、景文王《けいぶんおう》一四年（八七四）に帰国して潙仰宗を伝えた。ただ、丸を一筆で描く一円相《いちえんそう》を重視してしきりに論じた順之は、中国の禅文献にはしばしば名が見られるものの、韓国の禅文献では取り上げられていない。

造仏と仏教芸能

新羅の仏教美術は、初期には高句麗や百済の影響が強いが、六世紀後半には両国にまさる仏像を生みだすようになった。菩薩の半跏思惟《はんかしい》像の作例が増え、特に金銅像には深い精神性が見られる。七世紀からは阿弥陀像も増え、八世紀半ばに完成した石窟庵（現慶州市）の石造の如来坐像は、堂々たる体軀と気品によって東アジアを代表する仏像の一つとなっている。

芸能の面では、僧尼ないしは居士の姿をした仏教系芸能者の活動が見られる。中国でも芸人に近いような唱導僧が人気を呼んでいたうえ、唐代には西域渡来の琵琶を弾いて『法華経』を誦する盲目の芸人もいたが、新羅には日本の琵琶《びわ》法師《ほうし》の源流となる琵琶居士が存在した。

新羅時代には、戦死した兵士の慰霊のために真興王が始めた八関会《はっかんえ》が盛んになり、その際は様々な音楽・芸能が演じられた。歌舞禁止であるはずの八関会においてそれが可能となったのは、死者を弔うための歌舞の伝統に加え、仏教に関連する内容のものが主だったからだろう。

3 日本での受容と宗派の形成

天皇の仏教主導と藤原氏の台頭

蘇我氏に擁立されて即位した舒明《じょめい》天皇は、斑鳩に近い地に百済川をはさんで向かい合う形で百済大宮と百済大寺を建立した。百済大寺は、天皇が建てた最初の官寺だ。皇極《こうぎょく》天皇四年(六四五)、中大兄皇子(後の天智天皇)は、中臣(藤原)鎌足の助力を得て、実権を握っていた大臣の蘇我入鹿《そがのいるか》を宮中で暗殺すると、ただちに蘇我氏の氏寺である飛鳥寺に入って城塞とし、蘇我氏の本邸を襲って蘇我本宗家を滅亡させた。即位した孝徳天皇は、蘇我氏が主導してきた仏教を今後は天皇が主導することを宣言した。

天皇による仏教主導をさらに進めたのは、短期間ながら僧になっていたことのある天武天皇(在位六七三〜六八六)だ。天武天皇は、仏教統制を強めると同時に諸国に命じて放生会《ほうじょうえ》をおこなわせ、また僧侶を派遣して護国経典である『金光明経』と『仁王般若経』を講読させており、地方への普及をはかっている。

天武天皇は薬師寺を建立したことが示すように、『薬師経』を尊重していた。これは国家的な神祇信仰の確立とも関係している。天武天皇は、神々の宮を諸国に建設させ、天下の罪を祓い清める「大解除《おおはらえ》」の儀礼をおこなわせており、大解除は、中国の民間信仰の要素を含む当時の日本の祓えに、罪障の抜除を説く『薬師経』の内容を重ねて創り上げた儀礼だ。天武天皇は寺域を清浄に保つよう命じており、日本仏教がけがれを嫌うようになる一因を作った。

国分寺と東大寺

奈良時代の熱心な仏教信者は、唐の仏教界での評価を求めていた。長屋王などは、「山川異域　風月同天　寄諸仏子　共結来縁」(国土は異なっていても、風月は同じ天の下です。仏弟子の皆様方に申し上げます。この袈裟によって来世での仏縁を結びましょう)という言葉を縁に刺繡した袈裟を一〇〇〇領も唐に送っている。これは日本の仏教の盛んさを示す事例として有名であって、鑑真が来日する理由の一つとなったほどだ。

長屋王は藤原氏の陰謀で殺されたが、藤原不比等《ふひと》の娘、光明子(七〇一～七六〇)を強引に聖武天皇の皇后とした藤原氏の内部から反乱を起こす者が出ると、聖武天皇(在位七二四～七四九)は天平一三年(七四一)に国ごとに僧寺と尼寺の建立を命じ、国分寺は「金光明四天王護《こんこうみょうしてんのうご》国之《こくの》寺《てら》」、国分尼寺は「法華《ほっけ》滅罪之《めつざいの》寺《てら》」と名づけた。『金光明経』とそれを増広した『金光明最勝王経《こんこうみょうさいしょうおうきょう》』は、四天王による護国と吉祥天を本尊とした悔過《けか》(懺悔)による滅罪を説いており、この両経に基づいて正月におこなわれた修正会《しゅしょうえ》は、五穀豊穣を祈る芸能色豊かな儀礼だった。

疫病や天災などが続く中で、聖武天皇によって大和の国分寺である東大寺が建立され、『華厳経』の教主である盧舎那仏（毘盧遮那仏）の巨大な金銅像が造られた。天平勝宝四年（七五二）におこなわれた壮大な大仏開眼法要では、五台山巡拝のために中国に来て日本に招かれたインド僧の菩提遷那《ぼだいせんな》（七〇四〜七六〇）が導師を務め、海外諸国の音楽が奉納され、この造仏の功徳によって人々が忠義をつくし天皇家が安泰であるよう願う歌がうたわれた。平安初期の仏教説話集である薬師寺景戒《きょうかい》の『日本霊異記《にほんりょういき》』が忠臣の話で始まり、「不孝の衆生は必ず地獄に堕ち、父母に孝養すれば浄土に往生す」と述べていることが示すように、忠義も孝行も仏教と結びついていた。

大仏は国民すべてが「知識」（信仰仲間）となって建立する形としたため、正式に得度していなかった行基（六六八〜七四九）が大僧正に任命され、諸国を勧進して回った。法相宗で学んだ行基は、畿内で信者集団を組織して多数の道場、寺院、溜池、橋を造るなどしたため、朝廷に警戒されてしばしば活動を禁じられていたが、動員力を評価され、抜擢されて日本初の大僧正となったのだ。

東大寺の開基である良弁《ろうべん》（六八九〜七七三）、行基、造東大寺次官の国中公麻呂《くになかのきみまろ》、大仏に塗る黄金を東北で発見した百済王敬福《くだらおうけいふく》などはいずれも渡来系氏族であり、大仏建立を支援した八幡神も同様だった。聖武天皇が大仏建立を宣言すると、銅山と関係深い新羅系の神と言われる宇佐の八幡神が建立を支援すると繰り返し託宣した。そのため、封戸八百戸・位田六十町が与えられたうえ、大仏完成後は、分霊が近くの手向山《たむけやま》に祀られ、東大寺を護る鎮守神とされた。

奈良時代には、様々な学派の学問を専門に学ぶ僧たちが組織されていた。元興寺・法隆寺・大安寺などの財物を記した資財帳《しざいちょう》には、摂論宗《しょうろんしゅう》・三論宗《さんろんしゅう》・成実宗《じょうじつしゅう》・別三論宗《べつさんろんしゅう》・唯識宗《ゆいしきしゅう》・律宗《りっしゅう》・修《しゅ》多羅宗《たらしゅう》などの名が見え、それぞれ毎年資財を与えられていた。東大寺では、三論宗・法性宗《ほっしょうしゅう》（法《ほっ》相唯識宗《そうゆいしきしゅう》）・律宗・成実宗・倶舎宗《くしゃしゅう》・華厳宗《けごんしゅう》という六宗が存在し、これが「南都六宗《なんとろくしゅう》」と言われる。『成実論』に基づく成実宗は、『成実論』を批判的に研究する三論宗に付属する寓宗、『倶舎論』に基づく倶舎宗は、それを基本教学とする法相宗に付属する寓宗となっていった。

鑑真と聖徳太子慧思後身説

戒師として招かれ、苦難の末、天平勝宝五年（七五三）に唐から来日して聖武天皇に崇敬された鑑真は律師に任じられて授戒を一任されたが、『梵網経』による自誓受戒（第二章第4節参照）を主張する者たちの反発もあり、役職を解かれた。以後、鑑真は創建された唐招提寺に住し、戒壇を設けて授戒をおこなった。

鑑真の弟子である中国僧の思託《したく》（生没年不明）、そして思託と親しかった淡海三船は、南嶽慧思が何度も生まれかわって最後に日本に生まれたとする伝承に着目し、その七番目こそが聖徳太子にほかならないと強調した。

その三船は、唐代に新たに訳し直された『大乗起信論』の注釈を書いて唐に送ると、霊越《れいえつ》（現紹興市）の龍興寺の僧である祐覚《ゆうかく》がそれを讃える漢詩を書くほど学力があった。三船は、自分と同様に還俗した居士であって『大乗起信論』や『大乗起信論』に基づく擬経『金剛三昧経《こんごうざんまいきょう》』の注釈を著した新羅の元暁を尊敬していた。このため、元暁の孫である薛仲業《せつちゅうぎょう》が宝亀一〇年（七七九）に外交使節として来日すると、大いに歓待している。薛仲業は、新羅に帰国すると三船の言葉を伝えたため、元暁の評価が高まり、三船の言葉を記した元暁の顕彰碑（誓幢和上碑《せいどうわじょうひ》）が慶州高仙寺に建てられた。碑は戦後になって一部が欠けた状態で発見されている。

三船は、宝亀一〇年（七七九）に入唐した戒明《かいみょう》が『大乗起信論』に対する龍樹の注釈と称する上述の『釈摩訶衍論』を唐から持ち帰ると、内容を精査し、偽作だと判定している。その戒明は、得清《とくせい》らとともに宝亀三年（七七二）に入唐した際、揚州に至り、聖徳太子の『三経義疏』のうち、『法華義疏』四巻、『勝鬘経義疏』一巻を鑑真の弟子である龍興寺の霊祐《れいゆう》に献呈した。揚州法雲寺の天台僧明空《みょうくう》は『勝鬘経義疏』を入手して注釈をつけ、『勝鬘経義《ぎ》疏私鈔《しょししょう》』六巻を著しており、円仁がこの書を五台山で手に入れて日本に持ち帰った。日本の著作に中国僧が注をつけた例は他にはない。聖徳太子の慧思後身説は中国でも広まり、菩提達摩が日本に渡ったとする説も広まっている。

天台宗・真言宗の成立

百済滅亡時に亡命し、百済王氏という姓を与えられた一族の女性を母として生まれた桓武天皇（在位七八一～八〇六）が、延暦一三年（七九四）に平安京に遷都した理由の一つは、法王となって権勢を振るった道鏡などを考慮し、僧侶の政治介入を防ぐためだった。そのため、大寺が競い立つ仏教都市であった平城京と違い、平安京は当初は羅城門近くに大路の両側に官寺の東寺と西寺を置いたのみで、他の寺の建立を許さなかった。

諸宗がそれぞれ戒律を守って教理の研究に努めることを期待していた桓武天皇は、延暦一七年(七九八)の勅では、受戒後に一二条の試問をし、七条以上通った者を、竪者《りっしゃ》(資格や昇進のための口頭試験の受験資格者)、覆講《ふっこう》(講師の補助役)、諸国講師《こうじ》に任命すると定めた。その結果、それまで以上に経論と中国・韓国・日本の注釈が研究され、問答による論義もおこなわれるようになった。この学問重視の風潮は以後も次第に強まっていった。このため、奈良時代以来の有力な寺どうしでの唯識の解釈の争いや、法相宗と三論宗との間の論争がそれまで以上に激しくなった。

後漢の献帝の末裔と称する渡来系氏族である三津首《みつのおびと》氏出身の最澄《さいちょう》(七六六～八二二)は、法相・三論の争いをおさめ得るのは包括的な天台の教義のみであることを強調し、桓武天皇の関心を引いた。最澄は、延暦二三年(八〇四)に入唐すると、牛頭宗の禅も学んだほか、越州(現浙江省紹興県)では短期間ながら密教も学び、善無畏の孫弟子である順暁《じゅんぎょう》から灌頂を受けた。帰国後は天台宗よりも最新の動向である密教が評価され、その育成が期待された。

若くして儒・仏・道の三教に関する書物を著した空海(七七四～八三五)も、最澄と同じ遣唐使一行として入唐した。長安では般若三蔵に師事して『大乗理趣六波羅蜜経《だいじょうりしゅろくはらみつきょう》』『守護国界主陀羅尼経《しゅごこっかいしゅだらにきょう》』などの密教経典を得たほか、不空の弟子である恵果に師事して伝法阿闍梨位《でんぽうあじゃりい》の灌頂を受け、密教経典や曼荼羅や法具その他を持って大同元年(八〇六)に帰国した。

最澄と空海はしばらくは協力し合っていたが、最澄がしきりに空海に手紙で依頼して密教文献を借り出したため、空海は、密教は師から弟子への直接の伝授でなければ不法となるとして拒絶するに至った。そのうえ、最澄が期待していた弟子の泰範《たいはん》が比叡山を離れ、空海のもとにとどまったことも重なり、二人の交流は絶えた。

一乗説と菩薩戒をめぐる論争

最澄は、弘仁八年(八一七)に東国を訪れ、その地で活躍していた法相宗の徳一《とくいつ》(生没年不明)と、仏性説や一乗説・三乗説をめぐる激しい論争を始めた。最澄は、『法華経』の一乗の教えを実践する真の菩薩僧でなければ末法の災難を除いて人々を救うことはできないと主張し、インドや中国と違って小乗仏教が流布していない日本こそ、究極の大乗である『法華経』が広まるべき土地だと論じた。

また自ら、すべての条項を含む伝統的な戒律である具足戒を棄てて『山家学生式《さんげがくしょうしき》』を定め、天台宗では奈良の寺で小乗の戒律によって受戒することはせず、比叡山で『梵網経』の菩薩戒を受けるだけで正式な僧とみなすことを主張した。批判に対しては『顕戒論《けんかいろん》』によって反論し、最澄が亡くなった直後に勅許がおりた。

空海は、弘仁一四年(八二三)に東寺を与えられると、真言宗の僧五〇名のみを配置し、他宗の僧は置かないことを宣言した。最澄と空海のこうした対立により、日本仏教の学派は宗派としての性格を強めていった。空海は東大寺の別当を務め、高野山に金剛峯寺を開いた。

空海は、真理としての法身も説法すると説き、「六大」と呼ばれる人の構成要素である地・水・火・風・空・識がそのまま大日如来であるとして「即身成仏《そくしんじょうぶつ》」を説くなど、独自な思想を展開していた。晩年の『十住心論《じゅうじゅうしんろん》』においては、中国思想を含む三段階の世俗の心から、声聞・縁覚・法相宗・三論宗・天台宗・華厳宗と進む六段階の心を「顕教」とし、その上に第十心として「秘密荘厳心《ひみつしょうごんしん》」の密教を置き、『釈摩訶衍論』を活用して壮大な思想体系を築いた。

台密の展開

最澄は、天台教学、密教、禅宗を含めた修禅、菩薩戒という四つの側面を統合しきれずに亡くなったため、弟子や孫弟子たちが密教を中心としてこれらを発展させていった。これに対し、真言宗では空海が体系を完成させてしまったため、教理の面での進展はあまり見られず、後代になると逆に台密《たいみつ》（天台密教）や浄土教の影響を受けるようになった。

最澄が没すると、天台宗の護持に努めた弟子たちは、上述の聖徳太子慧思後身説を強調した。またこの時期には、唐の天台僧に対して、密教と『法華経』の関係や、草木が実際に発心・修行して成仏するのかといった問題について質問をたびたび送り、「唐決《とうけつ》」と呼ばれる回答を求めた。

こうした中で入唐した円仁（七九四～八六四）は、密教と止観を学び、膨大な文献や曼荼羅などを持ち帰った。帰国後は、『法華経』と密教の一致を説き、五台山で学んだ念仏に打ちこむ行法を伝え、比叡山で音楽的な要素もある「常行三昧《じょうぎょうざんまい》」を始め、大きな影響を与えた。

さらに円珍《えんちん》(八一四〜八九一)も入唐して長安で青龍寺の法全《はっせん》(生没年不明)に師事し、金剛界・胎蔵界の両部の灌頂と、その両部を完成させる真言の作法を説く蘇悉地法《そしつじほう》を受け、密教文献や曼荼羅や図像を大量に持ち帰った。円仁・円珍のこうした活躍により、台密は、東寺に代表される真言宗の密教、東密《とうみつ》を凌駕する勢いとなった。

比叡山ではその土地の神を「山王」と称して祀っていたが、円仁は帰国の際に立ち寄った山東半島の新羅人村で祀られていた赤山神《せきざんしん》を守り神とした。入唐に際しては、新羅・唐・日本の交易を支配していた新羅人の張宝高《ちょうほうこう》らの協力を得ており、唐では新羅人の道案内などを必要としたため、関係が深かったのだ。円珍が再興し、後に円珍門下の拠点となって延暦寺と対立するようになった園城寺(三井寺)では、円珍が唐から帰国する際にもたらした新羅明神《しんらみょうじん》を守り神としており、後にはどちらの神が根本かをめぐって延暦寺と園城寺が争っている。

安然による集大成

天台教学と密教を統合しようとした最澄門下の努力を集大成し、日本独自の天台教学を作り上げるうえで功績が大きかったのは安然《あんねん》(八四一〜九一五?)だ。安然は、密教の優位を説き、自らの立場を真言宗と称することもあったが、密教の解釈に天台教学を盛り込んでおり、両者の融合を進めた。

安然は、『大乗起信論』の影響を受けた湛然の天台教学や華厳教学や密教などを統合し、人々は仏の徳を隠された形で備えているとする「本覚思想」を発展させ、そのままで仏だとする思想を強調した。また、生命を有する者だけが仏になるとする『涅槃経』や、悟った仏の目から見れば山河大地も成道していると説く中国の無情成仏思想（前章第2節参照）をさらに推し進め、一草一木が実際に発心し、修行し、仏となるという、自然豊かな日本ならではの草木成仏（草木国土《そうもくこくど》悉皆成仏《しっかいじょうぶつ》説を完成させ、以後の日本文化に大きな影響を与えた。

その安然は、『教時諍《きょうじじょう》』では、「天竺や唐では諸宗が盛んになったり衰えたりしており、九宗《くしゅう》が並びおこなわれているのはただ我が日本のみだ」と断言している。九宗とは、南都六宗に天台宗・真言宗・禅宗を加えたものだ。玄奘や義浄の報告によって仏教の衰退が知られたインドや、新しい仏教が盛んになると古い学派が消えていく中国・韓国と違い、仏教後進国であった日本は、流行遅れになった教理も保持し続けたため、こうした主張がなされるに至ったのだ。

浄土信仰の進展

東密・台密による壮麗な護国法会が盛んになる一方で、密教は貴族の私的な願いに応える修法を通じて広まっていった。また、奈良末から三論宗や法相宗の僧の間では、浄土経典の研究が進むにつれ、観想の念仏でなく、阿弥陀仏の名を称える口称念仏が盛んになっていった。さらに比叡山の常行堂《じょうぎょうどう》での音楽性に富んだ不断念仏《ふだんねんぶつ》は、次第に各地に広まっていっており、比叡山の横川《よかわ》、奈良の多武峰《とうのみね》、京都の法住寺などにも常行堂が建設された。

天台座主の良源《りょうげん》（九一二〜九八五）は、皇族や有力貴族たちと交わり、造寺造像に励んでいた彼らに浄土信仰を指導していたが、『九品往生義《くほんおうじょうぎ》』では、新羅の義寂の説を受け、凡夫でも臨終時に念仏を十念すれば下品下生《げぼんげしょう》の往生ができることを強調していた。

師の良源と違って貴族たちとの交わりを避け、横川に隠棲した弟子の源信《げんしん》（恵心《えしん》、九四二～一〇一七）は、学僧でありながら自らを「悪世の凡夫」と位置づけた。そして、末法が迫ってきた今こそ出離の道を求めるべきであるとし、念仏結社の二十五三昧会《ざんまいえ》を組織して浄土信仰に打ち込んだ。源信は、弟子が宋におもむいた際、天台山国清寺《こくせいじ》に自著の『往生要集《おうじょうようしゅう》』とともに、質問の形を取りつつ自らの見識を示した『天台宗疑問二十七条《てんだいしゅうぎもんにじゅうしちじょう》』を提示させ、山家派《さんげは》の四明知礼《しめいちれい》から回答をもらっている。

浄土教の広がり

一〇世紀半ば頃から末法意識が高まり、口称念仏が盛んになってくると、その実践や流布に努める者が出てきた。市聖《いちのひじり》と称された空也《くうや》（九〇三～九七二）は、阿弥陀仏の名号を唱えながら各地を回って橋や道路を造り、勧進をつのって造像に励んでいたうえ、法会では集まった者たちに念仏を唱えさせていた。

天台宗の良忍《りょうにん》（一〇七二～一一三二）は、『華厳経』の「一即一切」の思想に基づき、一人の念仏が一切の人の念仏に通ずるとして人々に念仏を勧め、「融通念仏《ゆうずうねんぶつ》」と呼ばれた。良忍は声明《しょうみょう》にも力を入れており、その伝統は魚山声明《ぎょざんしょうみょう》として現在まで受け継がれている。

浄土教の影響は真言宗にも及んだ。武士の子として生まれた覚鑁《かくばん》（一〇九五～一一四三）は、仁和寺で出家して学んだ後、高野山で密教の修学に努め、衰退していた同山の復興を志したが、山内の反発を招いて住居を焼き討ちされたため、保延六年(一一四〇)に紀州の根来山《ねごろさん》に隠退し、学問と弟子の指導に務めた。『五輪九字明秘密釈《ごりんくじみょうひみつしゃく》』では、弥陀の念仏のみに固執する風潮を批判して「弥陀即大日」と見る密教の阿弥陀観を示し、五輪曼荼羅《ごりんまんだら》によって即身往生が可能であると説いた。これによって新義真言宗が成立し、根来寺は次第に有力になっていった。

貴族の優美な仏教

一〇世紀後半からは摂政・関白を出す摂関家、すなわち藤原北家の道長やその子の頼通などの系統が、天皇以上に政治も仏教も主導する時代となった。彼らが主催する法会は、顔や声の良い僧侶を揃え、音楽や凝った造り物で荘厳《しょうごん》するなど、粋を尽くしたものだった。

盛大な法会の合間には、僧侶や貴族が『法華経』の内容を漢詩や和歌にして吟じたりしていた。若い貴族の中には、退屈しのぎに「経あらそい」と称して『法華経』読誦の巧拙を競う遊びをする者もいた。また、亡くなった人の手紙を漉き直して作った料紙に『法華経』などを書写して寺に奉納する「消息経《しょうそくぎょう》」という習慣もあった。『法華経』は、日本人にとっては尊い経典であるにとどまらず、美的な情緒を満足させてくれる素材でもあったのだ。

一一世紀後半になると、早くに退位した上皇が若い天皇の後見役となって院政をしき、天皇の宗教的な制約を離れ、摂関家以上の権力を振るうことが多くなった。白河上皇などは嘉保三年(一〇九六)に剃髪して法皇となり、宗教面でも権威の頂点に立った。

その白河法皇すら、「鴨川の水、双六の賽《さい》、山法師(比叡山の僧兵)」の三つだけは思うままにならないと嘆いたと言われるように、強訴《ごうそ》で朝廷を動かし、時に武力をふるったのが、比叡山を代表とする諸寺の僧兵たちだ。この時期には、密教儀礼が発達し、顕教と密教を合わせて「顕密《けんみつ》」と称された天台宗・真言宗および奈良の諸大寺は、巨大な荘園領主となっていた。これらの有力な大寺では、皇族や有力貴族の子弟が頂点に立ち、その下に学問を主とする学侶《がくりょ》、さらにその下に、灌頂を受けておらず、儀礼や寺務や所領支配などに携わる堂《どう》衆《しゅ》たちが位置する階級社会となっていた。

寺院勢力の興衰

学侶と堂衆から成る大衆《だいしゅ》は、インドのサンガのあり方にならい、平等な衆議によって物事を決定しており、必要な際は武装して攻撃に出向いた。武装した大衆たちは、貢納を怠る荘園などと争うだけでなく、対立する寺を襲って塔や僧坊を焼くこともあった。『平家物語』の古本によれば、延暦寺の「悪僧」たちが久安二年(一一四六)に興福寺の末寺である清水寺を焼き討ちした際、彼らの首領は「罪業本《ざいごうもと》より所有無し。妄想顛倒《てんどう》より起こる。心性《しんしょう》もともと浄ければ、衆生則ち仏なり」(罪業は本来存在しない。真理を知らず誤って善悪を分別することによって生ずるのだ。心の本質はもともと清浄であるため、人々はそのまま仏にほかならない)という、上述の天台本覚思想に基づく偈《げ》を唱えたという。

末法を痛感させた決定的な出来事は、治承四年(一一八〇)に平重衡《たいらのしげひら》がひきいる平氏の軍勢が奈良の大寺院を焼き討ちにした事件だ。この事件が王法・仏法の衰退の極致とみなされたのは、武士である平氏が聖武天皇の悲願に基づく東大寺と藤原氏の氏寺である興福寺を焼き、天皇・皇族と貴族たちによる統治の伝統を平然と破ったことによろう。以後の仏教の新たな動きは、すべて末法の自覚をもってなされることになる。

神仏習合

平安時代には各地の神社に神宮寺《じんぐうじ》が設置されたが、それらは神に読経を捧げるための施設だった。後には、読経に加え、神の心を楽しませるための音楽の演奏、和歌や芸能の奉納などもなされるようになって、法楽《ほうらく》と称されるようになり、芸能が発達していった。

神と仏が共存する場が増えていくにつれて、両者の関係が問題にされるようになった。そこで利用されたのが、根本である「本」とそこから現れた「迹《しゃく》」は異なりながらも「不思議一」だと説いた僧肇（第二章3節参照）の思想に基づく天台の本迹論《ほんじゃくろん》だ。天台宗では、九世紀半ばあたりから仏法の守り神と仏菩薩の関係をこの本迹論で説明するようになった。一一世紀末から一二世紀頃になるとこの考えが宗派を越えて広まり、様々な神が特定の仏菩薩と関係づけられるようになった。

そうした中で、真言僧の成尊《せいぞん》（一〇一二〜一〇七四）は、天照大神と天皇と大日如来の一体説を唱え、治暦四年（一〇六八）に即位の場に向かう後三条天皇に大日如来の手印である智拳印《ちけんいん》を授けたため、天皇は智拳印の姿のまま大日如来として高御座《たかみくら》に登ったという。成尊は、日本が密教と関係深いことを力説しており、この系統から「大日本国＝大日（如来）の本国」という解釈が生まれた。

平安貴族は、多くの仏教行事と神祇に関する行事をおこなっており、その中には在来の神々のものも含まれていた。ただ、様々な仏事・神事が定着していくにつれて、それらは季節に応じておこなわれる年中行事の一つとなり、違和感なく使い分けされるようになっていった。

文学への影響

八世紀半ばに編纂された『万葉集』は、日本人の純粋な心情をあらわしているとされるのが一般的だ。しかし、歌聖として尊崇される柿本人麻呂すら、「川の流れに数を書くような（すぐ消えてしまう）命であるからこそ、必ずあなたに逢いたいと誓ったことだった」（巻一一・二四三三）と歌っており、『涅槃経』の比喩を用いて無常に触れつつ恋心を強調している。ただ、四季に富む日本では、無常は季節の移り変わりと重ね合わせ、情緒的にとらえられることが多かった。

また、『万葉集』の後期の作品では、自らの苦しみを恋心ゆえとし、自業自得を痛感して嘆く歌が目立つ。それがこれまであまり注目されずに来たのは、自業自得の「自」の語を「こころから」「我がこころから」とするなど、仏教関連の語が和語化されて用いられているためだろう。当時の文人たちは仏教用語と漢詩文の語句を和風に改めることによって、日本語の語彙と表現力を増し、また我への執着を否定する仏教を手がかりとして、逆に自らの心を顧みて自我の自覚を深めていったのだ。こうした傾向が平安文学にも受け継がれていく。

平安時代の文学は、安然の師であった僧正遍昭《そうじょうへんじょう》（八一六〜八九〇）をはじめとして僧侶の活躍が目立ち、在家の男女の貴族の作品にも仏教の強い影響が見られる。醍醐天皇の命によって一〇世紀初めに編纂された勅撰和歌集である『古今和歌集』もその一例だ。収録された和歌は、その配列も含め、季節や恋愛を無常なものととらえる仏教色の強いものであり、日本人の季節感や情緒を形づくった。法会の後の宴会などでは、言葉遊びを含む仏教的な和歌が詠まれた。

平安時代には仏教説話集も日本風になっていった。一二世紀初め頃に成立したとされる『今昔物語集』巻三第三〇話では、釈尊によって出家させられていた息子の羅睺羅《らごら》が、釈尊が涅槃に入るのを見るに忍びず他の国に逃げ出したところ、父釈尊が待っていると諭され、泣きながら帰ったところ、釈尊はこれが今生の別れであると告げ、涙におぼれる羅睺羅の手をとって、「この羅睺羅は私の子である」と述べ、「十方の仏よ、この子を哀愍《あいびん》したまえ」と願って涅槃に入り、これが釈尊の最後の言葉であったとしている。

本来、家族への愛情は仏教では執着として否定されていた。しかし、『法華経』では、釈尊が『法華経』を信ずる者を我が子のようにいつくしむことが強調されていることもあってか、平安時代の日本では、こうした親子の情に篤い釈尊像が歓迎されたのだ。

第七章　禅宗の主流化と多様化する鎌倉仏教

北宋から南宋に至る時期には、遼に続いて金が北方地域を支配したため、中国は再び南北分裂の時代を迎えた。北宋・南宋では、すでに主流となっていた禅宗がさらに盛んとなったが、仏教を踏まえて登場した新しい儒教による仏教批判も高まった。遼・金では、華厳宗や密教が有力であり、臨済宗は振るわなかった。

元が中国全土を統一すると、支配階級であったモンゴル族はチベットの密教であるラマ教を取り入れた。漢人は従来の仏教を奉じており、特に江南では禅宗がよりいっそう盛んとなった。

ベトナムでも禅宗が主流となって栄えており、退位した国王が自ら禅僧となって一派を起こした例もあった。女性の信者も活躍しており、仏教と道教の混淆が進んだ。

高麗は仏教国家と呼ぶことができるほど仏教が盛んであって、多大な税金が豪華な写経や法会などにつぎ込まれ、仏教の美術と芸能が発展した。また、独自の禅宗が形成される一方で、風水説の影響を受けた仏教も流布した。これらは、後に儒教から批判される原因となった。

日本では、武士政権となった鎌倉時代に入っても、それまでの顕密の仏教は依然として盛んであって、天台本覚思想や密教はさらに進展し、文学・芸能・神話など様々な領域に影響を与えた。一方では、天台宗から離脱して独創的な教義を説く僧や社会事業に取り組む僧などが次々に登場し、それまでとは異なる多様な動きも見られた。そうした中で、釈尊や宗祖への復古をはかる試みや、歴史を顧みる実証的な学問も盛んになった。

本章では、中国・ベトナム・韓国における禅宗主流化の進展と、日本の鎌倉仏教の多様な動向、およびその後の展開とを対比しながら見てゆく。

1 北宋・南宋と遼・金

北宋の奉仏事業

建隆元年(九六〇)に太祖《たいそ》(趙匡胤《ちょうきょういん》)によって建国された北宋は、北の契丹族の遼に侵略されたが、和議を結んで歳費を払い、平和を保って文化が栄えた。後に女真族の金と同盟を結び遼を滅ぼしたものの、金に攻め込まれて靖康元年(一一二六)に陥落し、翌年には欽宗《きんそう》と上皇の徽宗《きそう》が金に連れ去られた。欽宗の弟である趙構《ちょうこう》は南に逃れ、高宗《こうそう》として南宋を建国した。

北宋の太祖の奉仏事業で最も重要なのは、開宝四年(九七一)に蜀の成都で、漢訳経論と中国の主要な注釈などの仏教文献を集成した一切経をすべて木版印刷させたことだ。後に蜀版大蔵経《しょくばんだいぞうきょう》と呼ばれたこの一切経は、太宗の太平興国八年(九八三)に完成して五〇四八巻の経論が刊行され、日本・高麗・ベトナムなどにも下賜された。以後、民間でも大蔵経を刊行するようになっている。

太宗は、太平興国七年(九八二)に都の開封《かいほう》(現河南省)の太平興国寺に訳経院を設け、天息災《てんそくさい》、法天《ほうてん》、施護《せご》などのインド僧を迎え、二〇〇年ぶりに訳経を開始した。だが、これらのインド僧と補助する漢人僧たちの語学力は不十分であったうえ、もたらされた経典は後期密教経典が主であってヒンドゥー教の色彩が強く、性的な表現を含むものもあって受け入れがたかったため、訳経はほどなく中止された。そうした経典は日本では受容されて影響を与えている。

禅宗の主流化

北宋時代には、江南で天台宗の復興があったものの、主流となったのは禅宗だった。浄土信仰に関する書物も書かれたが、著したのは禅僧や天台僧であって、浄土教だけに打ち込んだ僧は見当たらない。ただ、浄土信仰の結社は各地でつくられており、民間への普及は進んだ。

禅宗で盛んだったのは雲門宗と臨済宗であり、雲門宗では寧波《ニンポー》(現浙江省)近くの雪竇山《せっちょうざん》で多くの弟子を育てた雪竇重顕《せっちょうじゅうけん》(九八〇〜一〇五二)が活躍した。また、長蘆宗賾《ちょうろそうさく》(一〇五六〜一一〇六頃)は、禅宗寺院の戒律に当たる『禅苑清規《ぜんねんしんぎ》』を編纂した。

臨済宗では、一一世紀前半の仁宗《じんそう》の代に、石霜楚円《せきそうそえん》(九八六〜一〇三九)が黄龍慧南《おうりょうえなん》(一〇〇二〜六九)と楊岐方会《ようぎほうえ》(九九二〜一〇四九)を育て、この二人の系統が黄龍派と楊岐派となり、後者が以後の中国仏教全体の主流となった。

楊岐派では難解な問答で名高い五祖法演《ほうえん》(?〜一一〇四)が活躍し、圜悟克勤《えんごこくごん》(一〇六三〜一一三五)などの弟子を育てた。圜悟は、雪竇の『雪竇頌古《じゅこ》』を提唱し、垂示《すいじ》・著語《じゃくご》・評唱《ひょうしょう》を加えた『碧巌録《へきがんろく》』を著しており、この書は公案禅《こうあんぜん》(後述)を代表する書物となった。唐代のような個性的な禅僧が消え、彼らの言葉に対するひねった批評によって独自の禅風を示すやり方が盛んになったのだ。また、文才に優れた覚範慧洪《かくはんえこう》(一〇七一〜一一二八)は「文字禅《もんじぜん》」を確立し、その詩文集『石門文字禅《せきもんもんじぜん》』は禅僧以外にも広く読まれた。

楊岐派のうち、宋代禅を代表する大慧宗杲《だいえそうこう》(一〇八九〜一一六三)が活動したのは、宋朝が金に追われて江南に移った時期だ。緊張が高まって主戦論が優勢だった時期であるため、気迫のこもった禅が主張された。悟りの体験を重視した大慧は、唐代の趙州従諗の「無字《むじ》」をはじめとする難解な語や問答を公案(課題)として弟子に示して疑いを起こさせ、それを突破させる指導法、すなわち公案禅を確立した。大慧は、坐禅そのものを重視する曹洞宗の宏智正覚《わんししょうがく》(一〇九一〜一一五七)らの宗風を黙って坐るだけの「黙照禅《もくしょうぜん》」と呼び、邪禅として厳しく批判した。

儒教にも通じていた大慧は、根本となる心を把握してこそ国を治め天下を安んずることができると説き、文人官僚の支持を得た。『大慧語録』や居士に与えた書簡を編集した『大慧書』は広く読まれ、大蔵経にも収録されている。「菩提心とは忠義心なり」という言葉は有名だ。

曹洞宗は、北地にとどまった派と南宋に逃れた派に分かれ、後者の丹霞子淳《たんかしじゅん》(?〜一一一九)の門から宏智正覚と真歇清了《しんけつせいりょう》(一〇八八〜一一五一)が出た。如来蔵思想を重視する宏智の系統では、性急に悟りを求める姿勢を否定し、大慧の宗風を「看話禅《かんなぜん》」と称して批判した。真歇の系統からは、道元の師となる天童如浄《てんどうにょじょう》(一一六三〜一二二八)が出ている。

五山制度の陰影

禅宗の盛行を支えたのは、南宋末期に始まったとされる五山十刹《ござんじっせつ》制度だ。杭州の径山《きんざん》の万寿寺《まんじゅじ》を頂点とした五つの寺を「五山」と呼び、その下の一〇の寺を「十刹」とし、さらにその下に「甲刹《かっさつ》」と呼ばれる三十数か寺を置き、住持が格の高い寺へと昇進していく制度だ。これは、科挙を背景とした官位制度に対応するものだった。五山十刹には海外諸国の僧が集まり、禅宗と江南の文化をそれぞれの国に伝えた。

ただ、宋代には、税金を逃れるために僧侶の証明書である度牒《どちょう》を買い、無学なまま形だけ僧になる者も増えている。また一方、借金などを逃れて寺に入ったものの、正式な僧侶になれずに様々な労働で酷使され、時には罰せられたりするばかりで一生を終える者たちも多かった。

伝統仏教の再興

南方の呉越王によって復興された天台宗(第五章第3節参照)では、天台の典籍を集めることに努めた義寂《ぎじゃく》(九一九〜九八七)の系統から遵式《じゅんしき》(九六四〜一〇三二)と四明知礼《しめいちれい》(九六〇〜一〇二八)が出、悟恩《ごおん》(九一二〜九八六)の系統からは孤山智円《こざんちえん》(九七六〜一〇二二)が出た。天台宗の伝統に基づき、観法の対象となるのは日常の心だとする知礼の系統は「山家派《さんげは》」と呼ばれ、華厳宗などの影響を受け、根本となる真心を重視する智円の系統は「山外派《さんがいは》」と呼ばれて、論争が盛んになった。智円は儒・仏・道の三教は根本では一致するとする三教合一論を説いた。

宋代では、新しい仏教を作り出す面が弱かっただけに、従来の歴史を見直し、自分の派の立場から系統づける試みが盛んとなり、禅宗と浄土信仰を柱として大部の仏教史書が多数書かれた。道原《どうげん》『景徳伝灯録《けいとくでんとうろく》』(一〇〇四)、戒珠《かいしゅ》『浄土往生伝《じょうどおうじょうでん》』(一〇六四)、王古《おうこ》『新修往生伝《しんしゅうおうじょうでん》』(一〇八四)、慧洪『禅林僧宝伝《ぜんりんそうほうでん》』(一一二二)、雷庵正受《らいあんしょうじゅ》『嘉泰普灯録《かたいふとうろく》』(一二〇四)、大川普済《だいせんふさい》『五灯会元《ごとうえげん》』(一二五三)、契嵩《かいすう》『伝法正宗記《でんぽうしょうしゅうき》』(一〇六一)などであり、東アジア諸国で広く読まれた。宗鑑《そうかん》『釈門正統《しゃくもんせいとう》』(一二三七)、志磐《しばん》『仏祖統紀《ぶっそとうき》』(一二六九)は、天台宗を正統とした仏教史だ。

四大霊場

宋代にはまた霊場への巡礼が盛んになり、文殊菩薩の五台山(現山西省)、普賢《ふげん》菩薩の峨眉山《がびさん》(現四川省)、観音菩薩の普陀山《ふださん》(現浙江省)、地蔵菩薩の九華山《きゅうかざん》(現安徽省)は特に人気が高かった。主要な菩薩はすべて中国にいることになったのだ。ただ、この四大霊場の形成には日本と新羅も関わっている。

代表である五台山は、『華厳経』で文殊が住むと記されている清涼山のこととされ、インドや西域を含む諸国から参拝者が多数訪れたため、皇帝の許可制にしなければならないほどだった。舟山《しゅうざん》群島中の小島である普陀山については、『華厳経』が説く観音の住処とする伝承が早くからあった。だが、この島に対する信仰が高まったのは、九世紀半ばに日本と唐とを何度も往来した慧萼《えがく》が、五台山で得た観音像を日本に持ち帰ろうとして舟山群島まで来たところ、観音像が日本に渡るのを拒んだため、普陀山に像を安置したのがきっかけとされる。この像は、航海安全の守護神として諸国の人々に信仰され、王朝からも尊崇されるようになった。

峨眉山は、北宋の太祖の代に、普賢菩薩が現れたという上奏が何度もなされた結果、歴代の皇帝が保護するようになり、豪華な寺院が多く営まれた。

九華山については、唐の開元七年（七一九）に釈地蔵《しゃくじぞう》（金喬覚《きんきょうかく》）という新羅僧がやって来て修行し、遺骸が腐らなかったため、肉身の地蔵菩薩として信仰を集めるようになった。ただ、九華山と地蔵信仰の結びつきは唐代からあったものの、この説話の成立は明代頃であり、九華山が加わる前は三大霊場だった。

なお、五台山に関する最も詳しい旅行記は、日本の天台僧、成尋《じょうじん》（一〇一一～八一）が著した『参天台五台山記《さんてんだいごだいさんき》』だ。成尋は円仁の旅行記や源信の『往生要集』を宋にもたらす一方、五二七巻の書物を弟子に持ち帰らせ、自らも帰国しようとしたが、神宗《しんそう》に祈雨を請われて成功し尊崇されていたため、都にとどめられたまま亡くなった。

文化への浸透と儒教の台頭

宋代には寺院の年中行事が次第に盛んになり、国民全体の行事となった。祭日には、寺の広場ではサーカスにあたる百戯が演じられた。「戯場」（演芸場）は、長安では慈恩寺周辺に集まっていた。小規模のものは青龍寺周辺、その次は荐福寺《せんぷくじ》（薦福寺）と永寿寺の周辺にあった。女性の寺参りは制限されていたが、保唐寺では尼僧による俗講がおこなわれており、制約が厳しい宮中の伎女たちも聴聞を許されるなど、娯楽の場となっていた。

このように、仏教は庶民層にまで広がって盛んだったが、それだけに儒教側の批判も強まった。そのため、五代の頃から、仏教は葬儀その他の面で儒教の儀礼を取り入れるようになった。その儒教では、朱子（一一三〇～一二〇〇）をはじめとする新たな儒学を形成した者たちが仏教批判を繰り広げた。彼らは、仏教をある程度学んだうえで、仏教では君臣や親子関係の道徳を宇宙の道理として説明できないなどと批判したため、仏教側は大きな打撃を受けた。

遼・金の仏教

唐末の混乱期に、契丹族の耶律阿保機《やりつあぼき》が出て北方諸部族を統一し、九一六年に即位して大契丹国を建国し、契丹は北京を含む広大な土地を領有するようになった。国号を何度か替えたが、ここでは遼を用いる。

遼では当初は契丹族の習俗と仏教との習合も見られたが、次第に仏教信仰が深まり、一一世紀後半の道宗《どうそう》の時に最盛期を迎えた。梵語を学び、遼で盛んだった『華厳経』を得意とした道宗は、唐代の写経による一切経に基づいて清寧五年（一〇五九）に契丹版大蔵経を彫造した。

唐代の華北の仏教を受け継ぐ遼では、賢首宗《げんじゅしゅう》（華厳宗）と慈恩宗《じおんしゅう》（法相宗）が広まっており、特に賢首宗が盛んだった。密教も華厳教学と結びついていたうえ、戒壇も賢首宗の寺に置かれていた。

臨済宗は活発でなく、道宗は学僧である詮暁《せんぎょう》などに経典目録を定めさせた際、『六祖壇経《ろくそだんきょう》』や禅宗の系譜を説いた『宝林伝《ほうりんでん》』を偽妄の書として焼かせている。

一一世紀後半に活躍した覚苑《かくおん》は一行『大日経義釈』の注釈『演密鈔《えんみつしょう》』を、道殿《どうやく》（生没年不明）は『顕密円通成仏心要集《けんみつえんずうじょうぶつしんようしゅう》』を著して華厳と密教を融合させた。『釈摩訶衍論』研究も盛んであり、至福《しふく》の『通玄鈔《つうげんしょう》』、法悟《ほうご》の『賛玄疏《さんげんしょ》』、守臻《しゅしん》の『通賛疏《つうさんしょ》』などの注釈が著された。これらは『釈摩訶衍論』の母国である高麗にもたらされ、また日本にも伝えられて真言宗を中心として読まれた。

満州にいた女真族は遼に服属していたが、阿骨打《あくだ》が反乱を起こし、収国元年（一一一五）に金を建国した。金は、北宋と同盟を結んで遼を滅亡させたものの、北宋が背信行為を重ねたため、南進して北宋を滅亡させ、華北を領有するようになった。

金の建国前後は、戦場では女真族の伝統的な拝天の儀礼をおこなっていたが、第二代の太宗《たいそう》の頃から、遼の政策を継ぎ、仏教を信仰していた漢人を慰撫するために仏教を保護するようになっていった。ただ、一方では寺院や私度僧に対する統制もおこなっていた。

元の仏教

モンゴル族はもともと遼、後には金に服属していたが、一三世紀初め、チンギス・ハーンの時に諸部族を統一して大モンゴル国を建て、東西を侵略して東欧にまで及ぶ広大な地を支配した。第二代のオゴダイの時に金を滅ぼし、国号を大元と改めた第五代のフビライ（クビライ）が一二七九年に南宋を滅ぼして、中国全体を支配する史上初の異民族王朝となった。

チンギス・ハーンの招きを受けて政治を任され、征服した国を間接統治する政治方針を定めたのは、金の官吏として活躍していた契丹人の居士、耶律楚材《やりつそざい》だった。曹洞宗の万松行秀《ばんしょうぎょうしゅう》（一一六六〜一二四六）に師事していた楚材は、チンギス・ハーンの西域遠征に同行した際、しきりに師に書簡を送った。従容庵に住していた行秀はこれに応え、『宏智頌古《わんしじゅこ》』に批評を加えたものを弟子に託して届けた。これが『碧巌録』と並び称される『従容録《しょうようろく》』だ。

仏教優遇

元は、遼・金の政策を受け継ぎ、漢人が信仰する仏教の保護に努めたため、フビライの代には寺が四万二〇〇〇、僧尼は二一万人に達したと伝えられており、法会もきわめて盛んだった。

また元は、高僧を意味する「ラマ」にちなんで中国ではラマ教と呼ばれたチベット仏教を導入した。チベット独自の密教であるサキャ派の僧パスパは、フビライが即位した中統元年（一二六〇）に元の国師に任じられ、至元六年（一二六九）にモンゴル語を表記するパスパ文字を作成した。ただ、ラマ教は漢人が信仰していた在来の仏教には影響を与えなかった。

漢人の仏教のうち、禅宗は耶律楚材の影響もあって華北では曹洞宗が流行し、華南では臨済宗が栄えた。元は華南に天台宗の学問所を多数建てさせたが、著名な僧は出ていない。

曹洞宗と臨済宗

禅宗のうち、華北で盛んだった曹洞宗では、嵩山少林寺の雪庭福裕《せっていふくゆう》（一二〇三〜七五）が皇帝に上奏して皇帝の前で道教と討論をおこない、勝利して道士一七人を僧にさせ、仏教をそしる道教の経典を焼いた。その結果、多くの道観が仏寺に転じられたという。少林寺は以後、曹洞宗の寺となっている。

フビライは、南宋の都である杭州（臨安）を攻め落とした際、寺院や道観の破壊を禁じたため、臨済宗を中心として盛んだった江南仏教はそのまま受け継がれた。五山の上と位置づけられた大龍翔集慶寺《だいりゅうしょうしゅうけいじ》の初代住持となった笑隠大訢《しょういんたいきん》（生没年不明）は、禅宗の規律を高めるため、失われていた『百丈清規《ひゃくじょうしんぎ》』を兄弟子の東陽徳輝《とうようとくき》（生没年不明）と共に復元し、皇帝のお墨付きを得て『勅修百丈清規』として刊行した。この清規は、東アジア諸国に広まって禅宗寺院の生活の基本となった。

2　独立したベトナムの仏教

中国からの独立

唐末には朝廷の権威が衰え、各地の節度使が自立していったように、ベトナムでもハイフォン生まれの曲承祐《きょくしょうゆう》が天祐三年（九〇六）に安南都護府を攻略し、安南節度使を自称したが、唐は黙認するほかなかった。五代十国時代に広州で南漢が建国され、船団を組んで南へ侵攻すると、これを打ち破った呉権《ごけん》は安南節度使とはならず、九三九年に安南王と称し、中国からの独立を果たした。

その後、呉権の子を含む一二の土豪が割拠して争う状況を治めた丁部領《ていぶりょう》は大宝一一年(九六八)に皇帝を名乗って大瞿越《だいくえつ》を建国する一方、宋に朝貢して交趾郡王に任じられた。次の黎《れい》朝(前期黎朝)も、中国向けと国内向けの姿勢を使い分けつつ独立を守った。

丁部領は大平二年(九七一)に僧官を設置して無言通派第四世の呉真流《ごしんりゅう》(九三三〜一〇一一)を僧統に任じ、ベトナムを正しく導くという意味の匡越大師《きょうえつだいし》の号を授けたが、道士にも号を授けている。国を護って仏教を広めると毘沙門天が告げる夢を見た匡越は、衛霊山の霊木を切って毘沙門天像を彫らせており、宋軍が攻めてきた際は、帝が匡越に命じてこの像に戦勝を祈らせた。

後になると、毘沙門天は中国軍を撃破して天に昇ったとされる古代の扶童天王《ふどうてんおう》と同一視された。帝釈天も変容して道教の神になり、帝釈天を祀った寺は帝釈観と呼ばれるようになった。

李朝の仏教

黎朝を倒した李公蘊《りこううん》は、順天元年(一〇〇九)に李朝を開いて太祖《たいそ》となり(在位一〇〇九〜二八)、翌年に昇龍(ハノイ)に都を置いて、ベトナム最初の長期王朝を築いた。太祖は三歳で寺の僧の養子となり、若い頃は六祖寺で毘尼多流支派第一二世の万行禅師《まんぎょうぜんじ》に師事していたうえ、無言通派第五世とされる建初寺の多宝禅師《たほうぜんじ》に皇帝となることを予言されていた。このため、即位後は仏教の保護に努めた。

太祖は道教も尊重しており、都の左に道観の太清宮を、右に仏教寺院の万歳寺を建てた。第三代の聖宗《せいそう》は儒教を重視し、孔子と周公を祀る文廟を建てたうえ、第四代の仁宗《じんそう》は太寧四年(一〇七五）に儒教の科挙と道教の試験を始めている。
ただ、聖宗は「越南の阿育王《あいくおう》（アショカ王）」とも称されたように、仏教を最も尊重していた。神武元年（一〇六九）にベトナム中部のチャンパを攻略した際、捕虜として都に連行された禅僧の草堂《そうどう》（生没年不明）の真価が知られると、聖宗は草堂を国師としてその弟子となった。聖宗は草堂から印可《いんか》（悟りを得たことの証明）を得た後は、師家として指導にあたっており、この草堂派は以後も皇帝や高官と関係が深かった。

李朝の禅宗と道教

李朝初期は、僧侶が詩文を主導しており、その一人が満覚《まんがく》（一〇五二～九六）だ。無言通派第八世の一人である満覚は、儒教に通じた官人だったが、出家して仁宗に尊重されるようになった禅僧だ。満覚は重病となった際、夜に咲く梅を詠んで遺偈《ゆいげ》とした。悟りの境地を自然を詠んだ詩偈に託すことは唐代の禅宗でも見られたが、自然豊かなベトナムでは特にそうした傾向が強い。

中国禅の影響としては、「大悲心陀羅尼《だいひしんだらに》」の流行もその一つだ。毘尼多流支派第一二世の一人である徐道行《じょどうぎょう》（一〇七二？～一一一六）は、これを唱え続けることによって殺された父の仇を討ち、降雨を祈り、病人を治すなどの法力を発揮している。禅僧にはそうした力が期待されたのだ。

禅宗と浄土信仰の習合も中国からもたらされており、聖宗が創建した円光寺には、本尊である阿弥陀仏の後ろに禅宗の祖師の像が並べられ、兜率《とそつ》の浄土を思わせるほどだったと碑文に記されている。
宋からもたらされた道教の影響も次第に強まり、その儀礼が民間信仰に影響を与えた。ただ、中国と違って仏教と道教が激しく対立することはなく、次第に溶け合っていった。徐道行も神格化されていくうちに道教的な性格が付されるようになっており、またヒンドゥー文化の影響のもとで、性的な力を持った神としても尊崇されるようになっている。

一二世紀初めには、少数民族の地域にまで漢字仏教が広まっていった。貝《ばい》族の人である無言通派の長原禅師《ちょうげんぜんじ》(生没年不明)は、『華厳経』を引用し、すべての人が仏であることを強調した。

開祖となった皇帝

李朝で軍を掌握していた陳守度《ちんしゅど》は、建中二年(一二二五)に甥を皇位につけて陳朝を成立させた。陳朝も李朝と同様に皇帝や后妃が仏教を尊んでいた。初代の太宗《たいそう》(在位一二二五～五八)は、国学院を建てて四書五経を講義させるなど、儒教に力を入れたが、禅宗にも打ち込んでいた。

『禅宗指南』の序では、皇帝の身でありながら東北部の安子山《あんしざん》に法を求めに出向いた際、宋から来ていた臨済宗の天封禅師《てんぷうぜんじ》(生没年不明)に、仏は山中の寺ではなく心の中にいると教示されたことを記している。太宗の子の聖宗も、天封のベトナム人の弟子である大灯《だいとう》(生没年不明)に師事し『大慧語録』に親しんだ。儒教が広まりつつあったこの時期は、宋でも社会上層の士大夫に支持された大慧の禅風が歓迎されたのだ。

第三代の仁宗《じんそう》（在位一二七八～九三）は、無言通派第一七世の慧忠《えちゅう》（生没年不明）に師事して『慧忠《えちゅう》上士語録《じょうしごろく》』を校訂し、譲位後は出家して安子山に入り、竹林大士《ちくりんだいし》と称した。仁宗は、仏の十号の一つである「調御《じょうご》」の語を付して竹林調御と呼ばれ、覚皇《かくこう》・聖祖《せいそ》と称されるなど、仏扱いされて尊崇された。

仁宗に弟子の法螺《ほうら》と玄光《げんこう》を加えた三人を竹林三祖と呼び、この系統を竹林派と称する。三人の言行を録した『三祖実録』は広く読まれた。法螺は、代々の皇帝に尊崇され、大蔵経の続版を刊行し、天下の僧尼に僧籍を与えて管理し、祈雨をおこなったほか、饑饉の際に血を混ぜた墨による大蔵経の書写を呼びかけ、仁宗の子の英宗《えいそう》や后妃なども協力した。竹林派は後代に影響を与えたが、王室に接近しすぎたこともあって、派としては長くは続かなかった。

字喃と女性信者

一二八五年以来、元の再三の侵攻を仁宗の将軍たちが撃退したため、民族意識が高まり、唐で梵語を音写するために作られた漢字を参考とし、漢字を組み合わせてベトナム語の発音を表記できるようにした独自の文字「字喃《チュノム》」も盛んに使われるようになった。字喃自体は、早くから作成され、地名や人名などの表記に用いられていたが、陳朝になって整備され、文学作品に用いることができるほど表現力が豊かになったのだ。字喃を用いた仏教文献も次第に増えていった。

陳朝では、寺院は広大な土地と農奴・奴婢を有しており、有力者や僧侶が寺院を私物化する傾向が強まった結果、儒教の普及もあって批判を招くようになり、取り締まりもなされた。

この時期は女性信者が増えて役割が増しており、仏像・仏具・鐘などを寄進した供養者の一覧に女性の名が並ぶことも多い。女性の戒名としては、円信婆、正信婆、幻心婆など、末尾に婆の字を付した三字の名が用いられた。

3 高麗の仏教

高麗仏教の興隆

一〇世紀になって新羅の統治が弱まると、武将の王建《おうけん》が地方の勢力を倒して高麗を建国し、太祖となった（在位九一八〜九四三）。太祖は新羅を併合し、九三六年に後百済《ごくだら》を滅ぼして朝鮮半島を統一した。

太祖は、戦勝は仏と神霊の恩徳によるものであり、仏教の助けによって国家の安泰を祈願するという発願文を作った。また、以後の王のための指針を示した「訓要十条」では、仏教を尊び、地気を盛んにする裨補寺院（前章第2節参照）を保護し、新羅時代に盛んにもよおされた兵士慰霊の祭りである八関会と、道教の上元《じょうげん》の祭りと唐代仏教の燃灯《ねんとう》とが習合した燃灯会《ねんとうえ》をおこなうよう命じた。その内容は風水説の影響が強く、寺院の過度の造営を戒めたのも、地徳を損なうことを恐れたことが一因だ。

八関会と燃灯会は高麗を代表する仏教行事となった。旧暦一一月一五日におこなわれた八関会は、国王が自ら天と山川と龍神を祀り、外国の使節や商人の謁見もなされ、豪華な祝宴がもよおされるなど、次第に中国皇帝の祭祀や儀礼も取り込まれていった。燃灯会については、太祖以後は、太祖が発願して建立した開京《かいけい》(現開城《ケソン》)の奉恩寺で太祖を祀る儀礼が重視された。八関会と燃灯会では、音楽や歌舞が盛大におこなわれ、韓国の芸能の源泉となった。

華厳宗と法相宗

高麗仏教で盛んだったのは、華厳宗と法相宗、そして禅宗と密教だ。前半は華厳宗と法相宗が栄え、後半は禅宗が優勢となった。華厳宗では、新羅時代から有力寺院の間で解釈の違いをめぐって論争がなされ、新羅末には南岳(華厳寺)派と北岳(浮石寺)派に分かれて対立が激しくなったが、北岳系の均如《きんにょ》(九二三〜九七三)が調停に努めて新羅以来の華厳学を大成した。

均如は、『釈華厳教分記円通鈔《しゃくけごんきょうぶんきえんずうしょう》』をはじめ、「円通鈔」「円通記」と称する多くの注釈を著したほか、自らの五尺の身に真理が備わっていることを観察する「五尺観《ごしゃくかん》」を広めるなど、修行面にも力を入れた。また『華厳経』に見える自然神を含めた多くの神々を「華厳神衆《けごんしんしゅう》」と称してその信仰を勧め、『普賢十願歌』等の郷歌を多数作るなどして民衆教化にも努めた。

義天と天台宗

諦観《たいかん》(?〜九七一)は、一〇世紀半ばに中国の江南に渡って天台学を学び、教判を整理して『天台四教儀《てんだいしきょうぎ》』を著した。この書は天台教理の綱要書として中国でも日本でも広く読まれ、入門書として用いられた。諦観は唐末五代の戦乱によって中国で失われていた天台典籍を中国にもたらしており、宋代に天台宗が復活するきっかけの一つとなった。

ただ、天台宗が高麗で宗派として自立したのは、文宗《ぶんそう》の子である義天《ぎてん》（一〇五五〜一一〇一）が宋に渡って帰国してからだ。華厳宗と禅宗のあり方を不満に思っていた義天は、宋で華厳教学とともに天台教学を学び帰国すると、華厳宗や法相宗などの教宗と禅宗との対立をおさめるため、教理と実践を兼ね備えていた天台宗を広めた。

義天は、入宋に際して華厳宗関係の文献をもたらして宋の華厳復興を推し進めたほか、大蔵経の刊行でも貢献している。若い頃から、大蔵経に収録されていない中国の注釈などもすべて刊行したいという念願を抱いていた義天は、宋、遼、日本に呼びかけて仏教典籍を収集し、「高麗続《ぞく》蔵経《ぞうきょう》」を刊行した。その際、高麗に現存する仏教典籍を記録した『新編諸宗教蔵総録』では、中国の経録と違い、偽経・疑偽経といった項目は立てていない。

高麗初期に九山禅門の系譜が確立したが、そうした禅宗を統合するため、第四代の光宗《こうそう》は、教禅一致・禅浄兼修を立場としていた法眼宗の永明延寿（第五章4節参照）を評価し、多くの禅僧を中国に送って法眼宗の禅風を学ばせた。これらの禅僧が帰国し、法眼宗が盛んになりかけると、諸宗の会通に努めた元暁を尊崇して和諍国師《わじょうこくし》の号を贈り、一方では華厳独尊主義であった均如を厳しく批判していた義天が、教理も重視する法眼宗の禅僧たちを天台宗に組み入れた。

知訥の曹渓宗

宋代の禅宗が次々にもたらされる中で、高麗独自の禅宗も生まれた。知訥《ちとつ》（一一五八〜一二一〇）は、当時の仏教界に不満を抱いて隠棲していた際、李通玄の『新華厳経論』（第五章2節参照）を読んで、禅と教が一致することを悟った。知訥は、「勧修定慧結社文」を著し、僧侶や在家の知識人信者に呼びかけて居祖寺《きょそじ》で定慧社《じょうえしゃ》を立ち上げた。さらに『大慧語録』によって悟りを深めた知訥は、一二〇〇年に松広山吉祥寺《しょうこうざんきっしょうじ》（松広寺）に移った。

知訥は、坐禅による禅定と経典に基づく智慧をともに重視し、自分は本来仏であることを自覚した後、修行に努め、公案による看話禅を用いるという「頓悟漸修《とんごぜんしゅう》」を主張した。ひたむきで勇猛なその禅が知られるようになり、定慧社は王命によって曹渓山修禅社《そうけいざんしゅうぜんしゃ》と改められた。これが韓国仏教の主流となった曹渓宗《そうけいしゅう》となっていく。

知訥の法を継いだ慧諶《えしん》（一一七八〜一二三四）は、公案を整理した『禅門拈頌集《ぜんもんねんじゅしゅう》』を編纂して修行の体系を組織し、王室の後援を得て曹渓宗を盛んにして松広寺を禅宗の中心とした。禅宗の主張が広まるにつれ、天頙《てんさく》（生没年不明）は、釈尊の真意は経典とは別に心から心へと伝ったとする禅宗の「教外別伝《きょうげべつでん》」の立場に立って『禅門宝蔵録《ぜんもんほうぞうろく》』を著し、華厳宗などとの違いを示した。同書では、釈尊は悟りが不十分だったため、雪山（ヒマラヤ）の真帰祖師《しんきそし》を尋ねて教示を受け、ようやく禅の祖師の一人となったと述べている。

高麗大蔵経と奉仏事業

蜀版の大蔵経を下賜された高麗では自らも大蔵経を刊行したが、一二三一年以来、七度にわたって元の来襲を受け、版木はすべて戦火で失われた。江華島に遷都していた高宗《こうそう》は再度の大蔵経刊行を命じ、契丹版や蜀版を比較して誤りを正し、一六年をかけて完成させた。その八万枚の版木は、現在は慶尚南道の海印寺《かいいんじ》に保存され、世界遺産となっている。

一二五九年に元を優位とする講和が成立すると、元の皇室が奉じていたラマ教ももたらされたが、王室の儀礼をおこなうにとどまった。この時期には、多くの高麗の禅僧が元に渡り、江南で臨済宗の禅僧に参禅している。太古普愚《たいこふぐ》(一三〇一～八二)は、元で石屋清珙《せきおくせいきょう》(一二七二～一三五二?)に師事し、帰国後は王師・国師となって活躍し、以後韓国における臨済宗の祖、また現代に至る曹渓宗の実質的な祖とみなされて崇敬された。懶翁慧勤《らんおうえきん》(一三二〇～七六)は、元で漢詩人としても名高かった平山処林《へいざんしょりん》(一二七九～一三六一)に師事し、帰国後は王師となって念仏禅を広め、無学自超《むがくじちょう》(一三二七～一四〇五)などのすぐれた弟子を育てた。

高麗では、経典の印刷技術だけでなく、写経もきわめて発達した。国王は金字院・銀字院を設置し、父母の追善などのために、精密な仏画を巻頭にかかげた豪華な金字・銀字の写経を大量におこなった。元の要請により、こうした技術を有する僧が多数派遣されたこともある。他国に例を見ない玉《ぎょく》の板に彫った経典も作成された。こうした事業は八関会と同様に膨大な費用を必要としたため、高麗末期になると儒者たちの批判を招いた。

忠宣王《ちゅうせんおう》は、王子時代に元に滞在していた際、朱子学を学び、至大元年（一三〇八）に帰国して国王になると、国内でも広めて李朝での朱子学全盛のきっかけを作った。ただ、仏教も信仰しており、入宋した義天によって高麗と関係が深くなった杭州の慧因寺を支援したため、慧因寺は高麗寺とも呼ばれるようになった。忠宣王は、高麗大蔵経を江南の寺院に配布している。

風水関連の擬経

中国で隋以前に成立した擬経の『安墓経《あんぼきょう》』は、墓の土地神たちを安穏にさせなかった場合の禍を仏が説くという内容だが、高麗の擬経である『地心陀羅尼経《じしんだらにきょう》』は、さらに特異だ。

入滅した釈尊を埋葬しようとしたところ、龍王・土公などの地主神たちが反発して埋葬を認めなかった。このため、棺の中から起き上がった釈尊が彼らに五色の幣帛《へいはく》を捧げたうえで説法したところ、ようやく火がついて埋葬できたとし、釈尊は、土地を掘って墓や家を建てる際はこの『地心経』の陀羅尼を誦するよう説いたという話だ。日本に伝わったこの擬経は、『平家物語』が成立する前の琵琶法師たちが読誦しており、以後も九州などの盲僧《もうそう》によって『地神経《じしんきょう》』という経名で厄払いの経として受け継がれていった。

4　日本仏教の隆盛

鎌倉時代の伝統仏教

平氏を倒して建久三年(一一九二)に征夷大将軍に任じられた源頼朝は、京都には移らず関東の鎌倉を本拠地とし続け、上皇など都の旧勢力の抑制に努めた。武士の時代とされる鎌倉時代になっても、社会の上層においては、台密が盛んだった延暦寺・園城寺の天台宗、東寺の真言宗、興福寺の法相宗など伝統的な顕密仏教の勢力が根強く続いていた。

密教の修法や灌頂は様々な場面で用いられ、儀礼がきわめて発達した。ただ、治病延命の祈禱では医療技術も併用され、五穀豊穣を祈る儀礼がおこなわれる一方で、寺院は最新の農耕技術を広める場ともなっていた。呪術と技術は分かちがたく結びついたまま発展していったのだ。

顕教の例では、藤原氏の一族で伏見天皇の和歌の指導役であった京極為兼《きょうごくためかね》は、唯識説を自らの和歌理論の根本にすえていた。為兼は正和五年(一三一六)、多くの貴族とともに、興福寺と一体であった藤原氏の氏神である春日神社に参拝した際、『成唯識論』の各箇所を花園天皇を含む三一名の貴族や僧に割り当ててその趣旨を和歌に詠ませ、唯識教学を好むとされていた春日神《かすがのかみ》に奉納している。三一名の中には二名の女官も含まれていた。

南都の仏教も盛んであり、教理と歴史の研究が進んだ。また、論義などの法会の後には慰労の宴がもよおされ、僧によって倶舎舞《くしゃまい》が舞われるなど、様々な仏教関連の芸能が披露された。こうした遊宴は「延年《えんねん》」となって次第に発展し、日本の諸芸能の源泉の一つとなった。

天台教義の進展と変革

天台宗においては、草木成仏思想が天皇の治めるめでたき世の礼讃や自然信仰などと結びついてさらに進展し、文学や芸能にまで影響を及ぼしていった。その過程で、源信（恵心）以来の天台学の系譜が次第に本覚思想の系譜とされ、源信に仮託された本覚論の書物も著された。

その系譜に属する平安末の皇覚《こうかく》の撰とされる『三十四箇事書《さんじゅうしかのことがき》』では、凡夫はそのままで仏であり、世間は無常なあり方のままで常住だとし、草木については元来仏であるため改めて成仏することはないとする「草木不成仏説」こそが草木成仏説の深義だとしている。

ただ、もともと仏なのだから修行は不要だとする本覚論文献もあるものの、『三十四箇事書』では、指導者に出会い、「自分自身がそのまま仏だ」という究竟《くきょう》の法を聞いて体得する必要を強調している。単純な修行不要論ばかりではなかったのだ。また、一二世紀末から一三世紀初めにかけて活動し、天台三大部のそれぞれに厳密な『私記』を著した宝地房証真《ほうちぼうしょうしん》（生没年不明）は、このような天台本覚論は伝統説と異なるとして厳しく批判していた。しかし、証真のような復古派の僧は稀であって本覚論はさらに普及してゆき、経典の文句をすべて我が心のこととして見る観《かん》心《じん》主義が重視されるようになっていった。

大日房能忍の禅宗受容

比叡山で台密を学んでいた大日房能忍《だいにちぼうのうにん》（生没年不明）は、中国に渡った天台僧によってもたらされていた禅文献や教禅一致の立場をとる永明延寿の『宗鏡録』などに触れるうちに、本覚思想に似た面のある中国禅に傾倒するようになり、摂津に三宝寺を建立して禅道場を開いた。

師承がないことを非難されたため、文治五年（一一八九）に二人の弟子を宋に派遣し、大慧派に属する寧波の阿育王寺《あいくおうじ》の拙庵徳光《せったんとっこう》（一一二一〜一二〇三）に自らの境地を文書にして届けさせた。徳光は達磨像や自らの頂相《ちんぞう》（肖像画）などを与えたため、能忍は印可を得たと称して都で禅宗の普及を始め、達磨宗として評判になった。能忍自身の思想の詳細は不明だが、達磨の禅を顕密仏教の上に位置づけていたようであり、弟子には意図的な修行は不要だと主張する者たちもいて批判を招いていた。

能忍没後の達磨宗は、弟子の覚晏《かくあん》などが勢力を維持したが、奈良での本拠地となっていた多武《とうの》峰《みね》を安貞二年（一二二八）に興福寺衆徒の焼き討ちによって追われ、越前一乗谷の波著寺《はじゃくじ》に逃れた。その後、覚晏の弟子の懐奘《えじょう》をはじめとする多くの門弟は道元の弟子に転じ、法脈を保持していた三宝寺も衰えていった。

法然の革新

比叡山では、世俗化した延暦寺を出て山内の別所《べっしょ》と呼ばれる地に小さな庵を造って隠棲し、信仰に励む「聖《ひじり》」と称される者たちが増えていった。その一人であった法《ほう》然《ねん》（一一三三〜一二一二）は、若くして学識の高さで知られたが、黒谷《くろだに》の別所に移り、善導の『観経疏』に出会ってそれまでの学問を捨て、浄土教に転じた。建久九年（一一九八）、『選択本願念仏《せんちゃくほんがんねんぶつ》集《しゅう》』を著し、浄土宗の立場を明確に示した。

法然は、経論の研鑽と修行に励む聖道門《しょうどうもん》は「雑行」であるとして捨て、口称念仏によって往生する浄土門の意義を説き、主流となっていた浄土は心が作り出すものだとする唯心浄土説を否定して、西方に実在する浄土を信ずべきことを強調した。また弟子たちには、修行に励む善人ではなく、どのような修行もできない悪人のためにこそ本願が立てられたと語っていた。

その結果、法然の信者の中には、阿弥陀仏以外の仏を軽んじ、学問に励む僧をあざ笑い、念仏後の罪業は往生には関係ないため悪業をなすことを恐れるなと説くなど、過激な振る舞いをする者たちも出てきた。そのため、法然はそうした言動を戒めざるを得なかった。

ただ、法然は、一声の念仏でも往生できるとし、自分に可能な範囲で念仏をするよう勧めておりながら、自身は戒律堅固で有名な学僧であって、毎日念仏を数多く唱えていた。このため、多念と一念の優劣や戒律遵守の是非などをめぐって、弟子たちの間で立場の違いが生まれた。

こうした状況のもと、元久二年（一二〇五）には、興福寺の衆徒が『興福寺奏状《そうじょう》』と呼ばれる上奏をおこない、勅許なしに「宗」を立て、また大乗仏教の基本となる悟りを求める心を否定したなどの理由で法然の「専修念仏《せんじゅねんぶつ》」の停止を求めた。当時、法然門下は様々な問題を起こしていたため、弟子のうち二名が死罪にされたうえ、法然は土佐に流され、他に数名の弟子が遠流に処された。法然が赦免され京都に戻って亡くなると、門下は地方に分かれていった。

親鸞の他力信仰　法然門下の一人であった親鸞《しんらん》(一一七三〜一二六二)は、法然が土佐に流された際、越後に流された。赦免された後は、関東で妻帯して布教しつつ法然の教えをつきつめ、主著である『教行信証《きょうぎょうしんしょう》(顕浄土真実教行証文類《けんじょうどしんじつきょうぎょうしょうもんるい》)』を著した。京都に戻ると、同書の補訂に努めるとともに浄土への導き手として聖徳太子信仰を深め、太子関連の和讃を数多く作った。

自らを罪業が重い凡夫とみなしていた親鸞は、浄土経典のうち、衆生が往生を願うという箇所や信心を起こすといった箇所を解釈する際、末法の凡夫が自力でそうした心を起こすことは不可能とし、それらの箇所を阿弥陀如来の働き＝「はからい」として読み替え、例がないほど他力を強調した。

なお、関東における異説の流行を嘆いた常陸の唯円《ゆいえん》(生没年不明)が、晩年の親鸞の言葉を録したものとされる『歎異抄《たんにしょう》』は、浄土経典は悪人を主な対象として説かれたとする悪人正機説《あくにんしょうきせつ》にとどまらず、悪人こそが往生浄土の正因《しょういん》(主因)であるとまで説くに至っている。同書については、あくまでも唯円が自分なりに受け止めた親鸞の言葉であることが指摘されている。

後に浄土真宗と呼ばれるようになる親鸞の門下は、親鸞にならって肉食妻帯をおこない、本願寺その他の寺院を実子が継いでいくなど、戒律がゆるい日本仏教の中でもとりわけ特異な宗派となった。

一遍の踊り念仏

法然の孫弟子に師事した一遍《いっぺん》(一二三九〜八九)は、熊野神社で得たお告げをきっかけとして、すべてを投げ捨てて南無阿弥陀仏を唱えることだけを勧める「捨聖《すてひじり》」となって全国を旅した。一遍と庶民を多く含むその信者は、念仏を続けるうちに、自分が唱える念仏でなく、仏と共に申す念仏となり、最後にはその自分も仏も消え果てて念仏が念仏を唱えるまでに至り、南無阿弥陀仏になりきることを理想とした。その高揚感の中で阿弥陀仏と一体となった歓喜踊躍《かんぎゆやく》の「踊り念仏」がおこなわれた。

一遍は臨終に際して自分の著作や所持していた書物を焼き捨て、没後は解散を命じていたが、後継者を称した他阿真教《たあしんきょう》(一二三七〜一三一九)は、遊行上人《ゆぎょうしょうにん》二世と称して教団の確立をはかった。鎌倉に近い藤沢の清浄光寺《しょうじょうこうじ》を本拠として遊行を続け、武士に接近し、得意であった和歌を活用して布教に努めた。日夜ひたすら念仏を続ける時衆《じしゅ》と呼ばれる者たちのうち、この系統が次第に時宗となっていった。

栄西の顕密兼修

栄西《えいさい》(一一四一～一二一五)は、天台宗で出家して主に密教を学び、葉上流《ようじょうりゅう》と称される台密の書物を次々に著した。文治三年(一一八七)、天竺の仏蹟を参拝するため二度目の入宋をした際、臨済宗黄龍派の虚庵懐敞《こあんえしょう》に師事して印可を受けた。帰国後は、『法華経』に基づく天台教学、密教、修禅、菩薩戒の四面を柱としておりながら世俗化がはなはだしかった日本の天台宗を立て直すため、中国禅宗の規律を生かそうと努めた。鎌倉では北条政子が創建した寿福寺の開山となり、京都では将軍の源頼家が創建した建仁寺の開山となったが、建仁寺は当時は天台の寺であり、修行者たちに中国風の坐禅をおこなわせることはなかった。

栄西の弟子の栄朝に師事した円爾《えんに》弁円《べんねん》(一二〇二～八〇)は、入宋して中国五山の第一たる径山寺におもむき、禅だけでなく書画でも名高かった臨済宗楊岐派の無準師範《ぶじゅんしばん》(一一七七～一二四九)に参禅して法を継いだ。帰国後は、京都の東福寺の開山となり、宮中でも禅を説いて臨済禅を広めた。ただ、東福寺は天台・密教・禅を兼修しており、円爾は『大日経』の講義をすることもあった。帰国後も無準師範とは親しく手紙のやりとりをしており、径山寺の建物の多くが火事で焼けた際、修復のために木の板を多数送ると、無準師範は手紙で感謝の意を伝えてきている。

栄西の弟子の退耕行勇《たいこうぎょうゆう》(一一六三～一二四一)に師事した心地覚心《しんちかくしん》(一二〇七～九八)は、入宋して『無門関』で知られる無門慧開《むもんえかい》(一一八三～一二六〇)の法を嗣ぎ、尺八や径山寺の味噌(金山寺味噌)をもたらして諸寺に広めたと伝えられる。

道元の禅宗批判

道元（一二〇〇〜五三）は、比叡山で出家し、園城寺で天台教学を学んだものの、一〇代の身で「顕教も密教も、すべての事象はもともと真理そのものであり、人は本来そのまま悟りの身だと説くが、もしそうであるなら、過去・現在・未来の三世の諸仏は、何のために更に発心して菩提を求めるのか」という疑問にぶつかった。栄西の弟子の明全《みょうぜん》（一一八四〜一二二五）に師事し、貞応二年（一二二三）にともに宋に渡った。

宋の禅宗には不満だったが、曹洞宗の天童如浄《てんどうにょじょう》（一一六三〜一二二八）に出会ってひたむきに坐禅に打ち込む姿勢に感銘を受け、師事して印可を受けた。帰国したのち京都の興聖寺《こうしょうじ》で活動を始め、宋から道元を慕って来日した寂円《じゃくえん》（一二〇七〜九九）や、論破するために来て弟子となった達磨宗の懐奘などを指導した。比叡山から迫害され、寛元元年（一二四三）に越前に移住し、永平寺において弟子の育成と主著『正法眼蔵』の完成に努めて亡くなった。道元は釈尊以来の「正伝《しょうでん》の仏法」という点を強調しており、禅師・禅宗・曹洞宗といった言葉を好まなかった。

道元は、『正法眼蔵』を通例であった漢文ではなく、日本語の域を超えるような特異な和語で著して若い頃の疑問に取り組み、仏なればこそ修行が可能であるとし、坐禅は悟るための手段ではなく、そのまま仏の行であることを強調した。こうした主張には、修行不要論を批判しつつ天台本覚論やインドの初期如来蔵思想を推し進めた面と、釈尊への復古を志向した面が見られる。

道元は、経典について語る際、「ある時」という意味のありふれた漢語である「有時」を、「有《う》は時なり」（存在は時間である）と訓《よ》み、『涅槃経』の有名な「一切衆生悉有仏性（一切の衆生、悉く仏性有り）」という句を「悉有は仏性なり」（すべてに有るもの、すべての存在とは仏性である）と訓むなど、意図的に読み替えをおこなった。こうした読み替えは、「回向」など浄土経典中の信者の行為を指す語を如来の働きとして読み替えた親鸞の場合と同様、もとの経典から新たに経典を作り出したに等しい。その意味では、親鸞・道元の主著は伝統経典を改作した大乗経典と同じ性格を有すると見ることもできる。

道元の没後は、改革して普及をはかる派と道元の伝統を尊重する派とが対立したが、前者に属し総持寺を創建した瑩山紹瑾《けいざんじょうきん》（一二六八～一三二五）は、自らも属していた達磨宗の系譜を断ち切って曹洞宗を確立した。瑩山は『正法眼蔵』の思想に基づき、釈尊から懐弉に至る系譜を説いた『伝光録《でんこうろく》』を著し、女性を含む多くの弟子を育て、曹洞宗が全国に展開する基《もとい》を築いた。

日蓮

日蓮《にちれん》（一二二二～八二）は安房の海辺の賤民の出と自ら称した。地方の庶民が高度な教育を身につけるのは不可能であってありえないが、敢えてそう名乗ること自体、貴族仏教に代わる新しい仏教の方向を示している。比叡山で得度し、各地で天台教学と密教について学んだ後、建長五年（一二五三）に安房の清澄寺《せいちょうじ》で『法華経』を根本とする立場を表明した。

浄土宗をはじめとする諸宗が『法華経』を軽んじていることを激しく非難したため、念仏信者から攻撃された。文応元年（一二六〇）、執権の北条時頼に『立正安国論《りっしょうあんこくろん》』を提出して、浄土宗への布施をやめ『法華経』に帰依するよう要求し、自分の諫言を聞かない場合は他国の侵攻があると予言している。反発を招いて伊豆へ流され、赦免後、再び佐渡へ流されると、『開目抄《かいもくしょう》』『観心本尊抄《かんじんほんぞんしょう》』などを著し、赦免後は身延《みのぶ》(現山梨県)に隠棲して『撰時抄《せんじしょう》』などを著し、円仁・円珍が天台宗を密教化したことを批判した。

日蓮は、諸宗の学問に通じており、その思想は新旧の要素が入り交じっていて複雑だ。天台智顗と最澄を尊崇して天台教学の再興に努めつつも後代の天台本覚法門を活用し、「南無阿弥陀仏」の念仏を強調した法然を批判しておりながら、末法の世では『法華経』のすべてが集約されている「妙法蓮華経」という題目を唱えることのみが正法となると説いた。密教を批判する一方で、「南無妙法蓮華経」と大書してその周りに仏菩薩や仏弟子や釈尊を本地とする八幡大菩薩・天照大神の名を書き込んだ文字曼荼羅を作成し、教化に用いている。

日蓮没後の信徒は、天台宗と称して祈禱をおこなって弾圧を逃れた者や、既成の勢力に妥協した者、立場を守り通そうとした者など様々であり、次第に日蓮尊重の風を強めていった。

真言律宗の活動

日蓮に攻撃された叡尊《えいそん》(一二〇一～九〇)と忍性《にんしょう》(一二一七～一三〇三)のうち、叡尊は京都の醍醐寺で出家して高野山で真言密教を学んだ後、戒律の復興を志して西大寺の僧となり、道宣の『四分律行事鈔』を学ぶとともに、仲間と東大寺で『梵網経』に基づく自誓受戒をおこなった。忍性は、幼い頃から文殊信仰を抱き、文殊菩薩の化身とされていた行基を慕っており、差別されていた非人たちの救済を志し、彼らの宿《しゅく》に文殊の画を掲げてその号を唱えさせ、施物を与える行をおこなった。

忍性が叡尊を慕って西大寺に入ると、叡尊はその影響を受け、新羅の太賢の『梵網経古迹記』によって菩薩戒の普及に努めつつ、差別されていた非人や囚人たちの支援に尽くした。また『太子講式《こうしき》』を著し、太子講を始めて太子信仰に努めるとともに、密教系の易行として「光明真言《こうみょうしんごん》」を広めた。

忍性は、けがれを嫌って清浄さを守り国家の安泰を祈る官僧ではなかったため、官僧に忌避されていた非人やハンセン病患者を含む病人などへの慈善事業を積極的に進めた。鎌倉の極楽寺を本拠としつつ、東大寺大勧進職や四天王寺別当に任ぜられ、国分寺や法華寺の再興、橋や港湾の整備に尽くし、長らく廃絶していた尼への授戒を再開して女性信者の支援もおこなった。

宋・元の禅僧の布教

大日房能忍によって世に知られた禅宗が普及したのは、栄西や道元ではなく、円爾や宋・元から来日した禅僧たちによる。後者の最初となったのは、臨済宗の松源派の法を継ぎ、寛元四年(一二四六)に来日した蘭渓道隆《らんけいどうりゅう》(一二一三～七八)だ。道隆は、北条時頼が鎌倉に創建した建長寺の開山となり、これが関東における最初の本格的な禅宗寺院となった。

文応元年(一二六〇)に、同じ松源派の兀庵普寧《ごったんふねい》(一一九七～一二七六)が道隆や円爾の推薦によって来日すると、時頼は建長寺に招いて参禅し、後に印可を受けている。ただ、普寧は、中国禅を押し通そうとしていたようであり、時頼が亡くなると帰国してしまった。

道隆は上京して建仁寺の住持となり、同寺を本格的な禅寺に改めた。鎌倉に戻った道隆は、次に執権となる北条時宗も指導したが、蒙古襲来の際スパイだと讒言を受け、甲斐の東光寺に遷され、赦された際もまた配流されており、不遇な晩年を過ごした。

執権の時宗は、無準師範の弟子であって元の軍勢に脅されても毅然としていたことで名高い無学祖元《むがくそげん》(一二二六～八六)を招き、蒙古が来襲した弘安四年(一二八一)の翌年、鎌倉に円覚寺《えんがくじ》を創建して祖元を開山とした。祖元は多くの武士に禅の指導をおこない、高峰顕日《こうほうけんにち》(一二四一～一三一六)などの弟子を育て、尼五山の筆頭となる京都の景愛寺の開山となった無外如大《むがいにょだい》(一二二三～九八)のような尼も指導している。こうした優れた禅僧が次々に来日したのは、宋の国土が元軍によって蹂躙されていた時期であったことが大きい。

以後、元の正使として来日した一山一寧《いっさんいちねい》(一二四七～一三一七)は、幅広い教養を身につけた文化人であり、雪村友梅《せっそんゆうばい》(一二九〇～一三四六)、夢窓疎石《むそうそせき》(一二七五～一三五一)、『元亨釈書《げんこうしゃくしょ》』を著した虎関師錬《こかんしれん》(一二七八～一三四六)など、文芸面でも活躍した弟子たちを育てた。他に清拙正澄《せいせつしょうちょう》(一二七四～一三三九)、竺仙梵僊《じくせんぼんせん》(一二九二～一三四八)などの臨済僧が来日したほか、東明慧日《とうみょうえにち》(一二七二～一三四〇)や東陵永璵《とうりんようよ》(一二八五～一三六五)らの曹洞宗の禅僧によって宏智派《わんしは》の禅風が日本にも伝えられ、鎌倉・京都の五山にも影響を与えた。

　これらの来日僧たちは、詩偈・書・水墨画・儒教などの面でも影響を与えたうえ、禅宗の葬儀法や宋代頃に仏教に取り入れられた喫茶や位牌の風習なども日本に伝えた。日本から中国に渡る僧も多く、日本人の師の著作を持参して評価を求めたり、文章の訂正を請う場合も多かった。

神話と文芸

　平安末にすでに進んでいた神仏習合思想は、本覚思想、密教、道教経典などの影響を受けてさらに進展し、荒唐無稽な神話解釈や新たな神話が次々に生まれた。第六天魔王や聖天《しょうてん》(歓喜天《かんぎてん》)その他、仏教に取り込まれたインドの神々が着目され、新たな意義を与えられて尊重されたり、在来の神々と習合したりしている例も多いため、中世日本をヒンドゥー文化圏の一つと見る説もある。こうした新奇で神秘的な解釈は、和歌・物語の注釈や芸能の分野も同様であり、仏教との相互影響が見られる。論義の影響による典拠尊重の風潮もあってか、主張の根拠となる擬経・擬論・擬書が大量に作成されていった。

　平氏によって焼かれた東大寺の再建を指揮した重源《ちょうげん》(一一二一〜一二〇六)は、事業の成功を祈るため、盧舎那仏と同体とされた天照大神を祀る伊勢神宮に数度にわたって参詣し、経典供養をおこなっている。この時期には、天照大神だけでなく、様々な神々も仏教の図式で説明されており、平安末から鎌倉初めにかけて成立した『三角柏伝記《みつのかしわでんき》』では、伊勢大神《いせのおおかみ》は本覚神《ほんがくしん》、八幡神や広田神《ひろたのかみ》は無明から目覚めた始覚神《しがくしん》、出雲神《いずものかみ》などはまだ目覚めていない不覚神《ふがくしん》とするなど、本覚思想による説明が見られる。

神を低く見たうえでその意義を強調した僧もいた。円爾に臨済禅を学んだ禅僧であって、密教や天台その他を幅広く学んだ無住《むじゅう》（一二二六〜一三一二）は、『沙石集』において、現在は末法であるうえ、日本は天竺から遠く離れた辺地であって民は愚かだが、仏菩薩はその地の民に合った形で現れる以上、文化的でない神こそが日本に最もふさわしい仏菩薩だと説いている。

鎌倉時代の文学と芸能は、鴨長明『方丈記』、その『方丈記』を引用する『平家物語』を語った琵琶法師をはじめとして、ほとんどが仏教色の濃いものだった。武士から僧に転じた西行の歌集にしても種々の軍記物語にしても、仏教の影響が強く、無常の情緒に染められていた。

第八章　近世の東アジア仏教

明代になると、陽明学に押されて仏教の地位は下がり、僧侶の質も落ちていった。ただ、雲棲《うんせい》袾宏《しゅこう》をはじめとする四大師と称される僧たちは、教禅一致、禅浄一致を強調して仏教を統合し、復興させようと努めた。

清朝が明を滅ぼすと、明の武装した密貿易商人と日本人の母との間に生まれた鄭成功《ていせいこう》が、明復興の拠点とするため台湾に進出し、明の仏教をもたらした。清の支配層はラマ教を信仰し、漢人には従来の仏教信仰を認めたが、仏教界はさらに低調になっていった。

ベトナムには明の仏教がもたらされ、禅浄一致、三教一致の風潮が強まって道教との混淆が進んだうえ、社会では儒教が主流となったため、仏教の地位は下がっていった。

李氏朝鮮(李朝)では、朱子学が公認の学問となって仏教は弾圧され、諸宗が統合されて管理が強められた。豊臣秀吉の朝鮮侵略の際は禅僧たちが奮戦したため、その功績によって仏教はやや盛り返した。以後また抑圧が強まっていったが、禅浄兼修の風潮のもとで、『華厳経』の講義が盛んになされ、漢字に訓民正音《くんみんせいおん》による訓みをつけた仏教書も多数出版された。

日本では、室町時代には禅宗の影響を受けた文化が栄えた。江戸時代になると、幕府は民衆を必ずどれかの宗派の寺に属させたため、寺院は統制されつつも保護され、宗派仏教が強まることになった。幕府が学問を推奨すると、諸宗は僧侶の教育機関を充実させた。

そうした中で、宗祖に帰ろうとする復古の動きや、近代的な方法に近い客観的な仏教研究もなされた。ただ、日本はこの時期になってようやく儒教が力を持つようになり、仏教批判もなされたうえ、国学も仏教批判を強めていった。

本章では、こうした近世アジア諸国の仏教の動きを概観する。

1　明清期の衰退と復興

明代の仏教　乞食僧あがりで念仏結社の白蓮《びゃくれん》教徒となり、紅巾《こうきん》の乱に加わって頭角を現した朱元《しゅげん》璋《しょう》は、洪武元年（一三六八）に大明を建国して洪武帝《こうぶてい》となり（在位一三六八〜九八）、二〇年かけて元の残党を撃破して南北を統一した。洪武帝は、即位後は白蓮教と華厳系の宗教結社である白雲教《びゃくうんきょう》とを邪教と判定して禁じた。『般若心経』『金剛般若経』『楞伽経』の試験に合格した者のみを僧侶と認め、寺院・僧侶の管理や住持の選定、僧侶の処罰などは、南京の僧録司《そうろくし》と地方の役所が管理した。

洪武帝は寺院を禅寺・講寺・教寺という三種に分けさせた。禅寺は禅宗の寺、講寺は天台・華厳・法相などを講じる寺、教寺は一般の信者に請われて密教儀礼を中心とする法事や祈禱をおこなう寺のことであり、こうした僧侶を瑜伽教僧《ゆがきょうそう》と称した。

明では私度僧が横行していたうえ、北方に退いてからも侵攻してくるモンゴル（北元）軍に備える戦費を確保するため、税金を免除された出家の証明書である度牒《どちょう》を売る売牒、また僧官になる権利を売る売官をしばしばおこなった結果、形だけの無学な僧侶が増えていった。

そうした中で、正徳帝《せいとくてい》（在位一五〇六〜二一）は、チベット語を学び、常にラマ僧の僧衣を着、宮廷でラマ教の説法をしていた。その後を継いだ嘉靖帝《かせいてい》（在位一五二一〜六六）は、道教に傾倒して仏教を抑圧する一方で財政の確保のために売牒・売官を続けたため、僧侶の資質はさらに下がった。民間における僧侶の評価も落ち、『水滸伝』や『金瓶梅《きんぺいばい》』などには、「一字なら僧、二字なら和尚、三字なら葬式屋、四字なら色情餓鬼」などという評言まで見える。

明の四大師とキリスト教批判

こうした仏教不振に追い打ちをかけたのは、官僚・武将として活躍した王陽明《おうようめい》（一四七二〜一五二八）が日常生活の実践の中で打ち出した陽明学だ。陽明学は、心を重視して大胆な人間肯定をおこなった唐代禅を、儒教社会向きに変えたような趣きがあったため、人気となって多様な弟子が輩出された。

万暦年間（一五七三〜一六二〇）に活躍し、明代仏教を代表する僧となった雲棲袾宏（一五三五〜一六一五）は、陽明学の隆盛と仏教の衰退を嘆き、教禅一致・禅浄一致の立場で諸宗と禅宗と浄土教を統合し、戒律の再興に努めた。『禅関策進《ぜんかんさくしん》』などの著作や、浄土教関連の著作を数多く著したほか、施餓鬼《せがき》に当たる水陸会《すいりくえ》や放生会の儀礼も整備している。

袾宏は、一定の時刻に三宝を礼拝して唱えるべき経典を編纂し、『諸経日誦集要《しょきょうにちじゅしゅうよう》』を著した。これを藕益智旭《ぐうえきちきょく》（一五九九〜一六五五）が改訂した版が清代に『禅門日誦《ぜんもんにちじゅ》』として刊行され、多少変更されたうえで、今日でも中国ならびに東南アジアの中国系寺院で用いられている。現代の中国仏教の基礎を築いたのは雲棲袾宏だと言ってよい。

同じく禅浄一致を説き、社会の不正と戦って獄死した紫柏真可《しはくしんか》（一五四三〜一六〇三）と、禅宗と諸宗の統合に努めた憨山徳清《かんざんとくせい》（一五四六〜一六二三）は、袾宏とともに「万暦の三大師」と称された。後にこの三人に加えられ「明の四大師」の一人とされた藕益智旭は、大蔵経の要文を集めた『閲《えつ》蔵知津《ぞうちしん》』を編纂し、戒律・天台・華厳・浄土などと禅の統合に努めた。

こうした教禅一致の主張に反発した禅僧たちもおり、臨済義玄当時の禅宗への回帰をめざした臨済宗天童派の密雲円悟《みつうんえんご》（一五六六〜一六四二）は、公案禅を否定し、棒や喝を用いた唐代の教化法を復活させた。

円悟はキリスト教批判もおこなった。万暦二九年（一六〇一）に許可を受けて北京で布教を開始したイエズス会のマテオ・リッチは、神を「天主」と訳して『天主実義《てんしゅじつぎ》』を著し、仏教の輪廻説などを批判したため、円悟のほか袾宏、智旭も激しい反駁書を著した。

それぞれの土地に合わせた布教を心がけていたリッチは、当時の明では女性的な観音像が子授けの菩薩として信仰され、また足もとにまつわる子どもを見つめる鬼子母神像も流行していたのを参考に、聖母マリア像を観音や鬼子母神の像に似せて白磁で作らせた。それが日本にもたらされ、後には隠れキリシタンたちの間でマリア観音として礼拝されることになる。

清代の仏教と台湾への進出

崇禎一七年(一六四四)に明を滅ぼした満州の女真族の清朝は、ラマ教を仏教の頂点に置いたが、漢人の庶民がラマ教と接触するのを警戒した。また、それまでの仏教信仰を認めながらも新たな寺院の創建を禁じ、私度僧を取り締まった。清代には優れた漢人僧は出ず、乾隆帝《けんりゅうてい》(在位一七三五〜九五)以降は、彭際清《ほうさいせい》(一七四〇〜九六)らの居士が僧侶以上に活躍するようになった。

清代でも白蓮教がしばしば反乱を起こしたため、寺院の取り締まりが厳しくなった。そのうえ、洪秀全《こうしゅうぜん》がキリスト教と伝統的な天の信仰とを融合させた信仰結社を組織し、道光三〇年(一八五一)に太平天国《たいへいてんごく》の乱を起こすと、江南の仏教寺院や仏像が大量に破壊された。

福建出身で武力を有する密貿易商人だった鄭芝龍《ていしりゅう》(一六〇四〜六一)が、倭寇の本場でもあった日本の平戸で暮らしていた際、日本人の母との間に生まれた鄭成功(一六二四〜六二)は、七歳で父に従って福建に渡り、学問に励んだ。清が明を滅亡させると、復興の拠点とするため、鄭成功は永暦一五年(一六六一)に水軍を率いて台湾に向かい、台湾を領有していたオランダ東インド会社と戦って降伏させ、配下の軍勢と民衆を台湾に移した。

これがきっかけとなって台湾に明代の仏教が伝えられた。清代には一〇〇を超える寺が建立されたが、観音という名がつく寺が半分以上を占めている。僧侶の中には、信者のために占いをしたり、医療に力を入れる者もいたという。民間では、仏教・儒教・道教を混淆した斎教《さいきょう》と呼ばれる禅宗系の菜食主義の宗教が盛んとなっていった。

2 ベトナム

服属から独立へ

陳朝の外戚である胡季犛《こきり》が一四〇〇年に帝位を奪うと、明の永楽帝は陳朝復興を名目として永楽四年(一四〇六)に軍勢を送り、以後、二二年にわたって支配下に置いた。

この時期を属明期と称する。

永楽帝は、ベトナムの伝統的な習俗を禁止して女性に中国風の服装を強制し、明で流行していた儒教と仏教と道教を送って普及させ、陳朝およびそれ以前の史書・地理書・文学書などを大量に没収して南京に運び去った。字喃で書かれた仏教書を略奪したり焼かせたりしたため、僧の范《はん》玉《ぎょく》(生没年不明)が率いる僧軍は五年間も抵抗を続けた。豪族の黎利《れいり》は、ゲリラ戦を続けて明の勢力を駆逐し、順天元年(一四二八)に即位して国号を大越《だいえつ》と称した。陳朝の頃から儒教が盛んになり、属明期には朱子学が導入されたため、黎朝(後期黎朝)では儒教が主流となり、仏教は抑圧された。

阮朝の成立とフランスの進出

黎朝以後、短い王朝が乱立し、対立と内部抗争を重ねたが、黎朝の実力者阮氏一族の子孫である阮福暎《げんふくえい》(一七六二〜一八二〇)は、シャム(タイ)軍とフランス軍の助力を得て一八〇二年に西山《せいざん》朝軍を破り、中部のフエで王位についた。さらに北部も支配下に入れ、現在につながる南北に長い国土を初めて得た。

阮福暎は清の冊封を受けて越南王に任じられ、ついで一八〇六年には皇帝を名乗って阮朝を創始した。西山朝は仏教を保護し、字喃を用いて経典のベトナム語訳を進めていたが、阮朝はそれらを焼却したうえ、儒教を国教として仏教を迷信とみなした。

その阮朝を支援し、東南アジア諸国の植民地化を進めていたフランスは、一八八三年にベトナムを保護国化した。さらに一八八七年にはフランス領インドシナ連邦を成立させ、阮朝を存続させたまま植民地とし、カトリックを浸透させていった。

禅宗の流布と三教混淆

後期黎朝以後のベトナムでは、明代仏教の影響を受けて禅浄一致、三教一致の傾向が進んだ。「三教像銘並序」によれば、高陽寺では光興元年(一五七八)に釈迦・孔子・老子の三尊像を造って合祀したという。

北部の仏教の中心となったのは、福建出身の臨済僧で拙公《せっこう》と称された拙拙禅師《せっせつぜんじ》(一五九〇～一六四四)だ。拙公は、仏教の五戒と儒教の五常の一致を説き、念仏によって迷いをなくせばそのまま安楽国であり、在家であってもそのまま悟りだと説いた。没後は、遺体を漆で処理した像がハノイ近くの仏跡寺に安置され、今も崇拝の対象となっている。

中南部では、阮氏一族がフエに二〇〇もの寺を建てる一方で、不正な出家を取り締まり、臨済正宗を名乗る大慧系統の臨済宗を保護した。僧官にはこの派の僧だけをあてたため、この派が中南部の主流となっていった。

後期黎朝時代に創建ないし再建された主要な五寺院は、神宗の妃である玉竹妃によって一三世紀に建立された寧福寺(筆塔寺)をはじめ、すべて王妃や王の側室、勢力のあった宦官の妻などによって発願された寺だ。この時期は、仏教は主に後宮の女性たちによって支えられたのだ。また庶民の間では、儒教や道教と混淆した形で信仰されており、一八世紀末頃の北部では僧侶が道士を兼ねる場合もあった。

3　李氏朝鮮

李朝の仏教迫害

南方の倭寇や北方の女真族の攻撃を撃退して高麗の権勢を握った武将の李成桂《りせいけい》は、洪武二五年（一三九二）、恭譲王《きょうじょうおう》に譲位させて自ら高麗王となった（在位一三九二〜九八）。ついで、明に国号変更を願い出て朝鮮国の統治を認められ、第三代の太宗《たいそう》（在位一四〇〇〜一八）が建文三年（一四〇一）に正式に朝鮮国王として冊封を受けた。以後、光緒二三年（一八九七）に光武帝《こうぶてい》が統治する大韓帝国となるまで、世界史上まれに見る長期王朝となった。

李朝の特徴は、朱子学を重んじて中国以上に極端な儒教政治をおこなったことだ。太祖と称された李成桂は無学自超に師事していたが、国立の儒教の教育機関である成均館《せいきんかん》で学んだ太宗の時期から、仏教の抑圧が進み始めた。太宗は、二四二の寺院、それも都会でない山中の寺を優先して公認し、さらに一一あった宗を、曹渓宗、華厳宗、天台宗、慈恩宗、中神宗《ちゅうしんしゅう》（中道宗《ちゅうどうしゅう》と神印《しんいん》宗《しゅう》）、摠南宗《そうなんしゅう》（密教の総持宗と南山律宗を統合）、始興宗《しこうしゅう》（不明）の七宗に統合させた。

高麗末には寺領が全国の田地の六分の一にも及んでいたが、公認しなかった寺院と奴婢を没収し、度牒のない僧は還俗させ、王師・国師の制度をやめ、王陵に寺を建てる伝統を廃止した。女性が寺に参詣するのを禁止する法令も出された。ただ、後宮の女性には仏教信者が多く、その影響で太宗も亡き父母の追善に関わる法会や造寺などは認めていた。

名君として知られる世宗《せいそう》（在位一四一八〜五〇）は、儒教を国教に定め、曹渓宗・天台宗・摠南宗を合わせて禅宗とし、華厳宗・慈恩宗・中神宗・始興宗を合わせて教宗とし、禅・教の二宗のみに統合してそれぞれの宗に一八ずつの寺だけを公認して寺田を与えた。

訓民正音の制定と仏書刊行

世宗の業績の中で有名なのは、漢字以外の字を作ったのは夷狄の国だけだとする臣下の反対を抑え、ハングルの原型となる「訓民正音」を世宗二五年（一四四三）に制定したことだ。その直後に朝鮮王朝を讃える『龍飛御天歌《りゅうひぎょてんか》』が訓民正音で刊行され、続いて即位前の世祖が自ら編纂した仏伝の『釈譜詳節《しゃくふしょうせつ》』や、釈尊を讃えた歌集である『月印千江之曲《げついんせんこうのきょく》』なども訓民正音で刊行された。これらは当時を代表する文学でもある。

朝鮮王の中で最も仏教に熱心だった第七代の世祖は、世祖七年（一四六一）に仏典を刊行する刊《かん》経都鑑《きょうとかん》を設置し、『楞厳経諺解《げんかい》』『法華経諺解』『金剛経諺解』『般若心経諺解』『円覚経諺解』など、漢文を訳して訓民正音で表記した諺解本と称される仏教書を多く刊行させた。

だが、以後の国王や官僚たちは仏教への抑圧を強めた。僧侶の資格試験である僧科《そうか》を廃止し、都の漢城（現ソウル）の寺をすべて没収し、僧侶を土木工事などの労役に駆り立てるに至った。この時期には朱子学の研究が進展しており、李《り》退渓《たいけい》と李《り》栗谷《りっこく》という二大学者が出ている。

豊臣秀吉の朝鮮侵略と義僧軍の奮戦

仏教への抑圧に歯止めをかけたのが、豊臣秀吉の朝鮮侵攻（文禄・慶長の役）だ。文禄元年（一五九二）、日本統一を果たして明の征服をくわだてた秀吉の軍勢が朝鮮に侵攻し、ひと月で漢城を陥落させると、北方に逃れた朝鮮王は明に援軍を頼むとともに、少し前まで投獄していた臨済僧の西山休静《せいざんきゅうじょう》（一五二〇〜一六〇四）に協力を依頼した。休静は全国の僧に参戦を呼びかけ、弟子の松雲惟政《しょううんいせい》（一五四四～一六一〇）が僧将となって義僧軍《ぎそうぐん》を指揮して戦い、活躍した。

秀吉軍は引き揚げたものの、明との交渉が決裂し、慶長二年（一五九七）に再び侵攻して激しい戦争となった。秀吉が死ぬと、日本軍は多くの捕虜や略奪品を得て引き揚げた。日本の状況を把握するために、長らく朝鮮交易に携わっていてその再開を望む対馬の宗氏のもとに派遣された惟政は、京都まで連れてゆかれると、日本の禅僧や在家信者たちに尊重され、禅問答による教化や漢詩のやり取りを通じて交流した。惟政は、修好を望みつつ軍勢を誇示した徳川家康と会見した後、宗氏の仲介によって集められた捕虜千数百人を連れて帰国した。

日本軍が撤退すると、儒学者たちはまた仏教批判を始めたが、戦死者追悼の法会がおこなわれ、廃墟となった寺院も一部が再建されるなどしており、仏教を廃絶するには至らなかった。

この時期の禅宗は、芙蓉霊観《ふようれいかん》（一四八五～一五七一）の二人の弟子である西山休静の派と浮休善修《ふきゅうぜんしゅう》（一五四三～一六一五）の派が主流となっていた。休静は『三家亀鑑《さんけきかん》』などを著し、看話禅を重視しつつ教宗と禅宗の統合、儒・仏・道の三教の調停に努めた。西山派では鞭羊彦機《べんようげんき》（一五八一～一六四四）の系統が主流となった。この一門は、高麗末に元に渡って臨済宗の印可を受けた太古普愚から休静に至る系譜こそ臨済宗の正系であることを強調した。一方、浮休派も同様に正系を主張していたが、知訥が開いた松広寺を本拠として知訥の著作を刊行するなどしており、入宋していない知訥を重視していた。

仏教と文学

李朝は朱子学の謹厳な印象が強いが、仏教関連では恋愛文学なども生まれている。

華厳の素養を有する禅僧で、雪岑《せっしん》という僧名と梅月堂の号で知られる金時習《きんじしゅう》（一四三五〜九三）の『金鰲新話《きんごうしんわ》』に収録された「万福寺《まんぷくじ》樗蒲記《ちょぼき》」は、両親を亡くした青年が、寺に祈願に来た美女と情を交わしたが、女は名家の娘の幽霊であって、青年は供養をして娘を往生させ、自分は伽耶山に隠れたという話だ。

また、文人官吏の金万重《きんまんじゅう》（一六三七〜九二）は、中国の禅僧が、弟子を官吏に生まれかわらせて仙女の生まれかわりである女性たちとの恋愛や官界での出世と左遷を経験させ、すべては一場の夢に過ぎないと説く恋愛小説『九雲夢《きゅううんむ》』を一七世紀末に著しており、李朝文学の傑作として評価されている。

近代以前の韓国におけるすぐれた恋愛作品は、これ以外もほとんどが仏教を素材としたものだ。釈尊と妻の耶輸陀羅《やしゅだら》の逸話に基づく仏伝文学も独自の発展をした。李朝後期の『八相明行録《はっそうみょうぎょうろく》』では、耶輸陀羅は釈尊に捨てられ、さらに六年後に出産して不貞を疑われて火中に入れられ、霊験を起こして助かるものの、そうして生まれた羅睺羅《らごら》も、釈尊によって出家させられてしまう点を強調しており、仏伝が宮廷女性の悲劇に仕立てられている。

4　南北朝から江戸の日本

鎌倉幕府が元弘三年（一三三三）に滅亡すると、足利尊氏が光明《こうみょう》天皇を即位させて延元三年（一三三八）に征夷大将軍に任じられ、鎌倉幕府に続く武家政権を京都に開いた。以後、京都の北朝と吉野の南朝が抗争する時代が続いたが、三代将軍の足利義満の斡旋によって明徳三年（一三九二）に両朝は合体した。北小路室町に室町殿と呼ばれる邸宅をかまえた義満は、守護大名たちの勢力を抑えて幕府権力を確立し、禅宗色が強い室町文化を築いた。

陣僧

鎌倉末期から南北朝期の戦場では、陣僧と呼ばれる僧が檀那（外護者）である武士の傷の手当をし、臨終時には極楽往生ができるよう南無阿弥陀仏の十念を授け、亡くなると葬儀を営み、地元に帰って遺族に最期の様子を語った。陣僧は在地の僧である場合もあったが、清浄光寺などの時衆（時宗）の僧が当たることが多かった。これは、時衆の僧は戦場でも自由に行き来ができ、官僧と違って真言律僧と同様に死穢を忌まず、葬送儀礼をおこなうことができたことによる。

阿弥衆と禅宗文化

時衆の僧は、戦場以外でも文芸や趣味の世界を指導することが多かった。正式な時衆の一員になるには厳しい条件があったが、一般には、剃髪して阿弥衣《あみえ》と呼ばれる黒衣を身につけ、「〜阿」「〜阿弥」という号を名乗れば時衆の僧とみなされたようだ。

ただ、真言宗で出家して法然にも学び、東大寺再建の勧進を担当した重源は、一二世紀末頃から男女を問わず諸人に阿弥陀仏号をつけており、この系統も南都では盛んだったため、「〜阿」「〜阿弥」という名であっても時衆に限るわけではない。南北朝期から室町時代にかけては、こうした者が阿弥衆《あみしゅう》あるいは同朋衆《どうぼうしゅう》と呼ばれて将軍や大名に仕えるようになり、禅僧や文人貴族などと交流しつつ文化を主導していった。

足利尊氏・直義《ただよし》兄弟は、後醍醐天皇の冥福を祈るため、暦応二年(一三三九)に京都に天龍寺を創建し、臨済僧の夢窓疎石を開山に招いた。疎石は、中国の禅寺の様式と、自然の眺望を生かした平安朝以来の風雅な庭園とを融合し、後代に大きな影響を与えた。疎石は天龍寺を建立するに当たって、鎌倉時代の建長寺船の例にならい、資金調達のために元へ交易船を派遣するよう提言しており、室町時代に禅寺が交易をおこなうさきがけともなっている。禅僧は大陸との貿易に関わり、漢詩文の贈答を通じて国を越えた交流をし貿易にも携わっていた。

足利義満は、自らの坐禅修行のため、相国寺の塔頭《たっちゅう》として鹿苑院《ろくおんいん》を建てた。そこでは禅僧から指導を受けるだけでなく、仏教関係の訴えその他の処理をさせたため、臨済僧は次第に政治や外交にも関わるようになった。

賓客と対面する場として会所《かいしょ》をもうけ、「唐物《からもの》」と呼ばれる中国渡来の貴重な文物で飾ることは、鎌倉時代から始まっていたが、義満や以後の足利将軍の会所は豪華をきわめた。

著名な禅僧の書画などは特に尊重された。

会所で唐物などを管理し、また書画・茶・香・文芸・芸能・建築・作庭などに関わった者の多くは同朋衆だった。こうした者たちの身分は様々だったが、法体《ほったい》(僧形《そうぎょう》)をしていれば身分を超えた交わりが可能となったのだ。

諸宗の展開　鎌倉時代に独創的な仏教を提示した僧たちのうち、法然、親鸞、道元、日蓮に由来する宗派は、室町時代半ばから戦国時代・江戸初期にかけて急激に全国展開していった。

法然の場合、生前から様々な傾向の弟子たちが育っていたが、消えずに展開したのは、西山派となった西山証空《せいざんしょうくう》(一一七七〜一二四七)の系統と、鎮西派となった弁長《べんちょう》(一一六二〜一二三八)の系統だけだ。江戸幕府が成立すると、祖先が信仰してきた浄土宗を家康が尊重し、芝の増上寺を菩提寺としたため、浄土宗は急激に勢力を増し、家康の浄土宗信仰の篤さを誇張する説話が広められた。

肉食妻帯による世襲であった親鸞の諸系統のうち、本願寺は勢力が弱く、天台宗の青蓮院《しょうれんいん》の末寺扱いとなっていた。だが、第八世の蓮如《れんにょ》(一四一五〜九九)は天台宗に抵抗して衝突し、越前の吉崎《よしざき》(現福井県あわら市)などの各地を転じた後、文明一四年(一四八二)に京都の山科に本願寺を落成させた。蓮如は、和語の手紙の形で教えを分かりやすく説いた「御文《おふみ》」(「御文章《ごぶんしょう》」)を活用して門徒を増やしていった。

北陸などで門徒が増えていくにつれ、抑圧もなされるようになり、それに対する反発や苛酷な年貢などに対する農民の不満が結びつき、一五世紀後半から各地で一向一揆が起きるようになった。蓮如は、世俗では王法に従い、信仰では仏法を守るよう訓戒し、のちに石山本願寺となる石山御坊を大坂に建立した。本願寺は次第に大名並みの領地と武装勢力を有するようになり、戦国大名間の争いに関与してしばしば戦うようになった。

石山合戦(一五七〇～八〇)の末、本願寺が織田信長に屈服した際、抗戦派であった教如《きょうにょ》(一五五八～一六一四)は家康を頼るようになり、慶長七年(一六〇二)、京都の本願寺の東にあたる土地を寄進された。その結果、真宗は准如《じゅんにょ》(一五七七～一六三〇)が継いだ本願寺と教如が住する東本願寺に分かれることになり、後者は親鸞の墓所である大谷祖廟を継承したため、後には大谷派と称されるに至った。

禅宗の五山十刹は「叢林《そうりん》」と呼ばれ、五山以外の有力な禅寺や地方に展開していった禅寺は「林下《りんか》」と呼ばれた。林下の寺の中には、五山十刹と同等ないしそれ以上に盛んとなった臨済宗の寺も含まれる。たとえば京都の大徳寺は、風狂僧として知られ帰依者が多かった一休宗純《いっきゅうそうじゅん》(一三九四～一四八一)が堺の豪商などに呼びかけて再建すると大いに栄え、茶道・能・画その他の面で禅宗文化の中心の一つとなった。

室町時代には、尼五山《あまござん》と呼ばれる尼の五山も存在し、女性の禅僧の活躍も見られた。ただ、中国からもたらされた擬経の『血盆経《けつぼんきょう》』などの影響により、女性は月経や出産時の血によるけがれによって血の池地獄に堕ちることが強調されたため、女人不浄観も強まった。

林下の禅寺は地方に展開してゆき、戦国大名や有力武士たちの外護を得たほか、村落などでも葬儀や追善や授戒会などを積極的におこなうことにより、菩提寺として定着していった。

こうした手段を活用して地方進出を果たした代表は曹洞宗であり、瑩山の弟子である峨山韶碩《がざんじょうせき》（一二七五〜一三六六）の門下をはじめとする各派が地方に広まり、近世初頭には一万六〇〇〇寺を超えるに至った。北陸の白山信仰をはじめとする地域の信仰と結びつき、地獄の閻魔などを含む十三仏の信仰を広めた。この時期には公案禅も取り入れられており、中国の禅語録の研究や民間布教が盛んとなった。ただ、『正法眼蔵』を研鑽した例はあまり見られない。

日蓮門下は様々な系統に分かれていき、関東に展開した後、室町時代には京都に進出した。町衆の信仰を集めるようになるにつれて、他宗としきりに衝突するようになった。法華宗という宗号を度々上奏したため、天台法華宗《てんだいほっけしゅう》を称していた比叡山との対立が強まっていった。さらに比叡山による上納金の要求を拒絶したため、天文五年（一五三六）には比叡山の軍勢が京都の日蓮系諸寺院を焼き払い、多くの信徒を殺害した。以後、和議が結ばれると、京都での勢力を再び強め、地方へも展開してゆき、武士の間にも広まっていった。

徳川幕府は、キリシタンについては、当初は貿易を重視して布教を黙認する秀吉の方針を踏襲していたが、次第に制限するようになっていった。特に、重税に反発したキリシタン農民が主力となって寛永一四年(一六三七)に島原の乱を起こすと、幕府は徹底した禁教政策に転じて厳しい弾圧をおこない、オランダを例外とする鎖国体制に転じた。

仏教統制と檀家制度

それまでは、キリスト教を捨てた者に対して証文を書かせ、また檀家になったことを証明する文書を寺に出させていたが、島原の乱以後は、キリシタンでない者についても一律に証文を寺から出させるようにした。このため、日本人全員が特定の宗派の寺に属することになり、村の無人の小さな仏堂が寺院に改められるなどして寺が急増した。現存する日本の寺のおよそ七割はこの時期に創建されたものだ。天台宗や真言宗から、鎌倉時代に成立した諸宗に改宗した寺も多い。

幕府は、寺社管理のため寛永一二年(一六三五)に寺社奉行を創設した。宗派ごとに次々に規則を定めた後、寛文五年(一六六五)にはすべての仏教宗派を対象にして「諸宗寺院法度《しょしゅうじいんはっと》」を発し、諸宗を混在させず、本寺・末寺の上下関係を明確にするよう命じている。

学問の発展と復古

幕府は諸宗の学問を大いに推奨し、学問・修行の期間を住持などの資格としたうえ、寺領や金子《きんす》をその褒賞として与えた。このため、諸宗は檀林・学林・学寮などの名の教育機関を充実させ、自宗の教義に加えて仏教全般に関する教育・研究に努めた。

教科書となる経論や注釈などの研究が進んだほか、出版も盛んになり、京都をはじめとして出版・販売を手がける書肆ができ、一般向けの入門書も多数出版された。研究が進むにつれて、伝統説に背く「異安心《いあんじん》」と呼ばれる解釈も主張され、論争が起きる例も増えた。また宗祖の思想の見直しが進んで復古の運動もなされた。

天台宗では、本覚法門を極端な方向に推し進めて現状肯定を説き、性的な秘法をおこなう者もいたと伝えられる玄旨《げんし》帰命壇《きみょうだん》を、禅宗から転じた妙立《みょうりゅう》（一六三七〜九〇）が否定し、中国天台の教理に戻そうとした。妙立は比叡山から追われたが、弟子の霊空光謙《れいくうこうけん》（一六五二〜一七三九）は反論に努めて玄旨帰命壇を終息させ、戒律を守る「安楽律」の運動を起こした。

曹洞宗では、寺格の高い寺院の住持となる際はそれまでの法系を捨て、先代住持の弟子となってその法を嗣ぐ風習が広まっていたため、卍山道白《まんざんどうはく》（一六三六〜一七一五）は、面授による唯一の師承関係を重んじた道元のあり方に戻そうとして運動した。

当初はこの運動を批判していた天桂伝尊《てんけいでんそん》（一六四八〜一七三六）は、晩年になって道元への復古を志し、『正法眼蔵』の研鑽に努め、天台宗から転じて道元の弟子となった詮恵《せんね》・経豪《きょうごう》の『正法眼蔵御抄《ごしょう》』以来となる『正法眼蔵』の注釈、『正法眼蔵弁註《べんちゅう》並《ならびに》調弦《ちょうげん》』その他の多くの著作を著し、宗学論争を引き起こした。

黄檗宗の伝来

江戸時代には、商売で長崎などに来ていた中国人は唐人寺《とうじんでら》と呼ばれる寺々を建て、中国人僧侶を住持としていた。そうした住持からの招請を受け、臨済宗の隠元《いんげん》隆琦《りゅうき》（一五九二〜一六七三）は承応三年（一六五四）に二〇名ほどの弟子を連れ、鄭成功の交易船に乗って長崎にやって来た。鄭成功は幕府にあてて、軍事支援の依頼をするとともに、隠元への手厚い待遇を求めた手紙を送っている。

黄檗宗《おうばくしゅう》の開祖となった隠元は、清規と戒律を重視し、中国の清規をやや改めた「黄檗清規」を制定した。また、書画その他の文化・文物を伝え、影響を与えた。真宗から転じて隠元の弟子となった日本僧の鉄眼《てつげん》（一六三〇〜八二）は、明の万暦版に基づく木版大蔵経の刊行に取り組み、その費用を饑饉時の民衆救済に当てるなどした後、刊行をなしとげた。

客観的仏教学と仏教批判

朝鮮朱子学の影響を受け、江戸初期に幕府お抱えの儒者となった林羅山《はやしらざん》（一五八三〜一六五七）は、仏教を批判する際、聖徳太子についても論難している。一八世紀初めに激しい聖徳太子批判を展開した荻生徂徠《おぎゅうそらい》（一六六六〜一七二八）は、朱子学を批判して古代の儒学を追求し、「古」と「今」、中国と日本との違いを言葉の分析によって明らかにしようとした。

その徂徠の儒教解釈に反対しつつも方法論では影響を受けて異色の仏教論を展開したのが、一八世紀半ばに活動した大坂の町人学者、富永仲基《とみながなかもと》（一七一五〜四六）だ。仏教や儒教について客観的な研究をおこない、天竺や中国でも読まれることを願いつつ著述した仲基は、新しい説はそれ以前の説を凌駕しようとするという「加上《かじょう》」の原理を提唱した。

主著の『出定後語《しゅつじょうごご》』（一七四五）では、神を信仰していた外道の説に加上して釈迦の説が生まれ、それに加上して部派仏教の説が生まれ、それに加上して大乗仏教ができるが、その内部でも発展の順序があり、ついで密教が生まれたとし、同じ仏教でも天竺、中国、日本の国民性を反映して異なっていると論じるなど、近代仏教学とほとんど同じ結論を導き出している。

仲基の研究は、広い学殖と合理性によって国学者の本居宣長《もとおりのりなが》（一七三〇～一八〇一）を感心させた一方、その宣長の仲基評価を読んだ平田《ひらた》篤胤《あつたね》（一七七六～一八四三）には、大乗経典は釈尊の説でないとする仏教批判の材料として利用された。篤胤は、仏教を異国のけがれた教えとして激しく非難し、国学者たちに大きな影響を与えた。

国学者たちに先立ち、朱子学を尊重した水戸藩主の徳川光圀（一六二八～一七〇一）は仏教統制を強め、領地内の多くの寺院を整理し、古式に復すという名目で神仏混淆を禁じた。これが明治初期の廃仏毀釈《はいぶつきしゃく》のきっかけの一つだ。

ただ、江戸時代には庶民の仏教信仰はそれまで以上に盛んになっており、各地の大寺は参詣客で賑わった。江戸の浅草寺、大坂の四天王寺、名古屋の大須《おおす》観音などの境内や周囲では様々な芸能が披露され、仏教を冗談の種にした見世物までおこなわれた。

おわりに――近代仏教への道

西洋と仏教の接触

釈尊の物語風な伝記が、中央アジアのマニ教徒によって古ペルシャ語に訳され、六世紀頃に中世ペルシャ語に改められた。釈尊を指す「ボーディサットヴァ（菩薩）」という言葉の俗語形はブーダーサフと表記され、仏教という点がぼかされて、ある苦行者の話とされた。そのアラビア語版は、一〇世紀にはバクダードの本屋の目録に載るほどイスラム世界に広まった。

この物語がキリスト教徒のグルジア（ジョージア）人によってシリア語に訳された際、名がイォダサフと誤記され、インドの王の息子がキリスト教を信仰し、キリスト教を広めて父王を改宗させた話に変わった。それが東方教会の神父によってギリシャ語に訳され、さらにヨサファット（ジョザファット）と表記したラテン語訳も出された。

キリスト教嫌いのインドの国王の王子として生まれたヨサファットが、病人や老人を見て人生の無常と苦を知り、キリスト教の聖者であるバルラーム修道士に出会ってキリスト教徒となり、王に迫害された後、宮殿を逃れて修行生活に入り、やがて父を改宗させるに至った、という話は大いに歓迎され、中世フランス語その他のヨーロッパ諸国語に訳された。

この話は、一三世紀にイタリアのヤコブス・デ・ウォラギネ大司教が殉教者の伝記などを編集した『黄金伝説』にも、「聖バルラームと聖ヨサファット伝」として収録されており、ヨーロッパ中で広く読まれ、劇なども演じられた。聖ヨサファットの人気が次第に高まっていった結果、カトリック教会は一五八三年に刊行した公式殉教者名簿でヨサファットを聖人として認定し、一一月二七日を「聖ヨサファットの日」と定めた。

大航海時代に世界各地に布教に出向いたイエズス会は、日本では『聖バルラームと聖ヨサファット伝』を和訳して『聖ばるらあんとじょざはつの御作業』と題し、天正一九年（一五九一）に印刷して布教の材料とした。明では、マテオ・リッチもその一部を布教のために用いて効果をあげていたため、ニコラス・ロンゴバルディ（龍華民）は隆武元年（一六四五）に『聖《せい》若《ヨー》撒《サー》法《ファー》始《し》末《まつ》』と題して漢訳し、広東で刊行した。聖ヨサファットの物語が仏伝に基づくことが知られ、聖ヨサファットの日が取り消されたのは、仏教の研究が進んだ一九世紀半ばすぎになってからだ。

近代仏教学の誕生

イエズス会では、異教や迷信を論破してキリスト教を布教するための研究の一環として、一六世紀後半から仏教についても調査を始めていたが、近代的な仏教学は、イギリスやフランスの植民地研究の中で生まれた。イギリス東インド会社に雇われ、カルカッタ（コルカタ）で裁判所判事として働きながら梵語を研究していたウィリアム・ジョーンズ（一七四六〜九四)は、一七八四年にベンガル・アジア協会を設立し、インド古典の近代的研究の道を開いた。一九世紀にはイギリスが支配していたスリランカのパーリ語の研究も始められ、インド各地での仏教関連の発掘調査も進んで様々な発見がなされた。

そうした中で近代的な仏教学を確立したのは、インド・イラン学を研究していたフランスのウージェーヌ・ビュルヌフ(一八〇一〜五二)だった。ネパールからパリにもたらされた梵語仏典写本の研究に打ち込んだビュルヌフは、『法華経』をフランス語訳し、その序文として一八四四年に『インド仏教史序説』を刊行した。仏教は古代インドの一人の人間であった釈尊が創始した宗教であることを論証し、その教えがどのように発展していったかの概略を示したのだ。

仏教評価の広がり

近代的な仏教研究が進み、仏教の特徴が知られるようになると、キリスト教側からの反発が強まる一方で、仏教に共感する知識人も増えていった。その一人であってインドの大学で教えたイギリスの文人、エドウィン・アーノルド(一八三二〜一九〇四)は、釈尊を「人類の解放者」と呼んで東洋のキリストのような存在とみなし、その生涯と教えを説いた長編詩『アジアの光』を一八七九年に刊行した。

本書はベストセラーとなって広く読まれ、西洋諸語だけでなくヒンディー語・ベンガル語・中国語・日本語などのアジア諸語にも訳され、多くの人々に刺激を与えた。スリランカの仏教復興と独立運動の立役者となったアナーガーリカ・ダルマパーラ(一八六四〜一九三三)などは、英文のこの書物がきっかけとなって仏教復興を志している。

徳川幕府を倒して維新をなしとげると、明治政府は、篤胤の流れをくむ平田派の国学などの影響によって神道中心の政治体制を築き、これまで一体となっていた仏教寺院と神社の分離を推し進めた。その結果、優遇されていた寺院に対する民衆の反発や、僧侶より下位に置かれていた神官たちの不満も重なり、一部の地域では寺院や仏像・経典などを破壊する廃仏毀釈もおこなわれた。

近代日本の廃仏と仏教近代化の試み

だが、行き過ぎの弊害が目立つようになったため、強引な神道国教化政策は次第に緩和されるに至った。廃仏毀釈によって痛手を受けた日本の仏教界は、仏教は国家に役立つことを強調し、国家への協力を強めるようになった。また西洋におけるインド学の発達を知った浄土真宗は、一八七九年に南條文雄《なんじょうぶんゆう》（一八四九～一九二七）らをイギリスに送ると、南條はマックス・ミュラー（一八二三～一九〇〇）に師事して梵語を学ぶと同時に、漢文の仏教文献の有益さを西洋の学界に知らしめた。

以後も、日本の有力な宗派は、活発に布教するようになったキリスト教に対抗するため、その影響を受けつつもキリスト教批判をおこない、教団と僧侶教育の近代化をはかった。また、留学生を次々に西洋に派遣して近代仏教学を学ばせた。大乗である自分たちの宗派は釈尊の仏教に基づいており、パーリ仏教（南伝仏教）を正統とみなす西洋の学者たちが説くような堕落した形態の仏教ではないことを証明しようとしたのだ。

近代思想としての仏教

同じ一八七九年に、東京大学で最初となる仏教講座が開講された。講師に招かれた原坦山《はらたんざん》(一八一九〜九二)は、曹洞宗の学僧で早くからオランダ医学を学び、心を根本とする『大乗起信論』こそ仏教と科学が一致することを示す好例と考えていたため、講義では『大乗起信論』を取り上げた。

井上哲次郎や井上円了《えんりょう》などとともに坦山の講義を聞いた学生の一人である清沢満之《きよざわまんし》(一八六三〜一九〇三)は、『大乗起信論』の教理とドイツ哲学を結びつけた思想を展開し、また親鸞が取り組んだ「悪」の問題をプロテスタンティズム風な立場で受け止め、反省と内面の信仰を尊ぶ近代的な仏教思想を作り上げた。一八九三年にシカゴで開催された万国宗教会議では、日本の代表者たちは、清沢が書いた宗教論の英訳を含め、日本仏教が属する大乗仏教の意義を説いた英文パンフレットを配布した。そのうえ、アメリカに渡った鈴木大拙《だいせつ》(一八七〇〜一九六六)の最初の英文の著作は、『大乗起信論』の英訳だった。

明治時代には、茶道などとも関係深い禅宗こそが日本文化の柱だとする主張もなされ、禅宗と伝統文化の振興をはかる運動がなされた。また、東京大学で教えていたアーネスト・フェノロサは、一八八四年に文部省の依頼によって近畿地方の寺社の宝物調査をおこない、秘仏とされてきた法隆寺の救世《くせ》観音像を強引に調べ、ミケランジェロの作品に匹敵する傑作と絶讃した。仏教の文物は誇るべき文化財であることが認識された結果、一八九七年に古社寺保存法が制定された。日露戦争前後の時期には、知識人が内面を見つめる方法、軍人が精神を鍛える手段として禅が流行し、禅は武士道の源泉であることが強調されるようになった。明治後期から大正時代にかけては、聖徳太子を日本文化の恩人であって大国と対等の外交をした偉人とみなし、その功績を顕彰する運動も盛んになり、一九二四年には聖徳太子奉讃会が結成されている。

中国における仏教復興運動

清末の中国では僧侶の質が落ち、少林寺のような有名寺院でも荒廃していた寺が多かった。原坦山よりやや遅れて『大乗起信論』に出会い、仏教に打ち込むようになった南京の楊文会《ようぶんかい》（一八三七〜一九一一）は、理論的な仏教が栄えていた唐代と違い、中国仏教が衰退したのは、不立文字《ふりゅうもんじ》を強調した禅宗の影響によると考え、『大乗起信論』によって中国仏教の復興と近代化をめざすようになった。

外交使節の一員としてロンドンに渡った楊文会は、留学していた南條と親しくなり、帰国後は金陵刻経処を開設した。そして、中国では失われていた法蔵の『起信論義記』をはじめとして、基（慈恩）の『成唯識論述記』『因明入正理論疏』その他、唯識・法相・浄土・華厳などの唐代の基本文献を日本から送ってもらって次々に刊行した。また一方で、日本に伝わっていない中国近世の仏教文献を送るなどして交流を続けた。

一八九三年にシカゴ万国宗教会議に参加し、仏教の意義とイギリスの植民地支配の過酷さを説いて反響を呼んだダルマパーラは、帰国に際して上海に立ち寄って楊文会と会っており、楊文会はこの刺激もあって近代的な仏教教育を始めた。二〇世紀初めには、凝然の仏教史関連の著作などが盛んに読まれたうえ、再評価された唐代仏教が日本で保存されていることが知られ、真言宗の研究などのため日本に留学する者たちも続出した。

近代中国仏教の誕生

清国では、日清戦争で敗北した衝撃により、政治体制を近代化しようとする変法《へんぽう》運動や満州人王朝を打倒しようとする革命運動が盛んになった。唯心思想に基づき、心の変革によって社会を変えようと努め、捕縛を逃れずに刑死した譚嗣同《たんしどう》(一八六五～九八)をはじめ、主要人物の多くは、楊文会と交流して仏教に関心を持つようになった者たちだった。この中には、変法派の梁啓超《りょうけいちょう》(一八七三～一九二九)や当時の代表的な国学者であって革命派となった章炳麟《しょうへいりん》(太炎《たいえん》、一八六九～一九三六)など、日本に亡命した知識人が多かった。

彼らは、日本が明治維新を経て近代化に成功したのは、維新の志士たちが陽明学や仏教を学び、命を捨てて国のため民のために尽くしたことによると考え、この点を強調した。特に章炳麟は、新訳唯識説の五姓各別説(第五章参照)を満州人と漢人との「種姓」の違いに適用して排満興漢を唱え、幸徳秋水などから学んだ無政府主義を『華厳経』に見える自己を犠牲とする菩薩の利他の活動と結びつけ、テロを容認する過激な仏教論を次々に雑誌に掲載した。これらの記事は、清国に伝えられて革命運動に大きな刺激を与えた。章炳麟は中華民国という国号を提案し、後に採用されている。

日本で望月信亨《もちづきしんこう》らによって『大乗起信論』の偽作論争が起きると、章炳麟は独自の見識に基づいてインド撰述説を唱えた。一方、梁啓超は日本の論争を紹介したうえで、中国で教理が発展したとする進化論の立場に立って中国撰述説を主張した。

楊文会が育てた弟子たちのうち、欧陽漸《おうようぜん》（一八七一〜一九四三）を中心とする居士たちはインドの唯識説を尊重して『大乗起信論』偽作説を主張し、在家と出家の平等を説いた。一方、如来蔵思想を奉じる僧侶の太虚《たいこ》（一八九〇〜一九四七）とその仲間たちはインド撰述説を主張し、中国仏教の本流であった禅宗の復興をはかり、出家と在家の違いを強調した。このため両派は対立するに至り、この両派の論争を通じて中国の近代仏教と近代仏教学が確立された。

初めは章炳麟の無政府主義的仏教論の影響を受けていた太虚は、後には立場を改めたが、仏教革命を唱え、中国仏教を来世志向でなく、この社会で活動する菩薩の仏教とするよう努め、世界の仏教徒の連携をはかるとともに、日本仏教への批判を強めていった。

近代の韓国仏教

韓国では、日本政府が強要した日朝修好条規（一八七六）によって開港を余儀なくされると、秀吉の朝鮮出兵時に釜山に進出し、秀吉軍とともに引き揚げた真宗大谷派の高徳寺の子孫である奥村円心《おくむらえんしん》（一八四三〜一九一三）が、明治政府から開教の依頼を受けた大谷派によって釜山に派遣され、一八七八年に本願寺の釜山別院を建てたほか、元山その他にも別院を建てて布教と教育をおこなった。

さらに、日本の日蓮宗僧の働きかけによって、僧侶が都に出入りして活動することの禁止が撤廃されたことをきっかけとして、韓国の仏教界では、近代化して栄えている日本仏教に学ぶ動きが盛んになり、日本側も主要各宗が次々に韓国布教を開始した。寺領を奪われ迫害されていた韓国の寺のかなりの数が、日本の諸宗と結びついて保護を得ようとし、真宗にならって妻帯する僧も出てきた。だが、日本の諸宗の末寺に編入され、国家主義化を強めつつあった日本の宗派仏教が日本人僧によって広められる場合も多かった。

日本の曹洞宗との統合を進めていた韓国仏教界の一部の動きも利用して、一九一〇年に日韓併合がなされると、日本が設置した朝鮮総督府は「寺刹令《じさつれい》」を発して仏教界を全面的に統括した。特定の諸寺院を本山と末寺に組織して保護する一方で、寺院の重要な決定はすべて総督府の許可制とし、天皇誕生日には本尊の前に天皇牌を置かせるなど、皇室関連の儀礼を強制した。

こうした動きに対する反発の中で、韓国の禅宗は臨済宗の系統であることが強調され、その禅宗を盛んにするための様々な運動が生まれた。また、韓国仏教は鎌倉仏教などと違って中国仏教の模倣にすぎないと論じた日本の学者たちに反論するため、韓国仏教の独自さに関する歴史的研究を中心にして近代的な仏教研究が始まった。

その例の一つが、第六章で取り上げた新羅の元暁の再評価だ。元暁は、庶民的な逸話によって人気は高かったものの、禅宗が長らく主流となっていた李朝の仏教界では、その著作の多くは失われていた。しかし、ナショナリズムが高揚した二〇世紀初め頃から、入唐していないにもかかわらず『大乗起信論』の注釈などが唐や日本にもたらされて影響を与えた元暁に対する評価が高まっていったのた。

一九二六年には、元暁の著作が多く残され尊重されていた日本に留学していた韓国の学生たちによって、東京で大聖元暁鑽仰会が結成されている。さらに、東洋大学に留学した僧の金敬注《きんけいちゅう》や、日本留学時に福沢諭吉にハングルによる出版啓蒙を勧められ、帰国して近代化運動の中心となった居士の崔南善《さいなんぜん》(一八九〇～一九五七)は、インド仏教は序論仏教、中国仏教は各論仏教、諸宗を統合した元暁に代表される韓国仏教は結論仏教と位置づけるに至った。

近代のベトナム仏教

ベトナムの仏教界では、フランスの植民地支配とカトリックの布教によってフランスの思想・宗教が知られるようになったため、仏教は無神論か有神論か汎神論かといった近代的な議論がなされるようになった。一九世紀末から二〇世紀にかけては愛国主義が高まっており、特に東洋の国が勝利した日露戦争の衝撃は大きかった。

独立運動の結社「維新の会」を組織したファン・ボイ・チャウ(潘佩珠、一八六七～一九四〇)は、日本に渡って活動し、日本に亡命中だった梁啓超や章炳麟などとも交流した。一九三〇年頃からは、中国の仏教改革運動の影響によって仏教の復興運動が起きた。こうした動きはフランスからの独立運動と結びついており、寺院はしばしば植民地解放のための拠点となった。仏教の改革と研究の機関として、またアジア諸国で組織されていた仏教青年会に相当する仏教教育機関の役割も兼ねて、各地で仏学会が組織された。寺院が抵抗勢力となる伝統は、以後も長く続いている。

日本を含め東アジア諸国に広まり、仏教近代化の柱の一つとなった仏教青年会は、「白い仏教徒」と呼ばれたアメリカ人の退役陸軍大佐、ヘンリー・スティール・オルコット(一八三二〜一九〇七)が、キリスト教のYMCAに対抗するためにスリランカで組織したものがきっかけだ。ニューヨークで設立された神秘主義団体である神智学協会の初代会長となったオルコットは、仏教を尊重し、一八七九年にインドに上陸して活動を始め、さらに仏教が弾圧されていたスリランカに移り、その復興に貢献した。ダルマパーラも、オルコットが育てた人材の一人だ。

東西の相互影響

ダルマパーラは、後には神智学協会から離れて純粋な上座部仏教の復興をめざすようになり、オルコットと対立するに至ったが、それ以前の段階で日本にもオルコットとともに来訪し、植民地の悲惨さを訴えている。初めはオルコットを大歓迎した日本仏教界は、宗派を超えて合同し、釈尊に回帰して仏教を盛んにしようとする運動もなされたが、神智学と仏教の違いが知られるにつれて、オルコットに冷淡になっていった。

また、スリランカが西洋列強諸国の植民地になったのは消極的な小乗仏教のためだとして、日本の国家主義的な大乗仏教の優位を誇るようになった。日本は、ダルマパーラが願ったアジアの仏教国同士の連携をはからず、日英同盟を結んで西洋列強の一員となる道を選んだのだ。

東アジアの近代仏教は、こうした西洋と東洋の相互影響、東アジア諸国間の相互影響を重ねながら展開していく。

あとがき

小学二年生の時に腎臓病で入院した際、明治維新の偉人たちに関する本に夢中になった。同じ病室の子が他の部屋に移されていくのを見、亡くなったと聞いて、自分もこの病院で死ぬのだろうと覚悟した。そして、もし生きて退院できたなら、明治維新の志士たちの詳しい伝記を書き、生きていた証しにしようと心に決めた。

幸い長引かずに退院することができ、中学から高校にかけて歴史、文学、芸能、思想、心理学などに対する関心が高まっていった。大学に入った頃は、東洋の伝統と西洋近代の衝突をテーマとし、明治維新、辛亥革命、インド独立運動を比較して検討することを一生の仕事にしたいと考えるようになった。そのため、好きであった平安文学や芸能史は趣味としておくこととし、心ひかれた道元の『正法眼蔵』をはじめ、『大乗起信論』や華厳関連の仏教文献などを多少読んではいたものの、難解で苦手だった仏教をはじめとする東洋の伝統思想の基礎知識をまず身につけようと考え、学部では東洋哲学専修科に進んだ。

卒論指導会で、前に坐った小柄で白髪の先生が、「君は何をやるのかね」としわがれ声で尋ねてきた。こちらは近代東洋史に取り組む準備のつもりだったため、「インド、中国、韓国、日本の華厳思想を比較して、諸国の仏教の特色を明らかにするつもりです」と答えた。すると、「君、そんなのは無理だよ。もっとしぼらなくちゃ」と言う。学生が学びたいと言っているのだから、「大変だけど頑張りたまえ」と励ませばよいではないかと腹を立て、「じゃあ、中国華厳だけにしますっ」と不機嫌な声で答えたのだが、少し後になって、その先生は東京大学を定年になって早稲田に移ってこられた日本一の仏教学の大家、平川彰先生であることを知った。以後、基礎の学習が終わらないまま、今日まで来てしまった。

本書の執筆に当たっては、小川隆氏・奥野光賢氏・竹島幸弘氏に励ましと助言をいただいた。また本書の執筆を依頼してくださった岩波書店新書編集部の杉田守康氏には、大変なご苦労をおかけしたものの、おかげで何とかまとめることができた。若い頃の夢の一部をこうしてかなえることができたのは、杉田氏のおかげであり、感謝するばかりだ。

この本によって、東アジア仏教に興味を持つ人が一人でも増えることを願っている。

二〇一八年冬

石井公成

宗教

最澄と徳一 仏教史上最大の対決	師 茂樹
ブッダが説いた幸せな生き方	今枝由郎
ヒンドゥー教10講	赤松明彦
東アジア仏教史	石井公成
ユダヤ人とユダヤ教	市川 裕
初期仏教 ブッダの思想をたどる	馬場紀寿
内村鑑三 悲しみの使徒	若松英輔
トマス・アクィナス 理性と神秘	山本芳久
アウグスティヌス 「心」の哲学者	出村和彦
パウロ 十字架の使徒	青野太潮
弘法大師空海と出会う	川﨑一洋
高野山	松長有慶
マルティン・ルター	徳善義和
教科書の中の宗教	藤原聖子
『教行信証』を読む 親鸞の世界へ	山折哲雄
国家神道と日本人	島薗 進
聖書の読み方	大貫 隆
親鸞をよむ◆	山折哲雄
日本宗教史	末木文美士
法華経入門	菅野博史
中世神話	山本ひろ子
イスラム教入門	中村廣治郎
ジャンヌ・ダルクと蓮如	大谷暢順
蓮如	五木寛之
キリスト教と笑い	宮田光雄
密教	松長有慶
仏教入門	三枝充悳
モーセ	浅野順一
日本の新興宗教	高木宏夫
イスラーム(回教)	蒲生礼一
背教者の系譜	武田清子
聖書入門	小塩 力
イエスとその時代	荒井 献
慰霊と招魂	村上重良
国家神道	村上重良
お経の話	渡辺照宏
死後の世界	渡辺照宏
日本の仏教	渡辺照宏
仏教〔第二版〕	渡辺照宏
禅と日本文化	鈴木大拙 北川桃雄訳

岩波新書新赤版一〇〇〇点に際して

ひとつの時代が終わったと言われて久しい。だが、その先にいかなる時代を展望するのか、私たちはその輪郭すら描きえていない。二〇世紀から持ち越した課題の多くは、未だ解決の緒を見つけることのできないままであり、二一世紀が新たに招きよせた問題も少なくない。グローバル資本主義の浸透、憎悪の連鎖、暴力の応酬――世界は混沌として深い不安の只中にある。

現代社会においては変化が常態となり、速さと新しさに絶対的な価値が与えられた。消費社会の深化と情報技術の革命は、種々の境界を無くし、人々の生活やコミュニケーションの様式を根底から変容させてきた。ライフスタイルは多様化し、一面では個人の生き方をそれぞれが選びとる時代が始まっている。同時に、新たな格差が生まれ、様々な次元での亀裂や分断が深まっている。社会や歴史に対する意識が揺らぎ、普遍的な理念に対する根本的な懐疑や、現実を変えることへの無力感がひそかに根を張りつつある。そして生きることに誰もが困難を覚える時代が到来している。

しかし、日常生活のそれぞれの場で、自由と民主主義を獲得し実践することを通じて、私たち自身がそうした閉塞を乗り超え、希望の時代の幕開けを告げてゆくことは不可能ではあるまい。そのために、いま求められていること――それは、個と個の間で開かれた対話を積み重ねながら、人間らしく生きることの条件について一人ひとりが粘り強く思考することではないか。その営みの糧となるものが、教養に外ならないと私たちは考える。歴史とは何か、よく生きるとはいかなることか、世界そして人間はどこへ向かうべきなのか――こうした根源的な問いとの格闘が、文化と知の厚みを作り出し、個人と社会を支える基盤としての教養となった。まさにそのような教養への道案内こそ、岩波新書が創刊以来、追求してきたことである。

岩波新書は、日中戦争下の一九三八年一一月に赤版として創刊された。創刊の辞は、道義の精神に則らない日本の行動を憂慮し、批判的精神と良心的行動の欠如を戒めつつ、現代人の現代的教養を刊行の目的とする、と謳っている。以後、青版、黄版、新赤版と装いを改めながら、合計二五〇〇点余りを世に問うてきた。そして、いままた新赤版が一〇〇〇点を迎えたのを機に、人間の理性と良心への信頼を再確認し、それに裏打ちされた文化を培っていく決意を込めて、新しい装丁のもとに再出発したいと思う。一冊一冊から吹き出す新風が一人でも多くの読者の許に届くこと、そして希望ある時代への想像力を豊かにかき立てることを切に願う。

（二〇〇六年四月）

石井公成

1950年 東京都立川市生まれ
1985年 早稲田大学大学院文学研究科単位取得退学
現在ー駒澤大学名誉教授
専攻ー仏教と周辺文化
著書ー『華厳思想の研究』(春秋社)
『聖徳太子――実像と伝説の間』(春秋社)
『〈ものまね〉の歴史――仏教・笑い・芸能』(吉川弘文館) ほか

東アジア仏教史　岩波新書(新赤版)1758

2019年2月20日　第1刷発行
2023年6月5日　第2刷発行

著　者　石井《いしい》公成《こうせい》

発行者　坂本政謙

発行所　株式会社 岩波書店
〒101-8002 東京都千代田区一ツ橋2-5-5
案内 03-5210-4000　営業部 03-5210-4111
https://www.iwanami.co.jp/

新書編集部 03-5210-4054
https://www.iwanami.co.jp/sin/

印刷・三陽社　カバー・半七印刷　製本・中永製本

ISBN 978-4-00-431758-6　Printed in Japan

索　引
（仏名・神名・人名）

ア　行

哀帝(前漢)　あいてい　56
阿骨打　あくだ　193
アサンガ(無著)　41, 111
足利尊氏　あしかがたかうじ　233, 234
足利直義　あしかがただよし　234
足利義満　あしかがよしみつ　233, 234
阿闍世王　あじゃせおう　49
アシュヴァゴーシャ(馬鳴)　5, 30, 83, 95, 164
阿閦仏　あしゅくぶつ　32
アショカ王　28, 51, 117, 197
阿莘王　あしんおう　69
阿道　あどう　68
アーナンダ(阿難)　25, 26, 31, 153
アーノルド, E.　245
アバヤ王　52
天照大神　あまてらすおおみかみ　15, 181, 215, 218
阿弥陀仏　あみだぶつ　2, 33, 60, 73, 97, 121, 122, 144, 165, 167, 177, 178, 209-211
アレクサンドロス大王　8, 28
安世高　あんせいこう　58, 59
安然　あんねん　176, 183
安禄山　あんろくざん　136
潙山霊祐　いさんれいゆう　152
出雲神　いずものかみ　218
伊勢大神　いせのおおかみ　218
伊存　いぞん　56
一行　いちぎょう　137, 145, 193
一然　いちねん　126
一休宗純　いっきゅうそうじゅん　236
一山一寧　いっさんいちねい　217
一遍　いっぺん　211
威徳王　いとくおう　125
井上円了　いのうええんりょう　247
井上哲次郎　いのうえてつじろう　247
隠元隆琦　いんげんりゅうき　239
インドラ神(帝釈天)　65, 197
印法師　いんほうし　124
引路菩薩　いんろぼさつ　51
ヴァイローチャナ仏(毘盧遮那仏, 盧舎那仏)　37, 44, 48, 50, 90, 102, 170, 218
ヴァスバンドゥ(世親, 天親, 婆藪槃豆)　41, 94, 111
ヴィシュヌ神　45
ヴィマラキールティ(維摩詰)　35
ウパティーッサ　53
ウパーリ(優波離)　26
宇文覚　うぶんかく　102
宇文泰　うぶんたい　101, 103
厩戸皇子　うまやどのみこ　→聖徳太子
運期　うんご　160
雲居道膺　うんごどうよう　167
雲棲袾宏　うんせいしゅこう　221, 223-225
雲門文偃　うんもんぶんえん　152
慧安(老安)　えあん　133, 135, 149, 150
衛元嵩　えいげんすう　115
栄西　えいさい　212, 213, 216
睿宗(唐)　えいそう　148
英宗(陳朝ベトナム)　えいそう

199
叡尊　えいそん　215
栄朝　えいちょう　212
永明延寿　えいめいえんじゅ　156, 202, 208
永楽帝(明)　えいらくてい　226
栄留王　えいりゅうおう　160
慧遠(廬山の慧遠)　えおん　72-74, 77, 79
慧可　えか　107-109, 112, 148, 149
慧雅法師　えがほうし　123
慧観　えかん　78, 79
恵義　えぎ　82, 84
慧均　えきん　125
慧皎　えこう　68
慧光　えこう　95
慧厳　えごん　79
慧勝　えしょう　123
慧沼　えしょう　139
懐弉　えじょう　208, 213
恵真　えしん　137
慧諶　えしん　203
恵心　えしん　→源信
慧蔵　えぞう　116
慧忠　えちゅう　199
恵徹　えてつ　167
恵日　えにち　146
慧忍　えにん　127
会寧　えねい　160
慧能　えのう　149-151, 159
慧布　えふ　112
恵亮　えりょう　127
慧琳　えりん　84
袁宏　えんこう　56
円光　えんこう　128
圜悟克勤　えんごこくごん　188
円測　えんじき　5, 133, 140
延昌　えんしょう　156
円珍　えんちん　176, 215
円爾弁円　えんにべんねん　212, 216, 219
円仁　えんにん　136, 172, 175, 191, 215
王維　おうい　155
王建　おうけん　166
王古　おうこ　190
王高徳　おうこうとく　124
黄檗希運　おうばくきうん　152
王弼　おうひつ　63
王浮　おうふ　58
淡海三船　おうみのみふね　131, 171
欧陽漸　おうようぜん　250
王陽明　おうようめい　223
黄龍慧南　おうりょうえなん　187
荻生徂徠　おぎゅうそらい　240
奥村円心　おくむらえんしん　250
オゴダイ　193
織田信長　おだのぶなが　236
小野妹子　おののいもこ　131
オルコット, H. S.　253

カ　行

何晏　かあん　63
戒賢(シーラバドラ)　かいけん　138
戒珠　かいしゅ　190
契嵩　かいすう　190
開善寺智蔵　かいぜんじちぞう　100, 131
戒明　かいみょう　172
柿本人麻呂　かきのもとのひとまろ　182
覚晏　かくあん　208
覚苑　かくおん　193
郭象　かくしょう　63
覚鑁　かくばん　178
覚範慧洪　かくはんえこう　188,

190
峨山韶碩　がざんじょうせき　237
迦葉　かしょう　58
何承天　かしょうてん　84
春日神　かすがのかみ　206
嘉靖帝(明)　かせいてい　223
荷沢神会　かたくじんね　144, 149
葛洪　かっこう　97
月光童子　がっこうどうじ　116
迦毘羅神　かびらしん　99
鴨長明　かものちょうめい　219
訶梨跋摩(ハリヴァルマン)　かりばつま　71
顔延之　がんえんし　84
顔回　がんかい　58
元暁　がんぎょう　5, 143, 157, 163, 164, 172, 202, 251, 252
桓玄　かんげん　72
憨山徳清　かんざんとくせい　224
元照　がんしょう　159
鑑真　がんじん　137, 169, 171, 172
観音菩薩　かんのんぼさつ　35, 72, 102, 103, 122, 166, 190, 225
簡文帝(晋)　かんぶんてい　64
桓武天皇　かんむてんのう　172, 173
韓愈　かんゆ　155
基(慈恩)　き　139, 140, 248
義栄　ぎえい　138
義淵　ぎえん　124
鬼子母神　きしぼじん　48, 225
義寂　ぎじゃく　165, 189
義湘　ぎしょう　142, 164
義浄　ぎじょう　42, 53, 141, 160, 177
徽宗(宋)　きそう　186
吉蔵　きちぞう　112, 113, 120, 125
義天　ぎてん　202, 205
景戒　きょうかい　170
行基　ぎょうき　139, 170, 215
経豪　きょうごう　239
京極為兼　きょうごくためかね　206
仰山慧寂　ぎょうざんえじゃく　152, 153, 159, 167
恭譲王　きょうじょうおう　229
教如　きょうにょ　236
凝然　ぎょうねん　2, 3, 249
曲承祐　きょくしょうゆう　196
玉竹妃　ぎょくちくひ　228
清沢満之　きよざわまんし　247
金敬注　きんけいちゅう　252
金時習　きんじしゅう　232
欽宗(宋)　きんそう　186
均如　きんにょ　201, 202
金万重　きんまんじゅう　232
藕益智旭　ぐうえきちきょく　224, 225
空海　くうかい　146, 173-175
窮沖　ぐうちゅう　159
空也　くうや　178
百済王敬福　くだらおうけいふく　170
求那跋陀羅(グナバドラ)　ぐなばっだら　82, 83
求那跋摩(グナヴァルマン)　ぐなばつま　82
国中公麻呂　くになかのきみまろ　170
鳩摩羅什　くまらじゅう　55, 69-72, 74, 77, 78, 89, 90, 97, 112, 117
恵果　けいか　146, 173
瑩山紹瑾　けいざんじょうきん　214, 237
景廬　けいろ　56
月明　げつみょう　165
玄一　げんいつ　165
玄恪　げんかく　159

玄光(百済)　げんこう　125
玄光(陳朝ベトナム)　げんこう　199
元始天尊　げんしてんそん　160
玄沙師備　げんしゃしび　152, 155
玄奘　げんじょう　5, 42, 49, 133-135, 137-140, 144, 157, 160, 163, 177
源信(恵心)　げんしん　178, 191, 207
玄宗(唐)　げんそう　135, 136, 141, 146
献帝(後漢)　けんてい　173
阮福暎　げんふくえい　227
玄遊　げんゆう　161
乾隆帝(清)　けんりゅうてい　225
虚庵懐敞　こあんえしょう　212
皇覚　こうかく　207
高歓　こうかん　101, 103
侯景　こうけい　102
高熲　こうけい　119
弘景　こうけい　137
寇謙之　こうけんし　86
孔子　こうし　58, 196, 227
洪秀全　こうしゅうぜん　225
洪遵　こうじゅん　117
光浄　こうじょう　58
高祖(唐，李淵)　こうそ　117, 134, 158, 160
黄巣　こうそう　155
光宗(高麗)　こうそう　156, 202
高宗(唐)　こうそう　135, 138, 160
高宗(宋)　こうそう　186
高宗(高麗)　こうそう　204
康僧会　こうそうえ　62, 63
光宅寺法雲　こうたくじほううん　100, 101, 114, 131
洪陟　こうちょく　166
黄帝　こうてい　56-58
幸徳秋水　こうとくしゅうすい　249
孝徳天皇　こうとくてんのう　168
弘忍　こうにん　148, 149, 151
洪武帝(明，朱元璋)　こうぶてい　222, 223
光武帝(李氏朝鮮)　こうぶてい　229
孝文帝(北魏)　こうぶんてい　87
高峰顕日　こうほうけんにち　217
康法朗　こうほうろう　67
光明子　こうみょうし　169
光明天皇　こうみょうてんのう　233
高洋　こうよう　101
悟恩　ごおん　189
顧歓　こかん　85
五冠山順之　ごかんざんじゅんし　167
虎関師錬　こかんしれん　217
胡季犛　こきり　226
呉権　ごけん　195
後三条天皇　ごさんじょうてんのう　181
孤山智円　こざんちえん　189
悟真　ごしん　146
呉真流　ごしんりゅう　196
後醍醐天皇　ごだいごてんのう　234
兀庵普寧　ごったんふねい　216
高麗恵便　こまのえべん　129
金剛智(ヴァジラボーディ)　こんごうち　145

サ　行

西行　さいぎょう　219
崔浩　さいこう　86
最澄　さいちょう　173-176, 215
崔南善　さいなんぜん　252

笮融　さくゆう　59
サラスヴァティー　14
サンガパーラ(僧伽婆羅)　52
支彊梁接　しきょうりょうしょう　62, 63
竺高座　じくこうざ　60
竺仙梵僊　じくせんぼんせん　217
竺法雅　じくほうが　67
竺法護　じくほうご　60
竺法深　じくほうしん　68
支謙　しけん　59, 60
師賢　しけん　86, 87
始皇帝(秦)　しこうてい　61
史思明　ししめい　136
只召　ししょう　127
慈蔵　じぞう　162
地蔵菩薩　じぞうぼさつ　190, 191
思託　したく　171
実叉難陀　じっしゃなんだ　142, 144
実法師　じつほうし　124
四天王　してんのう　47, 99
支遁　しとん　64
ジニャーナバダラ(若那跋陀羅)　160
紫柏真可　しはくしんか　224
司馬達等　しばたっと　129
志磐　しばん　190
至福　しふく　193
四明知礼　しめいちれい　178, 189
寂円　じゃくえん　213
釈地蔵(金喬覚)　しゃくじぞう　191
謝敷　しゃふ　102
シャーリプトラ(舎利弗)　31
謝霊運　しゃれいうん　79, 80, 84, 85
シャンカラ　45
周公　しゅうこう　196
宗密　しゅうみつ　143, 144
朱子　しゅし　192
守臻　しゅしん　193
シュッドーダナ　20
儒童　じゅどう　58
順暁　じゅんぎょう　173
荀子　じゅんし　75
遵式　じゅんしき　189
順道　じゅんどう　67, 68
准如　じゅんにょ　236
章安灌頂　しょうあんかんじょう　114, 120, 137
笑隠大訢　しょういんたいきん　195
松雲惟政　しょううんいせい　231
静淵　じょうえん　142
静琬　じょうおん　119
襄楷　じょうかい　58
商羯羅主　しょうがらしゅ　138
浄光天女　じょうこうてんにょ　135
荘厳寺僧旻　しょうごんじそうみん　100, 128, 131
趙州従諗　じょうしゅうじゅうしん　153, 188
小獣林王　しょうじゅうりんおう　67
蕭子良　しょうしりょう　98
成尋　じょうじん　191
勝荘　しょうそう　140
聖天(歓喜天)　しょうてん　218
蕭統(昭明太子)　しょうとう　101
聖徳太子(厩戸皇子，上宮王)　しょうとくたいし　12, 129-132, 171, 172, 175, 210, 216, 240, 248
常不軽菩薩　じょうふきょうぼさつ　110
章炳麟(太炎)　しょうへいりん　249, 250, 252

正法明如来　しょうぼうみょうにょらい　103
勝鬘夫人　しょうまんぶにん　40
聖武天皇　しょうむてんのう　169, 170, 181
浄影寺慧遠　じょうようじえおん　105, 115, 117
ジョザファット　→ヨサファット
徐道行　じょどうぎょう　197, 198
舒明天皇　じょめいてんのう　168
ジョーンズ, W.　244
白河法皇　しらかわほうおう　180
支亮　しりょう　59
支婁迦讖　しるかせん　59
真帰祖師　しんきそし　203
信行　しんぎょう　107, 109, 110, 119
神行　しんぎょう　166
真歇清了　しんけつせいりょう　189
真興王　しんこうおう　127
神秀　じんしゅう　133, 135, 148, 149
神宗(宋)　しんそう　191
神宗(後期黎朝ベトナム)　しんそう　228
仁宗(宋)　じんそう　187
仁宗(李朝ベトナム)　じんそう　196
仁宗(陳朝ベトナム)　じんそう　199
神泰　じんたい　138
真諦三蔵　しんたいさんぞう　95, 111, 112, 164
心地覚心　しんちかくしん　212
陳那　じんな　→ディグナーガ
真表　しんひょう　166
真平王　しんへいおう　128
神昉　じんぼう　138
新羅明神　しんらみょうじん　176
親鸞　しんらん　131, 210, 214, 235, 247
推古天皇　すいこてんのう　129, 130
鈴木大拙　すずきだいせつ　247
青原行思　せいげんぎょうし　150
西山休静　せいざんきゅうじょう　230, 231
西山証空　せいざんしょうくう　235
清拙正澄　せいせつしょうちょう　217
世祖(李氏朝鮮)　せいそ　230
聖宗(李朝ベトナム)　せいそう　196, 197
聖宗(陳朝ベトナム)　せいそう　198
世宗(李氏朝鮮)　せいそう　229, 230
成尊　せいぞん　181
静帝(北周)　せいてい　116
西堂智蔵　せいどうちぞう　166, 167
正徳帝(明)　せいとくてい　223
聖明王　せいめいおう　124, 125
石屋清珙　せきおくせいきょう　204
石霜楚円　せきそうそえん　187
石頭希遷　せきとうきせん　150, 151
施護　せご　187
世親　せしん　→ヴァスバンドゥ
拙拙禅師　せつせつぜんじ　228
薛聡　せつそう　163
雪村友梅　せっそんゆうばい　217
拙庵徳光　せったんとっこう　208
薛仲業　せつちゅうぎょう　172
雪竇重顕　せっちょうじゅうけん

187, 188
雪庭福裕　せっていふくゆう　194
雪峰義存　せっぽうぎそん　152, 155
泉蓋蘇文　せんがいそぶん　161
詮暁　せんぎょう　193
銭弘俶　せんこうしゅく　156
善財童子　ぜんざいどうじ　37
善冑　ぜんちゅう　117
宣帝(北周)　せんてい　116
善導　ぜんどう　144, 209
善徳女王　ぜんとくじょうおう　162
詮恵　せんね　239
善無畏(シュバカラシンハ)　ぜんむい　137, 145, 173
僧叡(慧叡)　そうえい　72
宗鑑　そうかん　190
僧璨　そうさん　149, 158, 159
曹山本寂　そうざんほんじゃく　152
宋子賢　そうしけん　118
僧祥　そうしょう　125
僧肇　そうじょう　71, 78, 181
僧正遍昭　そうじょうへんじょう　183
僧詮　そうせん　112
草堂　そうどう　197
宗炳　そうへい　85
僧祐　そうゆう　146
僧朗(五胡十六国)　そうろう　65, 66
僧朗(高句麗)　そうろう　112, 124
楚王英(後漢)　そおうえい　56
蘇我入鹿　そがのいるか　168
蘇我馬子　そがのうまこ　129, 130
沮渠蒙遜　そきょもうそん　76
孫権　そんけん　59
孫綽　そんしゃく　64

タ 行

他阿真教　たあしんきょう　211
提謂(トラプシャ)　だいい　88
大慧宗杲　だいえそうこう　188, 189, 198
諦観　たいかん　201
太賢　たいけん　164, 216
太虚　たいこ　250
退耕行勇　たいこうぎょうゆう　212
醍醐天皇　だいごてんのう　183
太古普愚　たいこふぐ　204, 231
帝釈天　たいしゃくてん　→インドラ神
大乗灯　だいじょうとう　160
大川普済　だいせんふさい　190
太祖(宋，趙匡胤)　たいそ　186, 191
太祖(李朝ベトナム)　たいそ　196
太祖(高麗，王建)　たいそ　200, 201
太宗(唐)　たいそう　134, 135, 138
太宗(宋)　たいそう　187
太宗(金)　たいそう　193
太宗(陳朝ベトナム)　たいそう　198
太宗(李氏朝鮮)　たいそう　229
大灯　だいとう　198
大日如来　だいにちにょらい　181
大日房能忍　だいにちぼうのうにん　208, 216
提婆　だいば　70
提婆達多　だいばだった　36
泰範　たいはん　174
太武帝(北魏)　たいぶてい　86, 87
平重衡　たいらのしげひら　180
第六天魔王　だいろくてんまおう　15, 218

多宝禅師　たほうぜんじ　196
達摩　だるま　→菩提達摩
ダルマキールティ(法称)　42
達摩提婆(ダルマデーヴァ)　だるまだいば　123
ダルマパーラ　245, 249, 253
丹霞子淳　たんかしじゅん　189
譚嗣同　たんしどう　249
湛然　たんねん　137, 176
智顗　ちぎ　→天台智顗
智晃　ちこう　124
智儼　ちごん　142, 143, 164
智周　ちしゅう　139
智昇　ちしょう　147
智仙　ちせん　116
智徳　ちとく　149
知訥　ちとつ　203, 231
チャンドラグプタ王　28
忠宣王　ちゅうせんおう　205
中宗(唐)　ちゅうそう　135, 137, 148
澄観　ちょうがん　143
重源　ちょうげん　218, 234
長原禅師　ちょうげんぜんじ　198
張宝高　ちょうほうこう　176
長蘆宗賾　ちょうろそうさく　187
チンギス・ハーン　193, 194
陳守度　ちんしゅど　198
陳霸先　ちんはせん　102
枕流王　ちんりゅうおう　69
ディグナーガ(陳那)　42, 138
鄭芝龍　ていしりゅう　225
鄭成功　ていせいこう　221, 225, 240
丁部領　ていぶりょう　196
鉄眼　てつげん　240
天桂伝尊　てんけいでんそん　239
天頙　てんさく　203
天智天皇　てんじてんのう　168
天息災　てんそくさい　187
天台智顗　てんだいちぎ　12, 91, 107, 113, 114, 117, 120, 121, 124, 137, 215
天台得韶　てんだいとくしょう　156
天童如浄　てんどうにょじょう　189, 213
天皇道悟　てんのうどうご　152
天封禅師　てんぷうぜんじ　198
天武天皇　てんむてんのう　168, 169
道安　どうあん　65-67, 72
道義　どうぎ　166
道鏡　どうきょう　172
道元　どうげん　189, 208, 213, 214, 216, 235, 239
道原　どうげん　190
陶弘景　とうこうけい　97
洞山良价　とうざんりょうかい　152
道綽　どうしゃく　107, 121, 122, 144
道生　どうしょう　77-79, 97
道昭　どうしょう　139
道進　どうしん　77
道信　どうしん　148, 149, 166
道宣　どうせん　108, 134, 140, 141, 215
道詵　どうせん　166
道禅　どうぜん　122
道宗(遼)　どうそう　192, 193
道寵　どうちょう　95
東明慧日　とうみょうえにち　217
道殹　どうやく　193
道容　どうよう　64
東陽徳輝　とうようとくき　195
東陵永璵　とうりんようよ　217
徳一　とくいつ　174

徳川家康　とくがわいえやす　231
徳川光圀　とくがわみつくに　241
得清　とくせい　172
杜甫　とほ　155
富永仲基　とみながなかもと　240
豊臣秀吉　とよとみひでよし　221, 230, 238
曇始　どんし　68
曇崇　どんすう　117
曇靖　どんせい　88
曇遷　どんせん　112, 116, 124
曇潤　どんにん　160
曇無讖　どんむしん　76, 77, 79, 83, 86, 90, 135
曇曜　どんよう　87
曇鸞　どんらん　96, 97, 107, 121, 122

ナ　行

中臣(藤原)鎌足　なかとみのかまたり　168
長屋王　ながやおう　169
ナーガールジュナ　→龍樹
那連提耶舎　なれんだいやしゃ　103, 116
南嶽慧思　なんがくえし　107, 113, 114, 119, 125, 171, 172, 175
南嶽懐譲　なんがくえじょう　150
南條文雄　なんじょうぶんゆう　246, 248
南泉普願　なんせんふがん　152
日延　にちえん　156
日蓮　にちれん　214, 215, 235, 237
忍性　にんしょう　215

ハ　行

裴玄証　はいげんしょう　119
白居易　はくきょい　155
帛尸梨蜜多羅　はくしりみたら　91
パスパ　194
馬祖道一　ばそどういつ　133, 144, 150, 151, 159, 167
八幡神　はちまんしん　15, 170, 218
八幡大菩薩　はちまんだいぼさつ　215
法全　はっせん　176
筏提摩多　ばっだいまた　164
バドラパーラ(颰陀婆羅)　32
花園天皇　はなぞのてんのう　206
波若　はにゃ　124
林羅山　はやしらざん　240
原坦山　はらたんざん　247, 248
波利(バッリカ)　はり　88
ハーリーティー　48
バルラーム修道士　243, 244
範玉　はんぎょく　226
万松行秀　ばんしょうぎょうしゅう　194
范泰　はんたい　84
般若三蔵　はんにゃさんぞう　144, 173
毘沙門天　びしゃもんてん　48, 196
敏達天皇　びだつてんのう　129
毘尼多流支(ヴィニータルチ)　びにたるし　158, 159
百丈懐海　ひゃくじょうえかい　152, 159
ビュルヌフ, E.　245
平田篤胤　ひらたあつたね　241, 246
毘盧遮那仏　びるしゃなぶつ　→ヴァイローチャナ仏
広田神　ひろたのかみ　218
ファン・ボイ・チャウ(潘佩珠)　252
フェノロサ, E.　247
武王(百済)　ぶおう　161
浮休善修　ふきゅうぜんしゅう

231
不空(アモーガヴァジラ)　ふくう　145, 146, 173
福沢諭吉　ふくざわゆきち　252
苻堅　ふけん　66, 67, 70
普賢菩薩　ふげんぼさつ　190, 191
不語通　ふごつう　159
傅縡　ふさい　112-114
伏見天皇　ふしみてんのう　206
普寂　ふじゃく　148, 149
無準師範　ぶじゅんしばん　212, 217
藤原不比等　ふじわらのふひと　169
武宗(唐)　ぶそう　133, 136
武則天(武后)　ぶそくてん　133, 135, 137, 140, 141, 148
傅大士　ふだいし　101
ブッダゴーサ　52
仏駄跋陀羅(覚賢)　ぶつだばっだら　74
仏図澄　ぶっとちょう　65
弗若多羅　ふつにゃたら　70
武帝(前漢)　ぶてい　61
武帝(劉宋, 劉裕)　ぶてい　82
武帝(斉)　ぶてい　98
武帝(梁, 蕭衍)　ぶてい　99-102, 111, 124, 125, 131
武帝(北周)　ぶてい　115
扶童天王　ふどうてんおう　196
普徳　ふとく　161
武寧王　ぶねいおう　124
フビライ(クビライ)　193-195
芙蓉霊観　ふようれいかん　231
文成帝(北魏)　ぶんせいてい　87
文宗(高麗)　ぶんそう　202
文帝(劉宋)　ぶんてい　82, 83
文帝(隋, 楊堅)　ぶんてい　116-118, 123, 126, 140
平山処林　へいざんしょりん　204
弁弘　べんこう　146
弁財天　べんざいてん　14
弁長　べんちょう　235
鞭羊彦機　べんようげんき　231
法位　ほうい　165
宝雲　ほううん　74, 83
法演　ほうえん　188
法王(百済)　ほうおう　161
法経　ほうきょう　147
宝瓊　ほうけい　126
法賢　ほうけん　158
法眼文益　ほうげんもんえき　152, 156
法悟　ほうご　193
法興王　ほうこうおう　126, 127
彭際清　ほうさいせい　225
法持　ほうじ　149
牟子　ぼうし　62
宝襲　ほうしゅう　117
法上　ほうじょう　95
法常　ほうじょう　140
北条時宗　ほうじょうときむね　217
北条時頼　ほうじょうときより　214, 216
北条政子　ほうじょうまさこ　212
法蔵　ほうぞう　127, 142, 143, 164, 248
宝蔵王　ほうぞうおう　160
法蔵菩薩　ほうぞうぼさつ　33
宝地房証真　ほうちぼうしょうしん　207
法天　ほうてん　187
法如　ほうにょ　149
法然　ほうねん　209-211, 215, 234, 235
法宝　ほうぼう　139
法螺　ほうら　199

宝亮　ほうりょう　100
法朗(梁)　ほうろう　112, 125
法朗(新羅)　ほうろう　166
墨胡子　ぼくこし　126
菩提遷那　ぼだいせんな　170
菩提達摩　ぼだいだるま　12, 93, 107-109, 149, 150, 172
菩提流支(ボーディルチ)　ぼだいるし　94, 96, 111, 117
法顕　ほっけん　74-76, 79, 83
発正　ほっしょう　125

マ　行

マイトレーヤ(弥勒)　41
マウドゥガリヤーヤナ(目連)　31
摩訶摩耶禅師　まかまやぜんじ　159
マテオ・リッチ　224, 225
マニ　9
マハープラジャーパティー　25
マヒンダ　51, 52
摩羅難陁　まらなんだ　69
満覚　まんがく　197
万行禅師　まんぎょうぜんじ　196
卍山道白　まんざんどうはく　239
ミケランジェロ　247
密雲円悟　みつうんえんご　224, 225
源頼家　みなもとのよりいえ　212
源頼朝　みなもとのよりとも　206
ミヒラクラ王　44
ミュラー, M.　246
明遠　みょうおん　159
明空　みょうくう　172
明全　みょうぜん　213
妙立　みょうりゅう　239
弥勒菩薩(弥勒仏)　みろくぼさつ　2, 32, 47, 118, 129, 161, 165, 166
無畏三蔵　むいさんぞう　62
無外如大　むがいにょだい　217
無学自超　むがくじちょう　204, 229
無学祖元　むがくそげん　217
無言通　むごんつう　159
無著　むじゃく　→アサンガ
無住　むじゅう　219
無相　むそう　5
夢窓疎石　むそうそせき　217, 234
無門慧開　むもんえかい　212
無量寿仏　むりょうじゅぶつ　60, 122, 165
明帝(後漢)　めいてい　56, 57
明帝(晋)　めいてい　63
馬鳴　めみょう　→アシュヴァゴーシャ
孟子　もうし　75
望月信亨　もちづきしんこう　250
本居宣長　もとおりのりなが　241
物部守屋　もののべのもりや　129
文軌　もんき　140
文殊菩薩　もんじゅぼさつ　35, 110, 146, 162, 190, 215

ヤ・ラ・ワ　行

薬山惟儼　やくさんいげん　152
ヤコブス・デ・ウォラギネ　244
ヤショーダラー(耶輸陀羅)　22, 232
ヤマ・ラージャ(閻魔王)　92
耶律阿保機　やりつあぼき　192
耶律楚材　やりつそざい　194
唯円　ゆいえん　210
維摩詰　ゆいまきつ　→ヴィマラキールティ
祐覚　ゆうかく　171
楊貴妃　ようきひ　155
楊岐方会　ようぎほうえ　187
楊衒之　ようげんし　93
姚興　ようこう　70

煬帝(隋)　ようだい　118-120, 134, 137
楊文会　ようぶんかい　248
ヨサファット(ジョザファット)　243, 244
雷庵正受　らいあんしょうじゅ　190
ラトナーカーラ(羅隣那竭)　32
ラーフラ(羅睺羅)　22, 183, 232
懶翁慧勤　らんおうえきん　204
蘭渓道隆　らんけいどうりゅう　217
陸杲　りくごう　102
陸修静　りくしゅうせい　85
利厳　りごん　167
李成桂　りせいけい　229
李退渓　りたいけい　230
李通玄　りつうげん　143, 203
李白　りはく　155
李昪　りべん　156
劉義慶　りゅうぎけい　102
劉虬　りゅうきゅう　97, 98
龍樹(ナーガールジュナ)　りゅうじゅ　38, 42, 70, 164, 172
劉績　りゅうせき　123
柳宗元　りゅうそうげん　155
龍智三蔵　りゅうちさんぞう　145
梁啓超　りょうけいちょう　249, 252
良源　りょうげん　177
良忍　りょうにん　178
呂光　りょこう　70
李栗谷　りりっこく　230
臨済義玄　りんざいぎげん　147, 152, 224
盧舎那仏　るしゃなぶつ　→ヴァイローチャナ仏
霊空光謙　れいくうこうけん　239
霊仙　れいせん　144
霊潤　れいにん　138
霊裕　れいゆう　118, 142
霊祐　れいゆう　172
黎利　れいり　226
蓮如　れんにょ　235
老安　ろうあん　→慧安
老子　ろうし　14, 56-58, 134, 227
良弁　ろうべん　170
勒那摩提(ラトナマティ)　ろくなまだい　94, 96
ロンゴバルディ, N.(龍華民)　244
宏智正覚　わんししょうがく　188, 189

参考文献

東アジア仏教史を学ぶ人のために

東アジア

「東アジア」という言葉が学術用語として用いられるようになった経緯については，李成市『東アジア文化圏の形成』(山川出版社，2000 年)が解説している．

東アジア仏教全体を扱った最近の一般向けの叢書としては，奈良康明・沖本克己・末木文美士・石井公成・下田正弘編『新アジア仏教史』全 15 巻(佼成出版社，2010–2012 年)，高崎直道監修『シリーズ大乗仏教』全 10 巻(春秋社，2011–2014 年)，高崎直道・木村清孝編『シリーズ東アジア仏教』全 5 巻(春秋社，1995–1997 年)がある．『新アジア仏教史』には，東アジアを含むアジア全体の仏教に関する最新の研究成果が盛り込まれており，『シリーズ大乗仏教』は，教理が中心だ．『シリーズ東アジア仏教』は，「東アジア」という語を題名とした最初の叢書であり，現在でも有益な論考が含まれている．

なお，『新アジア仏教史』の前身である中村元・笠原一男・金岡秀友監修『アジア仏教史』全 20 巻(佼成出版社，1972–1976 年)のうち，『中国編 IV 東アジア諸地域の仏教』(1976 年)が，台湾・香港・琉球の仏教を取り上げている．

最新の概説書としては，末木文美士編『仏教の歴史 2 東アジア』(山川出版社，2018 年)がある．個々の事柄を調べるには仏教史学会編『仏教史研究ハンドブック』(法蔵館，2017 年)が便利だ．日本に伝わっている諸宗のインド以来の教理の基礎となった部分については，大竹晋『宗祖に訊く ―― 日本仏教十三宗 教えの違い総わかり』(国書刊行会，2015 年)が，分かりやすい形で解説している．

東アジア仏教を形成した漢訳経論については，船山徹『仏典は

どう漢訳されたのか――スートラが経典になるとき』(岩波書店, 2013年)が, 漢訳のし方や特質を明らかにした. そうした漢文を諸国ではどのように読んできたかについては, 金文京『漢文と東アジア――訓読の文化圏』(岩波新書, 2010年)が斬新な考察を試みている.

東アジア諸国における釈尊観については, 小峯和明編『東アジアの仏伝文学』(勉誠出版, 2017年)が諸国の仏伝や文学作品に見られる釈尊のイメージの違いを明らかにした. 同様に, 東アジアという視点から女性と仏教の関係を追ったのが, 張龍妹・小峯和明編『東アジアの女性と仏教と文学』(勉誠出版, 2017年)だ. 東アジアにおける仏教の意外な変容という点では, 彌永信美『大黒天変相――仏教神話学〈1〉』(法藏館, 2002年), 同『観音変容譚――仏教神話学〈2〉』(法藏館, 2002年)が豊かな情報を提供している.

アジア全体の仏教美術については, 『アジア仏教美術論集』全12巻(中央公論美術出版, 2017年〜)が壮大な美術史となっている. インド以来の東アジア諸国の仏教と芸能の関係の深さについては, 石井公成『〈ものまね〉の歴史――仏教・笑い・芸能』(吉川弘文館, 2017年)が概説している.

中　国

近代以来, 積み重ねられてきた日本の研究者の研究成果については, 岡部和雄・田中良昭編『中国仏教研究入門』(大蔵出版, 2006年)が概観しており, 韓国仏教の研究状況にも触れている. 宗派史・教理史ではなく, 寺院経済, 奴婢, 孝の問題, 僧や信者の飲酒, 仏教の社会事業など, 中国仏教の実態を明らかにした点では, 現在でも道端良秀『中国仏教史全集』全11巻(書苑, 1985年)を超えるものがない.

やや教条主義的ながら中国における研究成果を示すのが, 任継愈編, 丘山新他訳『定本 中国仏教史』全3巻(柏書房, 1992-1994年)だ.

中国仏教の特質を考えるうえで重要な中国成立経典については,

初めて綿密な研究を行った牧田諦亮の研究が，『牧田諦亮著作集 第1巻 疑経研究』(臨川書店，2014年)に収録されている．中国では多くが失われ，敦煌文書中に僅かに残されていたこれらの経典は，最近，日本で数多く発見されており，落合俊典編『七寺古逸経典研究叢書』全6巻(大東出版社，1994–2000年)にまとめられ，以後も研究が進んでいる．

東アジア仏教に決定的な影響を与えた『大乗起信論』については，長らく真偽論争が続いていたが，大竹晋『大乗起信論成立問題の研究――『大乗起信論』は漢文仏教文献からのパッチワーク』(国書刊行会，2017年)が中国成立であると結論づけた．

中国仏教の主流である禅宗については，伊吹敦『禅の歴史』(法藏館，2001年)が中国と日本の禅宗の歴史について概説している．菩提達摩に始まる禅文献や語録の訳注については，再刊された『禅の語録』全20巻(筑摩書房，2016年)が基本となる．禅語の特色や発想については，小川隆『語録のことば 唐代の禅』(禅文化研究所，2007年)，同『続・語録のことば『碧巌録』と宋代の禅』(禅文化研究所，2010年)が有益だ．

仏教と道教の関係については，小林正美『中国の道教』(創文社，1998年)，神塚淑子『道教経典の形成と仏教』(名古屋大学出版会，2017年)が参考になる．

中国の近代仏教については，陳継東『清末仏教の研究――楊文会を中心として』(山喜房仏書林，2003年)，エリック・シッケタンツ『堕落と復興の近代中国仏教――日本仏教との邂逅とその歴史像の構築』(法藏館，2016年)が日本との関係を明らかにしている．

ベトナム

ベトナム仏教の歴史については，石井公成「ベトナムの仏教」同編『新アジア仏教史10 朝鮮半島・ベトナム 漢字文化圏への広がり』(佼成出版社，2010年)が概説している．伊東照司『ベトナム仏教美術入門』(雄山閣，2005年)は，美術を通じたベトナム仏教史の性格を持つ．東南アジアという枠組みの中でベトナムの

歴史を描いているのは，石井米雄・桜井由躬雄編『東南アジア史 1 大陸部』(山川出版社，1999 年).

韓　国

韓国仏教史については，前掲『新アジア仏教史 10』が新しい成果をまとめているが，鎌田茂雄『朝鮮仏教史』(東京大学出版会，1987 年)が今でも有益な入門書となっている．金龍泰著，蓑輪顕量監訳，佐藤厚訳『韓国仏教史』(春秋社，2017 年)は，李朝期の仏教の実態を明らかにした．儒教や在来信仰を含めた思想史としては，小倉紀蔵『朝鮮思想全史』(ちくま新書，2017 年)が読みやすい．

新羅仏教の多様さと日本への影響については，GBS 実行委員会編『論集 新羅仏教の思想と文化――奈良仏教への射程』(東大寺，2018 年)が最新の成果を示しており，元暁が中国と日本に与えた影響については，福士慈稔『新羅元暁研究』(大東出版社，2004 年)が詳しい．

高麗大蔵経の意義と影響については，馬場久幸『日韓交流と高麗版大蔵経』(法蔵館，2016 年)が論じている．

豊臣秀吉軍の侵略については，仲尾宏・曹永禄編『朝鮮義僧将・松雲大師と徳川家康』(明石書店，2002 年)が詳しい．良心的な従軍僧の日記を解説した朝鮮日々記研究会編『朝鮮日々記を読む――真宗僧が見た秀吉の朝鮮侵略』(法蔵館，2000 年)は必読だ．

日　本

簡略な通史としては，末木文美士『日本仏教史――思想史としてのアプローチ』(新潮文庫，1996 年)がまとまっている．聖徳太子については，石井公成『聖徳太子――実像と伝説の間』(春秋社，2016 年)，新川登亀男『聖徳太子の歴史学――記憶と創造の 1400 年』(講談社，2007 年)によって日本仏教への影響と研究状況が分かる．古代日本の仏教が道教や陰陽五行説などをはじめとする多様な要素をどれほど含んでいたかについては，増尾伸一郎『道教

と中国選述仏典』(汲古書院，2017年)が新たな知見を示した．

従来の日本仏教研究を見直すようになったきっかけの一つは，鎌倉新仏教・旧仏教という図式を批判し，密教の役割を重視する顕密体制論を展開した黒田俊雄の論考だ．それらは，『黒田俊雄著作集』全8巻(法蔵館，1994–1995年)にまとめられている．黒田を含む戦後の仏教研究の背景については，オリオン・クラウタウ編『戦後歴史学と日本仏教』(法蔵館，2017年)が参考になる．

もう一つの見直しは女性史の面でなされた．従来の「仏教における女性」という図式を批判し，女性主体の「女性と仏教」という視点を提起した大隅和雄・西口順子編『シリーズ女性と仏教』全4巻(平凡社，1989年)は，この分野を切り開く試みだった．

これらの問題提起以後の新しい研究は，儀礼・社会・文学・芸能・美術・神道・女性史・民衆史などの研究と結びつけた形で進められており，最近のそうした動向については，『現代思想』臨時増刊号「仏教を考える」(青土社，2018年10月)が紹介している．呪術的な中世仏教の姿を民衆の視点から描く試みとしては，井原今朝男『増補 中世寺院と民衆』(臨川書店，2009年)があり，法会と寺院芸能の結びつきについては，松尾恒一『儀礼から芸能へ――狂騒・憑依・道化』(角川学芸出版，2011年)が興味深い．

中世の基調となった本覚思想とその源泉である如来蔵思想については，仏教でないと批判した袴谷憲昭『本覚思想批判』(大蔵出版，1989年)，松本史朗『縁起と空――如来蔵思想批判』(大蔵出版，1989年)が，世界の仏教学界に衝撃を与えた．一方では，三崎義泉『止観的美意識の展開――中世芸道と本覚思想との関連』(ぺりかん社，1999年)が本覚思想とそれに基づく草木成仏思想が日本文化に与えた影響を明らかにした．最近の研究状況については，末木文美士『草木成仏の思想――安然と日本人の自然観』(サンガ，2015年)が示している．

中世の仏教と神道との関係については，伊藤聡『神道とは何か――神と仏の日本史』(中公新書，2012年)が最新の研究成果を示した．

近世仏教の動向については，末木文美士『近世の仏教――華ひらく思想と文化』(吉川弘文館，2010年)が読みやすい．江戸時代

における仏教の根強さについては、大桑斉『日本仏教の近世』(法藏館，2003年)が指摘しており，諸思想の関係については，森和也『神道・儒教・仏教——江戸思想史のなかの三教』(ちくま新書，2018年)がまとめている．

民衆の信仰については，『日本仏教と庶民信仰』(大法輪閣，2014年)をはじめとする五来重の業績が重要であり，関山和夫『庶民芸能と仏教』(大蔵出版，2001年)など芸能研究も見落とせない．

西洋との関係

西洋と仏教との出会い，および西洋と東洋の相互影響については，フレデリック・ルノワール著，今枝由郎・宮樫櫻子訳『仏教と西洋の出会い』(トランスビュー，2010年)，末木文美士・林淳・吉永進一・大谷栄一編『ブッダの変貌——交錯する近代仏教』(法藏館，2014年)が興味深い史実を示している．